京津冀地区低碳发展的技术进步路径研究

Research on the Path of Technological Progress of Low-carbon Development in Beijing-Tianjin-Hebei Area

贾品荣　李　科　著

◇本书为北京市财政课题（PXM2016-178216-000010）的研究成果

科学出版社

北　京

内 容 简 介

本书为北京市财政课题《京津冀地区低碳发展的技术进步路径研究》的研究成果。全书阐述技术进步推动低碳发展的机理,描述京津冀地区低碳发展现状,建立了首个京津冀地级市节能减排效率指数,构建了京津冀地区太阳能产业发展指数,评价了京津冀地区低碳协同发展程度,探求了京津冀地区低碳发展与科技创新的耦合协调度,分析了京津冀地区低碳发展的技术进步方向,研究了京津冀地区低碳发展的技术进步来源,证实京津冀地区技术进步促进低碳发展存在合意技术结构。全书提出京津冀地区低碳发展的政策集合——产业层面、企业层面、政府层面、技术层面的政策建议。全书既有宏观上对低碳发展的高瞻远瞩,又有微观上促进低碳发展的具体模型,是从技术进步视角深入研究京津冀地区低碳发展的学术著作。

本书适合科研院所、高校师生、企业研发机构与政府低碳政策制定者阅读和参考。

图书在版编目(CIP)数据

京津冀地区低碳发展的技术进步路径研究 = Research on the Path of Technological Progress of Low-carbon Development in Beijing-Tianjin-Hebei Area/贾品荣,李科著. —北京:科学出版社,2018

ISBN 978-7-03-056583-9

Ⅰ. ①京… Ⅱ. ①贾… ②李… Ⅲ. ①低碳经济–区域经济发展–研究–华北地区 Ⅳ. ①F127.2

中国版本图书馆 CIP 数据核字(2018)第 030247 号

责任编辑:刘翠娜/责任校对:彭 涛
责任印制:张克忠/封面设计:无极书装

科 学 出 版 社 出版
北京东黄城根北街 16 号
邮政编码:100717
http://www.sciencep.com

中国科学院印刷厂 印刷

科学出版社发行 各地新华书店经销

*

2018 年 3 月第 一 版 开本:787×1092 1/16
2018 年 3 月第一次印刷 印张:17 1/2
字数:400 000
定价:160.00 元
(如有印装质量问题,我社负责调换)

前　言

据世界气候大会报告，当前因生产领域带来的碳排放占地球碳排放总量的70%，重点在机械、化工、水泥、冶金等能源消耗突出的制造业部门。今天，探寻低碳、绿色之路，发展低碳经济的关键在于尽力摆脱高度依赖高碳化石能源的传统经济增长模式及其经济体系，尽快建立起以低碳、零碳能源为基础的可持续较强的经济增长模式及其现代化经济体系。

中国共产党第十九次全国代表大会（简称中共十九大）报告指出："建设现代化经济体系是跨越关口的迫切要求和我国发展的战略目标"。加快建设现代化的经济体系，是未来中国经济建设的一个总纲领。建设现代化的经济体系，现代先进产业是关键。现代先进产业体系的特征有三：以科技为核心；产业附加值高；低能耗、绿色。内生性有三：其一，现代先进产业体系不光体现在产品的先进性上，更重要的是表现为拥有知识的消化吸收与集成创新能力、科学研究与产业化能力以及智力资本的质量与数量；其二，现代先进产业体系产业价值链要对生态系统有支持；其三，低碳、绿色是产品附加值高的内在体现。这样看来，低碳、绿色是当今世界经济的发展大势，科技创新则成为建设现代先进产业体系的关键驱动力。

就科技创新而言，京津冀地区，特别是北京，已成为科技创新中心。但京津冀地区经济发展不平等、不均衡问题凸显，各城市的环境质量高低差异也较突出。这使得京津冀地区低碳、绿色之路曲折。雄安新区的提出，正是为了加强京津冀地区的协调发展、解决京津冀地区的经济-资源-环境-生态的协调发展问题。

本书是北京市财政课题《京津冀地区低碳发展的技术进步路径研究》的成果。本书从科技、创新的视角，探究京津冀地区低碳发展的技术进步路径，为京津冀地区经济-资源-环境-生态协调发展提供有价值的建议。

全书共10章。第1章为低碳发展的理论基础。第2章为低碳发展的概念、内涵与核心驱动要素。梳理国内外有关低碳发展概念，界定本书关于京津冀低碳发展的关注点、深层内涵和核心驱动要素。第3章为低碳发展的技术进步机理。第4章为京津冀地区低碳发展现状。基于能耗和碳排放数据，构建京津冀地区节能减排效率指数，从整体上把握京津冀地区的低碳发展现状。第5章为京津冀地区低碳协同发展评价。根据京津冀区域系统的构成，从经济、资源、环境和效率四个维度，构造京津冀地区低碳协同发展的指标体系，分析京津冀低碳协同发展程度。第6章为京津冀地区低碳发展与科技创新的耦合协调度评价。从创新资源能力、知识创造能力、企业创新能力、绩效创新能力、创新环境能力五个子系统构建京津冀地区科技创新指标体系。运用协同度测量模型，分析京津冀低碳发展和科技创新的耦合协调度。第7章为京津冀地区低碳发展的经济技术选择决策。京津冀地区具有迥异的能源资源禀赋和经济技术基础，从技术进步的来源和方向的视角，研究促进京津冀地区低碳发展的技术进步路径。第8章为京津冀地区钢铁产业低碳发展的技术进步路径。钢铁行业是重化工的典型行业，案例分析为京津冀的工业整体转型发展提供重要的观察窗口。第 9 章为京津冀地区太阳能产业发展评价，分析京津冀地区战略性新兴产业发展的典型代表——太阳能产业的发展和应用现状。第 10 章为主要结论与政策建议。总结全书的主要研究结论，提出技术创新推动京津冀低碳发展的政策保障措施。

在研究中，课题组分别在北京、石家庄、唐山、张家口、长沙、深圳组织了 6 次专家圆桌座谈会，并在京津冀地区多个企业就低碳发展现状与新能源技术展开调研。同时，积极扩大研究影响，在 SCI 期刊 *"Journal of Environmental Management"* 发表题为 *Choice of technological change for China's low-carbon development: Evidence from three urban agglomerations* 的论文。《区域低碳协同发展评价：京津冀、长三角和珠三角城市群的比较分析》被中文核心期刊《经济数学》录用为期刊首页论文。项目研究成果被新华社发布通稿，《参考消息》《科技日报》《中国科学报》等报道了成果，扩大了研究的影响力。除此以外成果还被国家发展改革委员会、国家能源局、千龙网、天津市人民政府、河北省京津冀协同发展等政府"官网"发布。

我始终认为，政策咨询人员应一边积极联系政府，精准掌握政策脉搏，一边面向公众，及时向社会发布研究成果，使成果被社会应用，同时也应接受社会的监督。这样才与智库的地位相配，不能仅仅埋头于故纸堆中！出版成果是联系社会的反映。希望本书得到各界读者的指导，以便在后续研究中日臻完善。本研究过程中，天津工业大学张雪花教授不仅承担了子课题《京津冀新能源产业的贡献及技术创新路径》的研究，而且主持了《京津冀地区低碳发展指数报告》的发布会，在此致谢！本书的出版过程中，得到了科学出版社副总编辑胡升华、能源与动力分社社长耿建业、编辑刘翠娜的大力支持，特别感谢科学出版社搭建了与广大读者沟通的桥梁。科学出版社是全国优秀出版社，是科技出版领域的旗舰，其领导与编辑表现出最充分的协作精神与积极态度，在本书出版之际，深表谢意！

贾品荣

2017 年 12 月 22 日于北京

目　　录

Content

图 目 录

表 目 录

导　论

本章简介

　　本章对全书的研究背景、研究意义、研究现状、研究内容、研究方法与工具和技术路线进行了详细的论述，明确了本书的研究主题——京津冀地区低碳发展、核心研究内容——探究该地区可持续性低碳发展的技术进步路径。

中共十九大报告指出:"建设现代化经济体系是跨越关口的迫切要求和我国发展的战略目标"。加快建设现代化的经济体系,是未来中国经济建设的一个总纲领。建设现代化的经济体系,现代先进产业是关键。笔者认为,现代先进产业体系的特征有三:以科技为核心、产业附加值高、低能耗绿色(图0-1)。

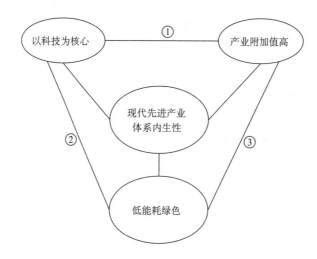

图 0-1   现代先进产业体系的特征

现代先进产业体系的内生性有三:①现代先进产业体系不仅体现在产品的先进性上,更重要的是表现在拥有知识的消化吸收与集成创新能力、科学研究与产业化能力以及智力资本的质量与数量上;②现代先进产业体系产业价值链要对生态系统有支持;③低碳、绿色是产品附加值高的内在体现。

这样看来,低碳、绿色是当今世界经济的发展大势,而且成为建设现代先进产业体系的关键驱动力。

一、研究背景

1. 低碳绿色:世界经济的发展大势

自工业革命以来,随着生产力发展和科技进步,人类开发和利用自然资源的能力大幅提升,化石能源的大规模开采及使用对社会经济发展,尤其对工业化、城市化起到了重要推动作用,但人类与自然之间的关系也随之发生了根本性变化。随着工业经济的发展、人口的剧增、人类欲望的无限上升和对自然资源无节制地大规模开采与利用,全球能源消费量急剧增加。这不仅使世界能源供应面临严重危机,而且二氧化碳的过度排放导致全球气候变暖,对人类社会的可持续发展构成严峻挑战。传统化石能源的过度消耗导致大气污染、光化学烟雾、水污染、酸雨等一系列环境问题,尤其是大气中二氧化碳浓度升高带来的全球气候变化,给人类生产和生活带来严重影响。气候变化对自然生态系统以及人类社会的影响将是全方位、多层面的,可以说,人类对其负面影响的估计还远未深刻。

在这一背景下，低碳经济作为一种新的经济发展模式，开始进入人们的视野。"低碳经济"一词，最早见诸英国的能源白皮书《我们能源的未来：创建低碳经济》一文中，并催生了"碳足迹"、"碳强度"等概念。尽管这并不是唯一的人类阐述自己对环境与能源等关系到人类生存发展的文献——譬如，1992年的《联合国气候变化框架公约》和1997年的《京都议定书》都对人类未来应采用的经济发展模式进行了展望，但是将这种关注提升到一种发展方式和发展理念仍然具有开创性的意义。表面看，《联合国气候变化框架公约》《京都议定书》《布宜诺斯艾利斯行动计划》《波恩协定》《马拉喀什协定》《新德里宣言》《巴厘岛路线图》《哥本哈根协议》《坎昆协议》及《德班协议》等一系列重要文件是各国就未来一段时期温室气体排放、清洁能源技术推广等作出的制度安排；在更深层次上，它是人类关于绿色创新、可持续发展等全球治理问题的深度思考及解决方案。

不同的发展模式，必然适应相应的支持技术水平。经济发展模式和技术水平相互影响。传统的经济发展方式注重量的增长，很少考虑甚至不考虑环境对经济发展的承载能力以及未来的可持续发展，认为市场机制通过技术创新能够克服资源的局限性。传统发展模式下的技术创新具有能耗高、效率低、污染严重的特点，随着人们对经济社会认知程度的加深，一个更合理的认知即"经济增长的可持续原则"正在付诸实践。这一认知认为受制于地球系统和生活空间的物理限制，不能无限度使用自然资源和社会资源，因此经济发展重点要从只关注经济增长转移到可持续上来。这种发展模式下的科技创新侧重于经济效益的改善，相对于传统的发展模式，低碳发展的低排放、低能耗、低污染特性的模式更符合人与自然、人与人之间和谐共处的发展规律。

可以这么认识：全球低碳绿色的新趋势将促进世界范围内经济发展方式的低碳转型。低碳转型中，低碳技术将成为世界经济新增长极的重要引擎。

2. 低碳技术：世界经济新增长极的重要引擎

低碳发展是人类社会为应对日益严峻的全球气候变化问题而提出的一种新的发展理念，是涉及经济、社会、资源和环境的综合性问题。卡雅（Kaya，1989）在政府间气候变化专门委员会的研讨会上提出Kaya恒等式，表达式如下：

$$CO_2 = POP \times (GDP/POP) \times (E/GDP) \times (CO_2/E)$$

该等式通常用于分析国家层面的二氧化碳排放量变化的影响因素。其中，CO_2、POP、GDP和E分别表示二氧化碳排放量、国内人口总数、国内生产总值和一次能源消费总量。E/GDP、CO_2/E分别表示能源强度和能源结构碳强度。该式表明，除了控制人口的增长速度外，减少二氧化碳排放的关键是降低能源强度和能源结构碳强度。因此，从技术经济特性看，低碳经济的实质是提高能源效率和优化能源结构的问题，核心是能源技术创新和制度创新，即依靠技术进步和有效的政策措施，建立一种经济发展模式，以实现更清洁、更有效的能源利用和尽可能低的温室气体排放，从而减缓气候变化和促进社会经济的可持续发展。

技术是解决能源和环境问题的核心，并且技术的作用机制不只是对传统化石能源使用效率的改进，更在于对耗竭能源的替代。国际社会比以往更清楚地认识到：减缓气候变化必须依赖技术进步，尤其是新能源的技术创新。政府间气候变化专门委员会在《排放情景特别报告》和《第三次评估报告》中强调：在解决未来温室气体减排和气候变化的问题上，技术进步是最重要的决定因素，其作用超过其他驱动因素之和（IPCC，2000，2001）。国际能源署在 2006 年的能源技术展望中通过情景分析指出，"到 2050 年，在关键能源技术的作用下，届时全球碳排放量可以回到目前的水平。通过可再生能源技术、二氧化碳的捕获和封存技术、核能技术减少碳排放将是基本的要求"。杰佛里•萨克斯指出：在过去 50 年、100 年乃至 200 年中，收入增长的主要源泉不是资本的积累，而是技术的进步。索洛发现：美国经济增长约 80% 来自于技术创新，资本积累发挥的作用只有约 20%。提升技术是实现可持续发展的关键。低碳技术的进步，将在可持续发展框架下的经济、能源与环境的协调发展中产生重大的影响。

以新能源领域中的核能发电、风能发电和海洋潮汐发电为例，技术的发展使新能源的开发利用成为可能，从根本上改变了产业结构。世界上主要的发电方式有火力发电、水力发电、光热发电、光伏发电、核能发电、地热发电、风能发电和海洋潮汐发电等。由于水力发电、光伏发电、风能发电和潮汐发电受地理位置的影响较大，具有间歇性和不稳定性，发电成本较高；而核能发电对技术水平的要求较高。因此，目前世界上最主要的发电方式仍然是火力发电。但随着技术的进一步发展和规模的扩大，新能源发电的成本下降，火力发电的主体地位有可能被新能源发电所取代，从而使碳排放量显著降低。英、德两国大力建设示范低碳发电站，力求将新能源发电技术作为减少二氧化碳排放的关键，并寻求大幅度减少碳排放的有效方法。日本努力开发创新性高效能源技术。在过去的 30 年，日本的 GDP 几乎翻了一番，能源效率大幅提高，新能源技术成为保证日本能源供应稳定的重要支柱。这些发展动向表明：在技术进步的驱动下，低碳技术已经或正在成为世界经济新增长极的新引擎，中国需要抓住时机。

3. 低碳技术的开发与转让机制有待完善

麦肯锡研究认为，到 2030 年可以实现减少 270 亿吨二氧化碳排放量，其中超过 70% 可以通过现有技术实现，剩下的也可以通过即将商业化的技术推广来实现。通过应用低碳技术，有 70 亿吨二氧化碳减排量的减排成本为负值，带来正的投资收益。

问题是，现有的技术开发与转让机制仍存在不足。基于传统市场的商业机制是依据私人成本信息决策发挥作用的，而当应用于保护公共财富时，这种机制将失效。发达国家与发展中国家并没有因为商业机制缩短技术上的差距，《京都议定书》虽然为技术问题做了一些制度安排，然而这些技术的相关机制仅仅停留在概念层面，并没有延伸至操作层面等。总体来说，现有技术的开发与转让机制还无法做到系统和完善，在制度与机构层面仍存在缺失，特别是在实践层面和操作层面。另外，对于私营部门和利益相关者也存在着有效激励不足的问题。

概括来说，现有技术转让与开发存在着五大障碍：①资金障碍：特别是发展中国家，在向其转让和协助其技术开发方面，资金支持不足。开发新兴技术、发展低碳经济需要牺牲部分或大部分现有高碳经济所带来的经济收益，缺少经济支撑，这使发展中国家在低碳技术上必将面对更大压力。②政策障碍：在市场失灵的条件下，有效的公共政策对于大气环境公共品的技术开发往往具有极大的推动作用。但遗憾的是，当前许多发达国家都缺少稳定的政策环境以及导向明确的政策，无法提供有效激励。③信息障碍：由于本身技术基础薄弱以及综合国力、影响力等方面的限制，在对信息的广泛搜集和研究上，发展中国家实力薄弱。④机构障碍：在国际政策体系无政府状态的影响下，各国间的技术合作缺少能够实施有效政策的政府间机构。⑤技术配套环境不完善：缺少必要的技术设施和技术水平符合要求的人力资源，对专利技术等知识产权过度保护所带来的高额转让费用及技术吸收能力差，都是阻碍低碳技术开发与转让的重要原因。

这些问题说明，低碳技术的研发与转让及低碳技术进步的实现路径，是世界性难题。

4. 绿色低碳循环发展是中国发展的新要求

从中国来说，虽然经济总量位居世界第二，但经济发展面临着环境污染严重、生态系统退化等严峻挑战。如何在经济发展和生态环境保护之间找到平衡，是我国亟待破解的难题。低碳绿色循环发展，作为一种新的发展形态，是对传统发展方式的深刻变革，是我国全面建成小康社会的必然要求，也是实现中国梦的必然选择。中国是最早制定实施《应对气候变化国家方案》的发展中国家，是近年来节能减排力度最大的国家，首都北京是节能减排力度最大的城市。中国成为新能源和可再生能源增长速度最快的国家，是世界人工造林面积最大的国家。据《中国应对气候变化的政策和行动：2015年度报告》显示：截至2014年年底，中国非化石能源占一次能源消费的比重达到11.2%，同比增加1.4%，单位国内生产总值二氧化碳排放同比下降6.1%，比2005年累计下降33.8%，而同期发达国家降幅为15%左右。中国共产党第十八次全国代表大会（简称中共十八大）以来，新一届中央领导集体把低碳发展与生态文明建设写在了中华文明伟大复兴的旗帜上，进行了精心的顶层设计，全面展示了大国形象的国际承诺。

中共十八大报告提出大力推进生态文明建设，努力建设美丽中国，并把生态文明建设纳入社会主义现代化建设总体布局。中共十八大首次将"美丽中国"作为生态文明建设的宏伟目标。中共十八届三中全会提出加快建立系统完整的生态文明制度体系。十八届四中全会要求用严格的法律制度保护生态环境。十八届五中全会更是明确提出"五大发展理念"，将绿色发展作为国家"十三五"乃至更长时期经济社会发展的一个重要理念，成为中央关于生态文明建设的新成果。中共十九大报告中提出"建立健全绿色低碳循环发展的经济体系"，"加强固体废弃物和垃圾处置"首次被写入报告。低碳绿色循环发展，对于中国来说是一种战略机遇。作为世界上最大的发展中国家和最具发展活力的新兴经济体，中国探究低碳绿色循环发展之路不仅符合世界共同实现低碳减排的发展趋势，而且利于中国调整产业结构、转变经济增长方式和实现可持续发展目标的顺利实现。

然而，我国低碳技术创新体系与建设低碳绿色循环发展的经济体系要求存在差距。据联合国开发计划署在北京发布的《2010年中国人类发展报告——迈向低碳发展和社会的可持续未来》指出，中国实现未来低碳发展目标，至少需要60多种骨干技术支持，而在这60多种技术里面有42种是中国目前不掌握的核心技术。这意味着中国的低碳发展需要引进70%的核心技术。欧盟、日本、美国等发达国家在电动汽车领域申请专利量达到95.5%，而中国仅占4.5%左右。这说明，低碳技术研发与创新发展的路径，是我国经济发展的难点与重点问题。

5. 从战略高度认识京津冀低碳发展的迫切性

从区域层面看，京津冀协同发展上升为国家重大战略，直接动因是生态安全问题日益突出。除了水资源短缺这一老问题之外，空气污染已成为威胁京津冀地区生态安全的新因素。因此，京津冀地区走低碳发展道路，是实现本区域节能减排目标、减轻生态环境压力、扩大环境容量的根本出路。

由于区位独特，京津冀协同发展是加快实现"两个百年"中国梦的一个重要战略支点，也应成为我国节能减排的先锋地区。中央高度重视京津冀地区的绿色低碳发展。2013年9月国务院发布的《大气污染防治行动计划》要求，到2017年，京津冀地区PM$_{2.5}$浓度比2012年下降25%，其中北京市控制在60微克/立方米左右。2014年2月26日，习近平总书记专题听取京津冀协同发展的工作汇报，强调京津冀协同发展的重大意义，希望该地区能探索生态文明建设的有效路径，促进人口、经济、资源、环境相协调。因此，如何使京津冀地区实现低碳发展，是业界、学者必须重视和研究的课题。

在低碳发展的实践中，京津冀地区各级政府采取了一些行政措施，如淘汰落后产能、取缔和关停高耗能、高污染企业等。这种行政措施有一定的效果，但不可忽视的是其对经济的影响。从发达国家低碳发展的实践看，低碳发展需要以低碳技术为核心、低碳产业为支撑、低碳政策制度为保障。低碳技术发展不仅直接助力节能减排，而且还有助于培育新兴产业、实现产业结构的优化和升级，因此，技术进步是京津冀地区提升节能减排效率、实现低碳发展的根本性途径。

重要的还在于，京津冀地区的低碳技术研发已积累了一定优势，但与国外企业相比有一定的差距。目前，发达国家在低碳技术研发上先行一步，自主创新实力强，在大多数领域处于领先地位。譬如，德国的光伏发电技术，美国和法国的核能应用技术、氢能应用技术特别是氢燃料的电解水技术。我国目前一部分核心技术，采取与国际企业合作开发或者购买许可的方式获得。如果不能通过自主创新打造核心竞争优势，那么低碳产业还将处于产业价值链的低端。这样即使摆脱了对传统能源的依赖，又陷于对于西方新能源技术的依赖。以风电技术产业为例，丹麦、德国、西班牙、美国的风电制造商掌握主要风机专利。尽管我国具备较强的风机制造能力，但技术研发较弱，关键技术与主要设备仍然依靠进口。因此，京津冀地区低碳经济发展，通过自主创新形成竞争优势是关键环节。京津冀地区应该特别注重在低碳技术方面采取措施鼓励技术创新与管理创新，积极布局利用新能源产业的前沿技术，积极引进高端低碳技术人才，积极探索低碳技术创新机制，促进低碳技术的研究、开发和推广与应用。

这样看来，深入考察京津冀地区低碳发展的现状，深入考察技术进步影响低碳发展的机理，深入考察京津冀地区低碳发展中科技创新的作用，深入考察京津冀地区低碳发展的适宜技术路径就具有时代价值，亦是时代主题。

二、研究意义

1. 理论意义

钱纳里（Chenery et al.，1986）指出，发展就是经济的成功转型。在资源日趋耗竭、能源价格飙升、环境污染恶化以及全球气候异常变化的今天，任何经济体的发展都开始面临低碳转型的重大压力。以大量使用化石燃料为基础的传统高碳发展条件已经丧失，未来新的发展方式还有待建立，正在路上——这是一个战略转折点，谁占据低碳技术的制高点，谁就将主导未来绿色工业革命和全球新一轮经济增长。改革开放特别是上世纪90年代以来，我国开始重视节约能源和保护环境，但是长期以来唯GDP的评价考核体系导致我国经济增长方式依然粗放，经济发展在很大程度上仍然以牺牲环境和经济质量为代价。在经历了本世纪以来的经济高速增长和重化工业化之后，中国经济已经走到了转型升级的十字路口。为此，以京津冀地区低碳发展为主题，以技术进步选择与路径为研究主线，成为京津冀协同发展的明确路径和重要抓手。

2. 实践意义

中共十九大报告指出：中国特色社会主义进入新时代，社会主要矛盾已经转化为人民日益增长的美好生活需要和不平衡、不充分的发展之间的矛盾。在低碳生态层面，这一结论可以从三方面来理解：第一，随着我国生产力水平提高、人民物质生活日益丰富，更加迫切需要"绿水青山"的美好生活，也就更加需要经济与生态环境的协同发展；第二，尽管我国取得了显著的经济增长，但它不等于经济发展，其主要制约在于发展的不均衡和不充分，在生态环境领域表现为日益严重的大气、水、土壤、固体污染，土地荒漠化等；第三，环境与经济并不冲突，受有效保护的环境反而可以促进经济的持续增长，中国环境问题的解决最终依赖均衡发展和充分发展。

以京津冀地区为例，北京大量外购电力，煤炭消费总量自2008年以来开始下降，而天津与河北煤炭消费总量都呈快速增长趋势，年均煤炭消费增速分别为5.3%和6.8%。2014年，河北煤炭消费总量达2.96亿吨，是2000年的2.45倍，煤炭占全省一次能源消费的比重达77.3%，比全国平均水平高约12个百分点。京津冀中，北京的能源消费主要来自第三产业，约占北京全部能源消费量的48%；天津和河北的能源消费主要动力是第二产业，第二产业占能源消费的比重分别达到了75%和80%。这些数据反映出三地煤炭消费呈现不平衡、不协调的特点。因此，围绕京津冀低碳发展的不均衡和不充分问题，寻求依靠科技创新实现均衡发展和充分发展就具有战略意义。

三、研究现状

低碳发展的本质是要实现资源利用由高能耗向低能耗转变、对生态环境的影响由高污染向低污染转变、经济效益由低效益向高效益转变。实现这些转变的一个重要方面，就是要借力科技创新，普及应用低碳技术，以提高能源利用效率和二氧化碳排放效率（以下简称为节能减排效率）。低碳发展需要以低碳技术为核心、低碳产业为支撑、低碳政策制度为保障。实践中，通过技术进步和结构调整实现节能减排效率提升是低碳发展的核心政策之一。然而，中国城镇化进程中伴随的基础设施建设对高耗能产业形成强劲需求，而工业化整体上仍处于重化工业主导阶段，"富煤、贫油、少气"的能源资源禀赋使能源结构具有明显的"高碳"特征，这意味着以结构调整实施节能减排难度大，且易反复。因此，技术进步是中国实施节能减排、实现低碳发展的根本途径。

加强节能减排是实现低碳发展的必由之路，两者在内涵上具有一致性。技术进步可以显著促进节能减排，相关的研究文献已经非常丰富。本部分首先就"技术进步对节能减排的影响"对现有研究展开评述，然后归纳不同技术进步来源、不同技术进步类型影响节能减排的成果，并对本书涉及的核心概念——节能减排效率进行文献总结。

1. 技术进步对低碳发展的影响：基于节能减排的视角

根据研究方法的不同，相关的研究大致可分为两类：

（1）运用不同的结构分解或指数分解技术，将能源消费量、二氧化碳排放量、能源/碳强度等指标的变化直观地分解为技术进步效应（包括生产技术效应、技术效率效应等）和结构效应（包括产业结构效应、能源结构效应、要素替代效应等），并证实前者是促进中国节能减排的主因（Ma and Stern，2008；王锋等，2010；Zhao et al.，2010；林伯强和杜克锐，2014；Zeng et al.，2014；Zhang and Da，2015；Wang and Wei，2016）。尽管上述分解技术所得到的技术进步效应与技术进步密切相关，但并不完全等同于技术进步，它是技术创新、要素替代、部门内结构变化和能源结构变化的结果，由此可能高估技术进步对节能减排的贡献。

（2）采用不同的经济模型或计量分析方法，论证技术进步是促进节能减排的关键因素。文献中采用的模型或方法包括：①综合评价模型，典型的如区域气候与经济的综合（简称为 RICE）模型（Nordhaus and Yang，1996）、气候与经济的动态综合（简称为 DICE）模型（Popp，2004）；②宏观计量经济模型，如时间序列模型（Li and Lin，2014；Dasgupta and Roy，2015）、面板数据模型（刘立涛和沈镭，2010；张伟和吴文元，2011；Pao and Tsai，2011；何小钢和张耀辉，2012；杨芳，2013；Zhao et al.，2014；Jiang et al.，2015；Xu and Lin，2015；李廉水和周勇，2006；Li and Lin，2016a）；③投入产出模型（Okushima and Tamura，2010；Thomas and Azevedo，2013；Akpan et al.，2014；Kjaer et al.，2015）；④可计算一般均衡模型（Jakeman et al.，2004；Manne and Richels，2004；魏一鸣等，2008；Turner and Hanley，2011；Li and Lin，2013；Mahmood and Marpaung，2014），等。

值得注意的是，相当多的研究文献以全要素生产率（TFP）代表技术进步，并论证其对节能减排的积极影响。但是，TFP 并不能完全等同于技术进步，实际上，它代表的是广义的、希克斯中性的技术进步，它的变化不仅受狭义的技术进步影响，也受到制度、人力资本、资源配置效率等多重因素的影响（唐未兵等，2014）。

此外，在实证研究中，由于能源反弹效应的存在，传统研究可能高估了技术进步对节能减排的贡献（Sorrell and Dimitropoulos，2008）。近期的研究文献考虑了反弹效应的影响，但大多是采用不同的经济方法测算反弹效应值的大小（邵帅等，2013；Shao et al.，2014；Li and Lin，2015a；Orea et al.，2015），或比较不同产业部门的反弹效应（胡秋阳，2014）；部分文献从技术溢出的视角测算了技术进步的反弹效应（冯烽和叶阿忠，2012），证明反弹效应与能源投资、能源价格政策密切相关（杨芳，2013；Li H et al.，2013），并通过"诱导型技术创新"与技术进步来源或类型相关。然而，中国能源市场化改革一直滞后于整体的经济改革，能源市场价格的扭曲主要表现为能源价格补贴（Li and Lin，2015b）。降低反弹效应对技术节能减排的不利影响，其核心是在技术进步的同时提高能源的使用成本，降低技术进步对能源消费产生的替代效应和收入效应。

上述研究文献测算了技术进步对节能减排的影响，但并未深入考察技术进步影响节能减排的具体方式或途径；具体到政策含义方面则主要通过测算反弹效应论证能源价格改革对技术节能的重要性，并未讨论能源价格影响技术节能的机理。

2. 不同技术进步的来源方式对节能减排的影响

从技术进步来源的角度考察，技术进步可分为技术创新和技术引进。对处于世界技术前沿的发达国家而言，其技术水平的提升几乎只能依靠技术创新；但对发展中国家而言，可以通过从发达国家引进技术，或者靠模仿发达国家技术，甚至通过"干中学"来分享国际技术溢出所带来的好处（林毅夫和张鹏飞，2006）。基于此，发展中国家实现技术进步的方式主要是技术引进和模仿创新它们可广义地统称为技术引进。

林伯强（2015）认为，通过技术创新实现能源清洁利用是实现节能减排的关键。技术创新主要通过研发活动（R&D）和"干中学"对节能减排产生影响（Sagar and van der Zwaan，2006；Yang et al.，2014）。R&D活动（通常形成发明专利）从两方面促进节能减排，一方面通过传统生产工艺的改进和创新促进传统化石能源（如煤炭、石油等）的清洁消费，另一方面也有助于降低可再生清洁能源（如风能、太阳能等）的使用成本（Barreto and Kypreos，2004；Fisher-Vanden et al.，2004；Klaassen et al.，2005；Ang，2009；Garrone and Grilli，2010；Popp and Newell，2012；万伦来和朱琴，2013；Bointner，2014；El-Sayed and Rubio，2014；Mueller et al.，2014；Yang et al.，2014；Lee et al.，2015）。在生产过程中的"干中学"效应则大幅提高了清洁能源的生产效率，从而获得更低的清洁能源使用成本，其核心表现是较高的学习率及较低的减排成本（McDonald and Schrattenholzer，2001；Manne and Richels，2004；Miketa and Schrattenholzer，2004；Nakata et al.，2011；Pacini and Silveira，2014）。

技术创新受需求侧与供给侧两方面驱动，分别以"诱导型创新理论"和"技术推动型理论"为典型代表（杨芳，2013）。根据"诱导型创新理论"，能源价格的提高一方面产生要素替代效应，即节能效应；另一方面将促进市场对节能技术需求的增加，从而使节能技术及新能源技术的发明具有更高的价值，促进能源技术的创新及发展（Newell et al.，1999；Popp，2002；Jakeman et al.，2004）。但是，该理论忽略了创新可能性前沿的来源与决定因素，无法将技术进步的路径内生化（Nordhaus，1973）。"技术推动型理论"强调技术基础的重要性，考虑了前期创新者对后期创新者的正外部性或溢出效应（纵向溢出），亦即考虑了研究和创新活动不同时期间的累积性和相互依赖性。杨芳（2013）采用动态面板数据模型实证分析了上述两方面对中国能源技术创新的影响。

技术引进是中国实现技术进步的重要途径，其方式主要包括直接引进和购买国外先进技术（即技术购买）、通过国外直接投资（FDI）和国际贸易等渠道间接引进先进技术两种（吴延兵，2008）。广义上看，技术引进还应包括国内不同区域的技术转移。技术引进影响经济增长、生产率、经济增长方式等方面的研究文献较为丰富，但直接讨论技术引进与节能减排关系的文献相对较少。理论上，技术引进主要通过设备资本的更新（及可能引致的生产要素替代）、技术溢出对节能减排产生影响。一些文献讨论了技术溢出对能源消费/二氧化碳排放（Grimes and Kentor，2003；Bosetti et al.，2008；李子豪和刘辉煌，2011；刘华军和闫庆悦，2011；Pao and Tsai，2011；郭庆宾和柳剑平，2013；Simcoe and Toffel，2014；Yang et al.，2014）、能源/碳强度（张贤，周勇，2007；高大伟等，2010；陈夕红等，2013；姚奕和倪勤，2013；Elliott et al.，2013；Jiang et al.，2014；Yang et al.，2014）和环境污染（盛斌和吕越，2012）等的影响。然而，基于国际贸易中的比较优势和新技术贸易视角，发展中国家可能存在"向（环境标准）底线赛跑"和"污染天堂"，技术引进（如国际贸易、FDI）不一定有助于促进落后国家或地区的节能减排（李锴和齐绍洲，2011；朱平芳等，2011；Hassaballa，2014；Ren et al.，2014；Tang，2014）。亦有文献证实"污染天堂"假说并不成立（李小平和卢现祥，2010；袁鹏和程施，2011；许和连和邓玉萍，2012；Atici，2012）。部分学者还发现不同技术引进方式（典型的如FDI）对中国能源效率或环境效率的影响具有显著的区域差异（齐绍洲和王班班，2013；宋马林和王舒鸿，2013）。

根据唐未兵等（2014）的观点，技术进步是技术创新或技术引进的结果，并表现为全要素生产率的提升，但两者并不总是有助于在经济增长过程中实现节能减排。他们认为，一方面，受基础研究积累、自主创新的机会成本和可能的逆向溢出等因素的影响，技术创新对提高经济增长质量（如提升节能减排效率）的作用是不确定的；另一方面，国内外技术差距、本地消化吸收能力、引进技术与本地技术的匹配程度等因素也制约了技术引进对提高经济增长质量的作用。

此外，部分文献从空间的视角研究产业集聚、技术外溢与节能减排的关系（师博和沈坤荣，2012；陆铭和冯皓，2014；何雄浪，2015；张可和豆建民，2015）。然而，从技术进步路径（如来源方式）的角度讨论技术进步的空间异质性与节能减排关系的文献还不多见。

综合上述文献可以发现，大多数研究成果集中在讨论两种技术进步来源，或者是单一的技术引进方式对节能减排的影响，很少涉及不同技术进步来源或不同技术引进方式的相互作用对节能减排的影响。实际上，技术创新与技术引进既可形成技术进步的互补效应（即两者的相互协同与促进）促进节能减排，也可能形成替代关系（如因技术引进而减少了技术创新）对节能减排产生差异性影响。尤其是，这种相互作用在不同区域（空间）、不同时期可能会形成有助于节能减排的差异化技术进步路径。

3. 不同技术进步的类型对节能减排的影响

技术进步有狭义和广义之分。狭义技术进步仅指科技创新，广义技术进步除科技创新外，还包括管理创新、制度创新等"软"技术进步。这在概念上已经很清晰。部分文献基于 DEA 方法测算 Malmquist/Malmquist–Luenberger 生产率指数，并将其分解结果"技术变化"和"效率变化"分别视为"硬"技术进步和"软"技术进步，基于此讨论不同类型技术进步对节能减排产生的不同效应（李廉水和周勇，2006；Fisher-Vanden et al.，2006；宣烨和周绍东，2011；Li et al.，2013b；Li and Lin，2016a）。

研究技术进步类型对节能减排的影响更多的是基于技术进步的要素特征视角。根据技术进步引起其各生产要素相对边际产出的变化，希克斯（1932 年）、哈罗德（1942 年）和索洛（1969 年）分别定义了（广义）技术进步的类型（称为技术进步的偏向性）：资本偏向型、劳动偏向型和中性技术进步（巴罗等，2000）。Acemoglu 等（1998；2002；2003；2008；2012）的系列研究重新定义了技术进步的偏向性（称为"directed technological change"，又译为导向型技术进步），并基于生产函数的研究范式将有偏技术进步分为"要素偏向型"和"要素增强型"两种类型，前者改变的是投入要素的边际产出之比，而后者则改变的是投入要素的生产效率。这种方法的关键是计算要素间的替代弹性。Briec 和 Peypoch（2007）、Barros 和 Weber（2009）根据各年度各行业要素间投入对比情况测度要素投入偏向技术进步以判断技术进步的偏向性。这种方法不需要对生产函数形式做出严格限定，避免了因生产函数设定偏误而造成的估计结果误差。

也有文献中将技术进步的偏向性分为非体现式（Disembodied）与体现式（Embodied）技术进步两类（Felipe，1999）。前者指希克斯中性技术进步，它能够严格同比例地提高所有生产要素的投入效率，由体现外生特征的全要素生产率（Total Factor Productivity，TFP）度量；后者根据技术进步与生产要素的结合方式可分为劳动增进型（技术进步与劳动的结合）和资本体现式技术进步（技术进步与资本的结合，即融合在设备资本投资过程中的技术进步）。

近期的研究文献把能源引入生产函数时，证实存在显著的能源偏向性技术进步，亦即在给定产出水平下，技术进步是有助于能源节约和环境改善的（Zon and Yetkiner，2003；Boucekkine and Pommeret，2004；Wang et al.，2014；Adeyemi and Hunt，2007；Hassler et al.，2012；王班班和齐绍洲，2014；陈晓玲等，2015），亦有文献发现相反的证据（董直庆和王林辉，2014；何小钢和王自力，2015）。基于偏向性技术进步的分析框架，Acemoglu 等（2012）在环境约束和有限资源条件下将内生的、导向型的技术进步引入到增长模型中，基于不同类型技术（清洁技术和污染技术）对环境政策的内生性回应，对不同环境政策的成本和受益进行了分析。采用动态递归可计算一般均衡模型，鲍勤等（2011）测算了在不同的能源节约型技术进步条件下，美国征收碳关税对中国经济与环境的影响。

国内外学者曾对技术偏向的类型进行了大量实证分析，多数文献的研究结论认为资本偏向型的技术进步不仅存在于美国（David and Klundert，1965；Hulten，1992；Greenwood et al.，1997；Klump et al.，2007）、欧盟（Klump et al.，2008）、日本（Sato and Morita，

2009）等发达国家和地区，而且也普遍存在于中国（赵志耘等，2007；黄先海和徐圣，2009；戴天仕和徐现祥，2010；宋冬林等，2011；王林辉和董直庆，2012；钟世川，2014）等发展中国家。

部分研究综合技术进步来源和技术进步类型，发现不同技术进步来源所对应的技术进步偏向性不相同，对能源强度的影响也具有显著差异（王班班和齐绍洲，2014）。

借鉴技术进步偏向性理论的思想（即技术进步相对提高了某一特定生产要素的生产率），学者们认为由于发达国家与发展中国家要素禀赋之间的差异，发展中国家在利用、引进外部技术时应考虑技术的适宜性（Basu and Weil，1998；Acemoglu and Zilibotti，2001；林毅夫和张鹏飞，2006；王林辉和董直庆，2012）。适宜技术选择理论将技术进步类型（偏向性）与技术进步的来源方式联系起来，它意味着技术进步的来源方式选择不仅影响技术进步类型，而且技术进步类型也会对技术进步的来源方式选择产生影响。基于此，该理论可用于对促进节能减排的最优技术进步路径（如偏向性技术进步与中性技术进步、技术创新与技术引进等的辩证关系）进行分析。

4. 节能减排效率的评价方法

考察技术进步的来源和类型对节能减排效率进而对低碳发展的影响是本书的研究主题，测度节能减排效率是本书的重要工作之一。尽管能源强度和碳强度已经成为中国政府实施节能减排的核心评价指标，但从理论分析和政策设计的角度看，上述指标忽视了生产要素之间的关联性，难以准确揭示节能减排效率差别的真正原因，也无法通过不同评价单元间的比较来确定改善的途径，从而制约了它们对政策设计的指导意义。因此，基于全要素分析框架度量节能减排效率是学术研究的主流。源于微观经济理论的全要素效率分析方法的关键是如何确定效率前沿。实践中，有两种方案，即：数据包络分析法（Data environment analysis，DEA）和随机前沿分析法（Stochastic frontier analysis，SFA）。本小结分别对 DEA 和 SFA 的演进进行归纳和总结。

（1）节能减排效率评价的非参数方法：DEA。

DEA 方法是运用线性规划模型对技术效率进行评价，其优点是仅依靠投入产出数据就可将技术效率值及各变量的权重计算出来。由于 DEA 模型可处理多投入、多产出问题，无须对模型进行主观假设（无须设定生产函数的形式和待估参数分布类型），这使得DEA 在测算节能减排效率方面具有显著优势。

Hu 和 Wang（2006）最早应用 DEA 方法构造了全要素能源效率指标（Total-factor Energy Efficiency，TFEE）。之后，众多学者采用行业面板、区域面板或国际面板数据对TFEE 进行了测算和比较，并证实 TFEE 相比单要素的能源强度指标具有显著优势（魏楚和沈满洪，2007；杨红亮和史丹，2008；Zhou et al.，2008；王群伟等，2013）。部分文献从 DEA 测算方法的角度阐述了 TFEE 的合理性（Stern，2012；Chang，2013），并运用 Malmquist 生产率指数（MPI）测算 TFEE 的动态变动及其原因（Lin and Liu，2012；Li et al.，2013b）。

然而，上述研究忽视了能源消费所伴随的环境代价（如二氧化碳排放）。早期文献将二氧化碳排放视为未支付的投入要素而引入生产函数（Hailu and Veeman，2000）。但是，这种方法违背了真实的生产过程，扭曲了对经济绩效和社会福利水平变化的评价，从而可能导致政策建议的偏差（王兵等，2008；刘立涛和沈镭，2010；王群伟等，2013）。

在实际生产活动中，人们希望能最大化期望产出（如 GDP）而最小化非期望产出（或环境污染，如二氧化碳排放）。基于此，Färe 等（1989）认为，非期望产出具有弱可处置性的属性，并构造环境生产技术对其进行处理。Chung 等（1997）首次将环境生产技术和方向性距离函数（directional distance function，DDF）相结合，并利用 DEA 对 DDF 进行估算以获得环境约束下的真实 TFP（或环境 TFP）；同时，为衡量环境 TFP 的跨期动态变化，他们还构造了 Malmquist–Luenberger 生产率指数（MLPI），并将其分解为"技术变化"和"效率变化"两个成分。Färe 等（2005）、Färe 等（2007）系统地阐述了基于 DEA 方法测算 DDF 的分析方法。这些研究为度量节能减排效率（亦称为真实 TFP 或环境 TFP）提供了完整的方法论基础（Song et al.，2012）。大量文献测算了不同地区或行业的环境 TFP 及其 MLPI（涂正革，2008；Zhang，2009；陈诗一，2010；孙传旺等，2010；张伟和吴文元，2011；Zhang et al.，2011；李科，2013；宋马林和王舒鸿，2013；Song et al.，2013a；Chen et al.，2014；Wang and Wei，2014；Li and Lin，2015c；Wei et al.，2015）。

此外，考虑到不同评价单元（DMUs）生产技术的异质性，近期的文献运用共同前沿函数（metafontier）研究节能减排效率问题（Oh，2010；刘玉海和武鹏，2011；汪克亮等，2012；Chiu et al.，2012；王群伟等，2013；Wang et al.，2013a；Zhang and Choi，2013；Li and Lin，2015d）。DEA 在能源和环境领域中的研究成果综述可参考 Zhou 等（2008）、Song 等（2012）、Zhang 和 Choi（2014）。

尽管在节能减排效率评价领域得到了广泛运用，但传统 DEA 模型无法反映技术水平的时空性质，即存在截面（空间维度）上的"识别问题"（discriminating power problem）和时间维度上的"技术退步"（technical regress）现象（Li and Lin，2015d）。前者是指实证文献中常出现大量评价单元同处于效率前沿面而相对都有效，表现为 TFEE 或环境 TFP 都为 1，导致无法对同处于效率前沿面上的评价单元（DMUs）进行分析和评价，对应的 MPI/MLPI（及其"技术变化"和"效率变化"）可能在截面维度上不具有可比性（王兵等，2011）。实际上，DEA 在构造效率前沿面时，不同评价单元所对应的参照点（peers）并不完全相同。这暗示即便是同处于效率前沿面上的评价单元，其效率和技术水平也是有差异的。对此，文献中采用非径向 DEA 模型或超效率 DEA 模型以避免"识别问题"（张伟和吴文元，2011；Zhou et al.，2012a；李科，2013a；Bian et al.，2013；Song et al.，2013b；Zhang and Choi，2013；Li and Lin，2015d；Zhang et al.，2015）。"技术退步"是指传统 DEA 模型仅以当期的观察值来构造效率前沿面，从而在动态分析中可能出现技术退步的情况，表现为 MPI 或 MLPI 分解结果中的"技术变化"成分值小于 1。

然而，技术进步在很大程度上依赖于以往知识和经验的积累，是知识和经验的存量。因此，后期技术水平相对前期而言至少是保持不变的。"技术变化"的测算结果意味着基于 DEA 方法测算得到的 TFEE 或环境 TFP 在时间维度上并不具有可比性，对应的 MPI 或 MLPI 的分解结果模糊了"技术变化"和"效率变化"的边界，可能导致"效率变化"被高估（Shestalova，2003；Henderson and Russell，2005）。序列技术法（sequence technology）肯定了技术引进与传承的积累性，在构造生产效率测算基准时，充分考虑当期及以前历史所有可行技术水平，使得生产效率的测算与分解的各指数意义更为明确，是规避"技术退步"现象的适宜方法（Tulkens and Eeckaut，1995；Shestalova，2003；王兵和颜鹏飞，2007；Oh and Heshmati，2010；王恕立和胡宗彪，2012；Zhang and Kim，2014）。Li 和 Lin（2015d）综合超效率 DEA 与序列计数法，构建了基于技术水平时空性质的节能减排效率指标，但他们的方法缺乏统计检验技术的支撑。

（2）节能减排效率评价的参数化方法：SFA。

与 DEA 不同，SFA 是一种使用极大似然估计的参数估计方法。尽管使用 SFA 必须要为效率前沿假定一种方程形式，这可能导致模型设定偏误，但它可区分随机误差项和技术无效项，使其测算结果相对 DEA 更稳健。更重要的优势在于，SFA 支持相关检验。

从文献发展脉络看，SFA 经历了从横截面数据到面板数据、从时不变技术无效项到时变技术无效项、从个体同质性到个体异质性的发展。研究者通过不断改进和发展技术无效项的设定、SFA 的模型（函数）设定，以更精确地评价生产率或经济运行效率及其影响因素。

Aigner 等（1977）、Meeusen 和 van den Broeck（1977）提出的随机前沿模型，经由 Jondrow 等（1982）提出估计方法后得到了广泛运用。早期的 SFA 是基于横截面数据的，且假定技术无效项独立于解释变量，违背这一假定将导致参数估计结果的不一致性。Schmidt 和 Sickles（1984）将其扩展到面板数据，并采用虚拟变量最小二乘法进行估计，其优势在于无须假定技术无效项 $u_i(\geqslant 0)$ 的具体分布，但假定 u_i 不随时间而变化，且独立于随机扰动项 v_{it}。然而，u_i 的时不变设定对面板数据而言是个苛刻且不合理的假定。Cornwell 等（1990）、Kumbhakar（1990）、Battese 和 Coelli（1992）等放松了时不变的技术无效性的假定。在他们的模型中，技术无效项 u_{it}（被假定为非负且独立与随机误差项 v_{it}）被设定为一个严格的时间变量函数结构，其一般形式可表述为 $u_{it} = f(t) \cdot u_i$（Wang and Ho，2010）。尽管上述研究反映的技术无效性具有随时间而变化的特点，但 u_{it} 的设定假定了所有截面技术无效性以相同的模式随时间而变化，这意味着他们的模型忽视了不同个体或截面 i 的异质性，这可能导致有偏的效率估计值。另一方面，早期文献一般采用"两步法"衡量外生变量对效率值的影响，相比"一步法"而言，"两步法"可能导致有偏的估计结果（Wang and Schmidt，2002）。

在面板数据模型中，一个重要的问题是如何控制个体异质性，或者说如何区分个体异质性和（时变的）技术无效性。Greene（2007）认为 SFA 中的个体异质性可区分为两类：可观测的和不可观测的。前者可通过外生变量来控制，而后者则依赖于数据驱动方法（data-driven methods）。Kumbhakar 和 Wang（2005）考虑面板数据的自然特征，在模型中设定个体效应 α_i 以度量个体异质性（限于固定效应），并设定其为时间 t 的函数。Wang 和 Ho（2010）进一步将 α_i 设定为个体和时间效应的函数。近年来，Greene（2005）提出的"真实的"（true）固定效应/随机效应模型（TFE/TRE）得到了广泛应用（Hailu and Tanaka，2015）。然而，该模型待估参数的个数将随截面数目的增加而增加。因此，传统的依赖 $N \to \infty$ 得到的一致性估计结果对给定个体观测序列而言可能并不适用，从而带来参数估计结果的不一致性问题。Chen 等（2014）在标准的极大似然法的基础上采用组内转换模型（within transformed model）对固定效应的 SFM 进行估计，从而避免了冗余参数（incidental parameter）的问题。

在 TFE/TRE 的设定中，所有非时变效应均被当做不可观测的个体异质性，而时变的技术无效项不施加任何限定的函数结构假设。这意味着它们并未考虑技术无效的两类成分：持续性（persistent）和暂时性（transient）。有些技术无效性与个体特征相关，从而具有持续性（表现为时不变性），如与政策环境相关的规制政策、政府补贴等（Kumbhakar and Heshmati，1995；Kumbhakar et al.，2014；Filippini and Greene，2015）。显然，这两类技术无效性具有差异性的政策含义。

除了上述通过设定个体效应度量个体异质性外，潜类别随机前沿模型（latent class models）通过多项式 logit 排列估计找到评价单元属于某一技术俱乐部的概率，从而确定它们的归属，并同时将技术效率估计出来（Greene，2004；Orea and Kumbhakar，2004）。该模型是假定不同技术俱乐部的生产函数是不同的，从而具有不同的最优前沿效率生产面。此外，亦有文献采用共同边界（metafontier）模型反映 SFA 中的个体异质性（Battese and Rao，2002；Battese et al.，2004）。

上述模型从个体效应或前沿生产函数的视角反映 SFA 中不同评价单元的异质性，然而，它们均假定模型中的待估参数 β 不随时间而变化。在长面板数据中，Tsionas 等（2017）认为同一评价单元在不同时间也可能对应于不同的生产前沿面，若如此，则传统的推断方法可能面临样本的选择性偏误。基于此，Wang 和 Huang（2009）、Yélou 等（2010）将阈值效应（threshold effect）引入 SFA 中，提出了阈值效应随机前沿模型（T-SFM）。已有部分文献采用 T-SFM 测算了技术效应，并验证了其在长面板中的适应性（Mastromarco et al.，2012；李科，2013b；Almanidis，2013）。Lai（2013）放松了阈值变量外生性的假定，讨论了当阈值变量内生时的估计和检验方法，但他们的模型假定技术无效项是时不变的。

如何在 SFA 分析框架下估计非合意产出影响下的效率值是理论方法上的难点。对此，Atkinson 和 Dorfman（2005）运用贝叶斯法进行了尝试。近期的文献将方向性距离函数纳入到 SFA 中，即运用 SFA 来估计方向性距离函数，从方法论上解决了如何在 SFA 分析框架下捕捉环境规制的生产效率（Lin and Du，2013；Wang et al.，2013b）。此外，基于 SFA 模型中技术效率项的分解以探讨全要素生产率（TFP）的动态变化是 SFA 模型的一个重要应用领域（张军等，2009；Kumbhakar et al.，2000；Kim and Han，2001）。

相比 DEA 方法，运用 SFA 度量节能减排效率的文献并不多见（Cao，2007；Zou et al.，2013；Chen et al.，2015）。史丹等（2008）是较早运用 SFA 研究中国全要素能源效率（TFEE）的文献。李科（2013b）运用 T-SFM 考察了产业结构变迁对中国 TFEE 的非线性影响，并基于此重新测算了中国各省的 TFEE 值。陈诗一（2009）、匡远凤和彭代彦（2012）将二氧化碳排放视为未支付的投入要素纳入到生产函数，运用 SFA 分别测算了中国工业和各省市的环境全要素生产率。

四、研究内容

本书的研究目标是：在梳理京津冀地区能源消耗和二氧化碳排放的现状与特征的基

础上，通过理论分析和实证检验揭示技术进步影响京津冀各地区节能减排效率的机理和空间差异，基于此探究该地区可持续性节能减排的技术进步路径，为中国实施能源生产与消费革命的"创新驱动"战略提供有价值的建议。

本书主要研究内容包括以下 10 章：

第 1 章低碳发展的理论基础。

低碳发展的理论基础是多角度、多理论构成的"理论共同体"，包括可持续发展理论、生态经济学、能源经济学、系统论、创新理论及外部性理论等。

第 2 章低碳发展的概念、内涵与核心驱动要素。

在梳理国内外有关低碳发展概念的基础上，形成本书低碳发展的具体含义，从而界定本书关于京津冀低碳发展的关注点、深层内涵和核心驱动要素。

第 3 章低碳发展的技术进步机理。

给出技术进步的定义与分类。技术进步包括技术创新、技术引进与转让、模仿创新，是实现低碳发展的关键。从技术经济学理论出发，分析技术进步推动低碳发展的机理：①技术进步有助于推动库兹涅茨曲线（EKC）顶点位置的下移；②技术进步有助于实现经济增长与二氧化碳排放的脱钩；③技术进步有助于降低减排成本。基于碳减排的视角，探讨和分析技术进步影响二氧化碳排放的途径有二：①通过开发和利用新技术实现低碳能源对传统化石能源的替代，实现碳减排；②通过技术进步实现能源等物质要素投入的粗放型经济增长方式转向提高全要素生产率的集约型经济增长方式，实现碳减排。

第 4 章京津冀地区低碳发展现状。

通过数据搜集与整理、调研，分析京津冀地区的能源消耗现状，包括能耗总量与能耗结构、能耗的空间分布特征、能耗的产业分布等。结合不同区域的经济发展阶段、产业结构特征分析京津冀地区能源消耗的基本特征。

基于能源消费量的基础数据，测算京津冀地区的二氧化碳排放量；从二氧化碳排放的能耗源（涉及能源消费结构）、部门结构分析京津冀地区二氧化碳排放特征。基于能耗和碳排放数据，构建京津冀地区节能减排效率指数，从整体上把握京津冀地区的低碳发展现状。

第 5 章京津冀地区低碳协同发展评价。

对京津冀低碳协同发展程度进行评价，是有效促进京津冀低碳发展的前提。根据京津冀区域系统的构成，从经济、资源、环境和效率 4 个维度构造京津冀地区低碳协同发展的指标体系。运用逼近理想解的 TOPSIS（Technique for Order Preference by Similarity to an Ideal Solution）方法、灰色关联理论和距离协同模型，构建低碳协同发展指数，分析京津冀低碳协同发展程度，为京津冀地区低碳发展政策提供参考。

第 6 章京津冀地区低碳与科技创新的耦合协调度评价。

从创新资源能力、知识创造能力、企业创新能力、绩效创新能力、创新环境能力 5 个子系统构造京津冀地区科技创新指标体系。

运用协同度测量模型（如基于序参量的复合系统协同度测量模型）分析京津冀低碳发展和科技创新的耦合协调度。在京津冀一体化推进的背景下，分析京津冀地区科技创新和低碳发展的耦合协调度的动态变化。

第 7 章京津冀地区低碳发展的经济技术选择决策。

低碳经济的技术选择是将环境成本内化到成本最小化和资源禀赋决定的理论中，选择出先进适用的环境友好技术。因此，在进行低碳经济的技术选择时应以先进适用的环境友好技术为支撑，依靠这些技术的传播、渗透与推广，提高资源用率，最终实现经济发展与环境改善和修复。

构建四要素（资本、劳动、能源和二氧化碳排放量）生产函数拟合京津冀各城市的工业生产过程，分析不同生产假设下的技术进步偏向性，据此分析了生产过程中的要素使用情况，从而在理论上推导出促进京津冀各地区低碳发展的具体思路。

典型的技术进步如果表现为资本增强型和资本偏向型，则适合非能源要素替代的节能思路；如果表现为能源增强型和资本偏向型，适合提高能源利用效率的节能思路；如果表现为资本增强型和能源偏向型，需要能源研发补贴政策；如果表现为能源增强型和能源偏向型，则必须调整产业结构，增加资本使用研发补贴来应对环境问题。基于分析结论，讨论京津冀各地区现有的研发补贴、财税政策对其低碳发展的合意程度。

根据测算得到的京津冀节能减排效率指数，采用面板数据模型分析技术进步的不同来源（技术创新和技术引进）对它们的影响，以揭示不同技术进步来源方式影响低碳发展效率的途径及其区域差异。

借鉴"适宜技术选择理论"的思想，基于技术合意性指标论证京津冀低碳发展的适宜技术进步路径，讨论不同技术进步路径对它的影响；分析京津冀各地区提高低碳发展效率视角下的适宜技术进步类型及相适应的技术进步来源方式。

第 8 章京津冀地区钢铁产业低碳发展的技术进步路径。

梳理与分析京津冀地区钢铁产业的发展现状、关键低碳技术体系、低碳发展的技术创新现状。根据产业的空间布局、各地的技术基础整理和分析出京津冀地区未来可能的低碳技术创新领域。

第 9 章京津冀地区太阳能产业发展评价。

本章首次构建太阳能产业发展指数，并将 2012～2015 年的全国太阳能产业发展指数与京津冀地区进行深入比较。

第 10 章主要结论与政策建议。

总结全书的主要研究结论，提出技术创新推动京津冀低碳发展的政策保障措施。

五、技术路线图

本书研究遵从理论基础、概念与机理、现状评价、技术经济决策、重点领域分析、政策建议 6 个步骤进行研究，力求做到研究的规范性、系统性、实用性。

具体技术路线见图 0-2。

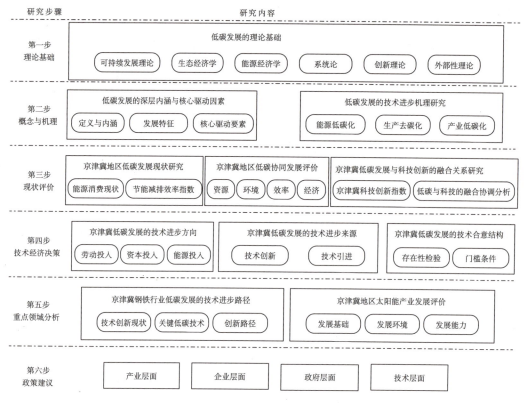

图 0-2　技术路线图

六、研究方法与工具

研究方法和采用的工具是研究得出结论是否可靠的基础。因此，本节对项目所采用的研究方法和工具进行简要论述，从而保证研究得出的结论具有更强的可靠性和指导性。

1. 系统分析法

所谓系统，是指相互依存或相互影响的一组要素，为实现共同的目标所构成的集合体。系统一般具有以下特征：①集合性，系统是可相互区别的各个要素的集合，而且各要素都服从实现整体最优目标的需要；②相关性，系统的各要素之间相互关联、相互作用；③目的性，人造系统或经过改造的自然系统都具有一定的目的，为实现既定的目的，系统应具有一定的功能；④层次性，一个整系统是由许多层次的子系统组成，每一层次的子系统又由许多次级子系统组成，系统与子系统之间既有纵向的上下关系和横向的平行关系，又有纵横间的交叉关系。系统的总体功能，一般超过各子系统功能的总和。

区域低碳系统涉及资源、环境、政策、效率4个因素，这些因素并非孤立存在着，而是构成多层次的系统，如环境系统、经济系统、资源系统等。人们认识能源、开发能源、保护能源、改善生活环境，也构成了一个系统。区域低碳系统说明低碳发展往往具有关联性，一个因素的变化会影响其他因素的状况；不同因素之间存在不同程度的可替代性，对某些新能源采取一定管理措施，可能影响到其他能源的配置效果，因此应当以全局和系统的观点分析区域低碳系统。

2. 定性分析与定量分析相结合的方法

任何事物都既有质的规定性，也有量的规定性，是质与量的统一。任何事物的发展过程都是量变和质变的统一。区域低碳发展也是一定的质的组合和量的比例的不断变化的过程，就必须重视其发展变化过程中的数量比例和质量的组合，从数量和质量的统一上进行研究。

所谓定性分析，就是对事物的性质进行研究。事物的量是由质决定的，所以，定性分析是定量分析的基础。所谓定量分析，就是对事物的数量比例关系进行研究。事物的质是通过量表现出来，并通过量的变化而发生变化的，所以，定量分析是定性分析的钥匙。

没有质量的数量是不存在的，没有数量的质量也是不存在的。事物的质是相对稳定的，而量则比较活跃，即量变在一定限度内并不会引起质变。因此，定量分析有助于加深对质的认识。同时，质变和量变的不一致性，从根本上决定了定性分析和定量分析是不可替代的。

3. 宏观经济与微观经济相结合的方法

分析京津冀低碳发展的技术进步路径，不仅牵涉众多的微观经济主体，如在京津冀地区低碳发展的技术进步方向研究中，构建四要素的生产函数模型来拟合京津冀各省市的工业生产过程，运用面板数据分析相关政策与技术进步方向的合意性；而且要和宏观经济发展和产业政策相联系，如区域经济发展水平等，从而找到低碳发展的技术进步适宜路径。

4. 规范研究和实证研究相结合的方法

规范研究是从理论到实践的过程，实证研究则是从实践到理论的过程。京津冀低碳发展的技术进步路径分析，坚持规范研究和实证研究相结合的方法，是十分重要的。

客观经济关系的运动，总是按照自己固有的规律从简单到复杂、从低级向高级发展的。复杂的关系也是具体的关系，规范研究就是依据对规律性的认识，从简单上升到复杂，也就是由抽象上升到具体。京津冀低碳发展的技术进步路径分析在一般经济规律的基础上发生作用的，同时又包含了一般经济规律。低碳经济问题首先是能源经济问题，运用能源经济学去分析低碳发展的技术进步路径，解释各种新能源经济问题，说明一般经济规律在能源经济中的具体表现形式等，即是低碳经济学中的规范研究方法。

另外，正确的认识来自于实践，脱离实践就无法进行科学的理论概括，脱离实践的理论研究也无法形成科学的抽象。同时，理论还必须通过实践进行检验，进行修正，由实践赋予活力，从实际材料进行综合分析和考察。本书在京津冀低碳发展的案例选择上，选择碳减排的大户——钢铁行业，通过调研，探究钢铁行业的关键低碳技术领域和应用现状、低碳技术应用中的问题，梳理可行的低碳技术创新路径。

七、研究创新点

著名经济学家董辅礽认为，能够使研究出新的发现主要有三个，即新思想、新方法和新资料。据此，本书可能的创新点是：

第一，提出低碳发展的若干理论概念模型。提出低碳发展具有经济属性、技术属性、资源环境属性、政策属性四个特征；低碳发展的四个核心驱动要素，包括资源禀赋（R）、发展阶段（E）、低碳技术（T）、消费模式（C）。低碳科技创新具有准公共性与外部性、不确定性，存在"市场失灵"。低碳科技创新具有"三要素、多元化"特征。所谓"三要素"是指技术支撑、政策符合度与综合效益三个要素；所谓"多元化"是指：需求层次——既有市场需求牵引，又有公共需求；主体层次——企业研发机构、政府、公益类科研机构、高校、科技中介多个主体；目标层次——低碳科技的发展涉及不同个体与群体的利益分配、价值取向与伦理诉求，必然深刻关注个局部与整体、当下与长远的各种利害关系的互动、选择与权衡，追求科技、政策与综合效益的协同。低碳技术进步的特征是台阶性、效率性、阶段性、适宜性。技术进步通过能源低碳化、生产去碳化、产业低碳化三个层面作用于低碳发展。

第二，建立了首个京津冀地级市节能减排效率指数，为城市节能减排效率评价提供了新方法。从区域、世界、国家目标的角度，对京津冀节能减排进行了对比。第一个对比是区域角度——选取京津冀节能减排效率最高的城市——北京，将区域其他城市相应年份的节能减排效率指数值除以北京的节能减排效率指数值，以此分析区域其他城市与北京之间的差异程度；第二个对比是世界角度——对标东京，分析京津冀的节能减排效率与世界先进水平的差距；第三对比是国家目标角度——从完成国家的节能减排目标出发，评价京津冀节能减排的完成程度。这样评价的作用有二：其一，指向明确。节能减排效率指数是个相对值，比较区域、国家、全球节能减排效率高的城市，可以更方便地能找到城市节能减排的差距所在。其二，评价全面。低碳发展指数的评价方法有很多，但不能只是算法的改变，而应该采取对比的角度，能为城市节能减排建立一个新的视角。

第三，提出京津冀低碳技术进步存在合意技术结构。基于面板数据模型的定量研究，发现在人均GDP低于2.97万元时，以FDI为代表的技术引进是低碳发展的主要技术进步策略，此时应注重人力资本积累，强化在技术引进基础上的模仿创新；当人均GDP处于2.97万至3.70万元时，应在消化、吸收、模仿引进技术的基础上，强化研发投入；而当人均GDP高于3.70万元时，以提高研发强度为表征的自主创新将在低碳发展方面起到主导作用。

第四，首次构建了太阳能产业发展指数。产业发展指数包含产业发展基础、产业发展环境、产业发展能力3项一级指标，其中发展基础和发展能力用于衡量产业自身所具备的发展条件，发展环境用于衡量外部环境对产业发展的影响。在二级指标中，产业规模和产业结构2项指标用于表征太阳能产业的发展基础；宏观经济因素、政策因素、市场因素3项指标用于表征太阳能产业的发展环境；营运能力、融资能力、投资能力、技术创新能力4项指标用于表征太阳能产业的发展能力；并将2012～2015年的全国太阳能产业发展指数与京津冀地区进行了深入比较。

第 *1* 章 低碳发展的理论基础

本章简介

  经济学家曼昆（Mankiw）指出，对任何问题的研究都需要先提出理论，再收集数据，进而分析数据，从而去证明或否定原有的理论。由此可见，研究都需要从基本理论出发，并建立在一定的理论基础之上。低碳发展的理论基础是多角度、多理论构成的"理论共同体"，包括可持续发展理论、生态经济学、能源经济学、系统论、创新理论及外部性理论等。

一、可持续发展理论及其对低碳发展的运用与启示

1. 可持续发展理论

"可持续发展"一词，最早出现在 1972 年联合国第一次人类环境大会上公布的《增长的极限——"罗马俱乐部"关于人类困境的报告》中。该报告对经济增长和人类前途之间的关系做出了具体预测，提出了增长有极限的论点，主张实现人口、经济"零增长"的发展。报告警示人们应摈弃工业革命以来形成的、单纯以经济总量衡量人类发展的传统发展观，而主张致力于经济、社会、资源、环境与人口之间的协调发展。1987 年，联合国环境与发展委员会在《我们共同的未来》报告中，首次正式使用了"可持续发展"这一概念。该报告对可持续发展的定义是：可持续发展是指既能满足当代人的需要，又不对子孙后代满足其需要的能力构成危害的发展。

可持续发展理论强调公平性原则。公平性原则是可持续发展理念与以前的各种发展理念之间的重大区别。在传统的发展理念中，公平性原则始终未受到足够重视，传统发展观仅仅是为了生产而生产，单纯追求经济利益，而没有考虑到子孙后代的利益，于是才产生了为实现眼前效益而不惜牺牲宝贵的自然资源与环境的短视行为。可持续发展强调代际公平，即当代人、未来人在实现发展上的权益是平等的，经济社会发展必须平等地满足当代人和未来子孙后代的需要。

可持续发展理论强调可持续性原则。可持续性是指生态系统在受到外界的某种干扰时，仍能够保持其生产率的能力。资源和环境是人类社会赖以存在的基础，因而保持资源与环境的可持续性是人类社会持续存在和发展的前提。为实现资源和环境的可持续，就要求人们在生产和生活中理性地对待资源和环境，既要节约资源，更要合理地利用资源。要改变传统的高消耗、高污染、高排放的生产方式，向低消耗、低污染、低排放甚至零排放发展，努力实现对生态的适度消费，从而保证人类社会的可持续发展。

2. 可持续发展理论对低碳发展的运用与启示

经过改革开放 30 多年的持续发展，我国经济发展水平获得了大幅度提升，创造了令世人瞩目的"中国奇迹"；然而，在经济快速发展的同时，中国也日益感受到了资源和环境压力。这使得中国不得不客观反思以往在经济发展方式方面存在的局限，进而去寻求科学的经济发展方式。在转变经济发展方式过程中，人们逐步认识到低碳发展是转变经济发展方式的重要途径。原因在于，低碳发展是可持续的发展方式，体现在两个层面上：

第一个层面：低碳发展符合公平性原则。低碳发展满足人类在环境公共品方面的基本需求，秉承国土空间开发公正、社会发展公平、治理体系公益的发展新理念。低碳发展不单纯追求经济利益，而是追求社会利益、生态利益与经济利益的最佳结合。中共十九大报告提出，"必须坚持质量第一、效益优先，以供给侧结构性改革为主线，推动经济发展质量变革、效率变革、动力变革，提高全要素生产率"，这就要求统筹好公平与共享，

协调好自然与经济发展。人类对大自然的伤害最终会伤及人类自身，统筹人与自然和谐共生必须破解生产力布局与生态安全格局、经济发展规模与资源环境承载两大突出矛盾，实现社会利益、生态利益与经济利益的最佳结合。

第二个层面：低碳发展符合可持续性原则。低碳发展与可持续发展的三大目标——经济增益、文化增益和环境增益相符合。首先，可持续发展理论强调经济增益——不仅重视经济增长的数量，更关注经济发展的质量；低碳发展要求在实现经济增长的同时，尽可能减缓二氧化碳的排放量。其次，可持续发展要求改变传统的"高投入、高消耗、高污染"为特征的生产模式和消费模式，实施清洁生产等环境增益模式；而低碳产业具有资源消耗低、环境污染少、生态效益好的特点。再次，可持续发展是文化增益的模式，讲究文明消费、绿色消费，这与低碳理念、低碳文化一脉相承。

二、生态经济学及其对低碳发展的运用与启示

1. 生态经济学

20 世纪 60 年代，美国经济学家鲍尔丁（Boulding）在《一门科学——生态经济学》文章中首次把生态学与经济学结合起来，提出了"生态经济学"这一概念。国际生态经济学会的创立以及《生态经济学》的创刊，标志着生态经济学理论研究进入了新的发展阶段，通过不断深入的研究取得了颇有价值的研究成果。

美国经济学家列昂捷夫（Leontief）首次对环境保护与经济发展的关系进行定量研究，运用投入产出分析法，将处理污染物的费用与原材料和劳动力的消耗一并作为产品成本，并将处理工业污染物单独作为一个生产部门。美国经济学家格鲁斯曼（Grossman）1991年提出环境库兹涅茨曲线，他认为一个国家或者地区经济发展水平较低时，环境污染的程度较轻，但是随着人均收入的增加，环境污染由低增高，环境污染程度因经济的不可持续增长而恶化；但经济发展到一定的水平后，到达某个点后，随着人均收入的继续增长，环境的污染程度也会由重变轻，即"脱钩"现象或"倒型"。

环境库兹涅茨理论认为，在经济发展的初始阶段，人们最关心的是如何解决温饱问题，根本不可能有环保意识。因此，不遗余力、不顾后果地发展经济，带来的就是资源的过度耗费、污染物的大量排放和生态环境的恶化。不过，随着人们物质生活水平的不断提高，开始关注生活的质量，环保意识逐渐增强，此时，人们有意愿也有能力治理环境污染，改善生态环境（图 1-1）。从本质上讲，这就是对发达国家先污染、后治理发展道路的总结，对低碳发展有一定的启示作用。

1980 年联合国环境规划署在对人类生存环境的各种变化进行观察分析之后，确定将环境经济作为该年《环境状况报告》的首项主题。由此表明，生态经济学作为一门既有理论性又有应用性的新兴科学开始为世人所瞩目。这正如被《华盛顿邮报》称为世界上最有影响的思想家之一的美国经济学家莱斯特布朗指出——"生态经济是有利于地球的经济构想，是一种能够维系环境永续不衰的经济。"

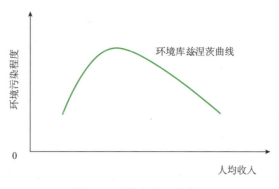

图 1-1　环境库兹涅茨曲线

2. 生态经济学对低碳发展的运用与启示

生态经济是在生态与经济之间矛盾不断激化的背景下产生的。生态经济学阐述了生态、经济和社会三大系统如何不断优化结构和完善功能，从而缓解生态与经济的矛盾。生态经济学理论要求经济与社会高度发展的同时，要兼顾生态环境的可持续发展，从而实现"生态-经济-社会"复合系统的可持续发展。生态可持续发展是根本基础，经济可持续发展是前提条件，而社会可持续发展是最终目的。

以生态经济学作为低碳发展的理论基础，就是要遵循生态经济学原理所揭示的客观规律，既不能以牺牲生态环境作为经济、社会发展的代价，也不能以牺牲经济、社会的快速发展片面追求所谓的"低碳"，而是要在保证经济高质量发展的基础上，实现碳排放量的相对减少。生态经济学对低碳发展的运用与启示，体现在两个层面上。

第一个层面：不同的地区、不同的发展阶段，低碳经济发展的内容应该有所不同。发达国家特别强调低碳产品的应用，例如英国的低碳经济和日本的低碳社会规划特别强调在建筑、交通、生产等领域降低碳排放。我国目前仍处在城镇化、现代化、工业化的关键阶段，发展是中国最关键的事情。因此，在未来很长一段时期，我国低碳经济发展不是意味着碳总量的减少，而是碳强度的下降。因此，对于我国来说，低碳经济的关键领域是低碳产业发展，能够通过提供低碳产品、服务创造价值。如果没有以提供低碳产品和服务的生产活动为基础，而只是完全应用别的国家或地区的产品来降低碳排放，那么，不是真正意义上的低碳发展。

第二个层面：生态经济学强调低碳产业、低碳建筑、低碳交通等领域的低碳规划措施。目前国内大多数区域都处于经济增长与碳排放总量之间的倒"U"型曲线的"上坡路"。因此，需要通过低碳产业、低碳建筑和低碳交通等低碳规划措施尽量缩短倒"U"型曲线的上坡路，缩小倒"U"的"波峰"，控制倒"U"型曲线的波峰不高于生态阈值、不高于区域最大的生态和环境承载能力，避免因碳排放量过多而给区域发展带来灾难性后果。

三、能源经济学及其对低碳发展的运用与启示

1. 能源经济学

能源是人类社会赖以存在和发展的重要物质基础。然而，20 世纪 70 年代以前，人们一直把资本、劳动力和土地视为重要的生产要素，能源最多看做是原材料的一部分，是取之不尽的资源，因此能源经济研究的重点侧重于能源的开发与利用。20 世纪 70 年代两次石油危机的爆发，让人们意识到能源不同于其他资源。第一，能源资源的需求具有普遍性，几乎所有的生产和服务都需要能源；第二，能源具有难以替代性；第三，能源具有有限性和不可再生性。而传统的经济发展模式已经不能解决经济社会发展所面临的能源危机，能源经济研究开始步入一个新的阶段。英国能源经济学家迈克尔·G·韦布与马丁·J·里基茨指出，能源经济研究应关注能源资源的配置问题、能源效率问题以及社会生产与消费过程中的能源转换问题。1975 年，Merklein 所著《能源经济学》一书的问世，是能源经济学成为经济学一个新分支学的标志性事件，能源成为经济增长重要投入要素，确立了能源在经济学研究领域中的重要地位。

"能源–经济–环境"理论（简称 3E 理论）正是基于全球性的环境问题、全面考虑三者复杂系统关系而建立的。从系统角度看，能源、经济与环境是相互联系和影响的系统，能源作为经济系统投入要素，在促进经济发展的同时，产生了环境污染和全球性的气候问题，直接威胁世界上每个国家和地区。能源在促进经济增长同时，所带来的环境问题必须系统考虑。其原因是随着世界工业化进程的加速推进，经济迅速发展，能源需求特别是碳基能源需求不断上升，环境问题大量出现。

（1）在工业化和经济增长的初级阶段，第一产业在产业结构中占主要比重，能源需求量较低，虽然在能源促进经济增长的同时也会产生环境问题，但产生的仅为局部破坏，尚未突破大自然生态系统的阈值，此时的环境问题是自然自身的生态平衡系统所能解决的。因此，在经济发展初期，能源消费导致的环境问题尚未被人所关注。

（2）在工业化和经济增长的中级阶段，第二产业比重上升，能源消费量不断增大，此时以碳基能源消费为主，在促进经济增长的同时，环境问题日益凸显，不仅有局部生态破坏，而且有全局性的环境影响。在这一阶段，能源消费导致的环境问题日益成为经济发展的硬约束，呈现高碳经济增长。

（3）在工业化和经济增长的高级阶段，产业结构不断优化，第三产业占主导，能源需求呈现下降趋势。在技术进步的推动下，能源消费结构不断变化——碳基能源消费减少，清洁能源消费不断增加。在能源进一步推动经济增长的同时，温室气体排放量不断减少。在此阶段，能源消费、温室气体排放与经济增长呈现协调发展和脱钩发展。

因此，能源经济研究前沿和难点在于寻求能源、环境与经济增长的协调发展。日本学者 Yorchi Kaya 提出的恒等式，将二氧化碳排放影响因素分解为人均、单位能耗、能源碳强度和人口规模等诸多因素。Dieta（1994）等学者指出环境影响是人口、富裕程度和技术因素综合作用的结果，从而使得该模型在二氧化碳排放等环境领域得到广泛运用。

2. 能源经济学对低碳发展的运用与启示

以能源经济学作为低碳发展的理论基础，就是要在低碳发展过程中必须高度重视能源消费、碳排放与经济增长之间的关系。能源经济学对低碳发展的运用与启示，体现在：能源是经济增长的重要投入要素，不仅促进经济增长也导致碳排放，并随经济的增长，使能源消费进一步上升，碳排放相应增大。不同经济发展阶段中，三者的关系也具不同的阶段性特征。不同经济发展阶段中的能源消费、碳排放与经济增长之间的关系具有不同的阶段特征。

（1）在经济发展初级阶段，此时经济水平较低，第一产业所占比重相对较大，能源需求量较小，因而温室气体排放量较少，碳排放未超过生态系统阈值，尚未引起全球性气候变暖，此时社会处于"低收入、低能耗、低排放"的"三低"阶段。

（2）在经济发展中级阶段，第二产业比重增大，碳基能源需求量不断增加，导致温室气体排放上升。此阶段经济增长方式为粗放型，全球性气候变化已经影响人类生产生活，此阶段为"高收入、高物耗、高能耗、高排放"的高碳经济阶段。

（3）在经济发展高级阶段中，第三产业所占比重最大，碳基能源需求量呈现下降趋势，因而碳排放开始降低。此阶段为高收入、能源消费与碳排放趋于稳定并开始呈现下降态势的低碳经济阶段。

四、系统论及其对低碳发展的运用与启示

1. 系统论

系统这个词，起源于古希腊语"σνδτημα"，是由两个希腊单词组成的，语义是"站在一起"（stand together）或"放置在一起"（place together）的意思。由此可见，所谓系统并不是偶然的堆积，而是按一定的关系结合起来的一个整体。系统理论是研究系统的模式、性能、行为和规律的一门科学。"系统"一词，常用来表示复杂的具有一定结构的整体。近代比较完整地提出系统理论的是奥地利学者贝塔朗菲（Bertalanffy）。他在1952年发表《抗体系统论》，提出了系统论的思想，1973年提出了一般系统论原理，从而奠定了这门科学的理论基础。

系统是由相互作用和相互依赖的若干组成要素结合而成的（贝塔朗菲，1987）。钱学森指出，系统是指由相互作用和相互依赖的若干组成部分相结合的具有特定功能的有机整体。系统必须满足以下三个条件：其一，必须由两个或以上系统要素所组成；其二，系统各要素相互作用和相互依存；其三，系统受环境影响和干扰，和环境相互发生作用。系统论强调系统的整体性和开放性，追求系统利益的最大化和结构优化。

系统论认为，整体性、相关性、目的性和功能性、环境适应性、动态性、有序性等是系统的共同基本特征。

——整体性：系统是由相互依赖的若干部分组成，各部分之间存在着有机的联系，构成一个综合的整体。因此，系统不是各部分的简单组合，而要有整体性，要充分注意

各组成部分或各层次的协调和连接，提高系统整体的运行效果。

　　——相关性：系统中相互关联的部分或部件形成"部件集"，"集"中各部分的特性和行为相互制约和相互影响，这种相关性确定了系统的性质和形态。

　　——目的性和功能性：大多数系统的活动或行为可以完成一定的功能，但不一定所有系统都有目的，例如太阳系或某些生物系统。人造系统或复合系统都是根据系统的目的来设定其功能的，这类系统也是系统工程研究的主要对象。譬如，经营管理系统要按最佳经济效益来优化配置各种资源。

　　——环境适应性：一个系统和包围该系统的环境之间通常都有物质、能量和信息的交换，外界环境的变化会引起系统特性的改变，相应地引起系统内各部分相互关系和功能的变化。为了保持和恢复系统原有特性，系统必须具有对环境的适应能力，例如反馈系统、自适应系统和自学习系统等。

　　——动态性：物质和运动是密不可分的，各种物质的特性、形态、结构、功能及其规律性，都是通过运动表现出来的。要认识物质首先要研究物质的运动，系统的动态性使其具有生命周期。开放系统与外界环境有物质、能量和信息的交换，系统内部结构也可以随时间变化。一般来讲，系统的发展是一个有方向性的动态过程。

　　——有序性：由于系统的结构、功能和层次的动态演变有某种方向性，因而使系统具有有序性的特点。系统论的一个重要成果是把生物和生命现象的有序性和目的性同系统的结构稳定性联系起来，也就是说，有序能使系统趋于稳定，有目的才能使系统走向期望的稳定系统结构。

　　从广义上说，系统论还包括信息论与控制论。信息论研究了系统中信息传输、变换和处理问题，认为信息具有可传输性、不守恒性和时效性，因此信息论也是一种系统理论。控制论是研究各类系统的调节和控制规律，它的基本概念就是信息、反馈和控制。

　　协同学是系统理论的重要分支理论。德国著名物理学家赫尔曼·哈肯（Herman Hawking）于 1971 年提出协同的概念，1976 年创立了协同学。"协同学"源于希腊文，意思是"协同作用的科学"，是研究不同事物、不同领域的共同特征以及相互之间协同机理的科学。根据哈肯的观点，协同学从统一的观点处理一个系统的各部分之间的关系，导致宏观水平上的结构和功能的协作，鼓励不同学科之间的协作。协同学的目的就是建立一种用统一的观点去处理复杂系统的概念和方法，主要研究远离平衡态的开放系统在与外界有物质或能量交换的情况下，如何通过内部的协同作用，自发地出现时间、空间和功能上的有序结构。根据相关学者的研究，协同是一种内涵丰富的拥有价值创造的动态过程，从系统角度进行描述，意指为实现系统总体发展目标，各子系统、各要素之间通过有效的协作，科学的协调，以达到整体和谐的一个动态过程，是各个子系统、子要素从无序到有序、从低级到高级的运作发展过程。

2. 系统论对低碳发展的运用与启示

　　系统论要求我们在研究经济事物时要把所研究的对象当做一个系统，将系统论、信息论和控制论渗入经济系统，分析该系统的结构和功能，研究系统、要素与环境三者的相互关系和变动的规律。

从系统论出发，低碳发展涉及众多要素，包括自然、社会、经济等诸多方面的内容，是一个科技-社会-生态的复合系统。该系统是由不同属性的子系统相互作用构成的、具有特定结构和特定功能的开放复杂系统。以低碳发展的自主创新来看，就是一个系统。

以系统论作为低碳发展的理论基础，就是要系统地对碳排放与经济增长、能源消费之间的相互关系进行深入系统动态地分析；就是要从生产、生活、交通、建筑等领域系统地构建低碳发展的对策；就是需要政府将传统耗能、高污染的生产方式、生活方式和消费模式的危害以及低碳发展的优点通过各种信息渠道有效地传递给消费者和企业；就是要通过控制论中定量的反馈控制方法去分析碳排放的主要来源和处理问题关键所在。

譬如，在低碳产业自主创新系统中，低碳产业技术进步路径的转换主要依靠产业内的企业群（创新主体）和政府（辅助主体）来进行。低碳产业创新受来自政府直接或间接控制的创新政策、相关的法律法规、各种资源，包括自然资源、资本资源、人力资源、知识与技术资源等，以及有政府推动的低碳产业共性技术、关键技术与前瞻性技术等因素的支持或制约。从创新主体来说，知识积累、R&D 水平是实现低碳产业从模仿学习向自主创新转变的决定性技术要素。低碳产业自主创新又具有高投入、高风险和经济规模性，需要产业价值链的整体配合，因此低碳产业技术创新网络成为复杂系统的基本组织形式。

五、创新理论及其对低碳发展的运用与启示

1. 创新理论

创新理论是由哈佛大学教授约瑟夫·熊彼特（Joseph A. Schumpeter）提出。他认为，创新就是指生产过程中对于生产要素和条件的重新组合。创新有 5 种形式，即引进新产品、引入新技术、开辟新市场、获取原材料的新的供应源、实现新的工业组织。熊彼特认为创新是经济增长的动力源泉，是经济发展的真正主题。后来，经过不断地研究与补充，创新理论逐步演变和发展起来，并以其为基础建立起了创新经济学理论体系。与本书相关的是国家创新理论与区域创新理论。

1987 年，英国经济学家弗里曼（Freeman）通过对日本创新系统的研究，提出国家创新系统的概念。弗里曼发现，日本在技术落后的情况下，只用了几十年的时间，便成为工业大国，这不仅是技术创新的结果，而且还有许多制度、组织的创新，是一种国家创新系统演变的结果。经济合作与发展组织在 1997 年的《国家创新系统》报告中指出："创新是不同行为者和科研机构间复杂的相互作用的结果。技术变革并不完全遵循线性顺序，而是系统内部各要素之间的相互作用和反馈的结果。这一系统的核心是企业，是其组织生产、创新的方式和其获取外部知识来源的途径。外部知识的主要来源则是其他企业、公共或私有的研究机构、高校和中介组织。通过产、学、研合作计划及网络计划，建立创新中介机构，以纠正创新的系统失效"。国家创新系统的政策思想是加强整个创新系统内相互作用和联系的网络，包括加强企业与企业间的创新合作联系，企业与科研机构和高校的创新合作联系，中介机构在各创新主体间的重要桥梁作用；政府在创新发展

中起战略与政策引导作用，以及协调各部门的工作的职能。

国家创新系统的构成，主要包括政府、企业、高校、科研机构、中介组织等，它们在国家创新系统中具有各自的角色和地位。企业是国家创新系统的核心，是技术创新的主要承担者。由于创新是一项与市场密切相关的活动，企业会在市场机制的激励下从事创新，其他组织和个人无法替代（冯之浚，2000）。

——企业具有创新的动力，是最有创新主动性的主体，是研究开发的主体，是创新投入、产出及其收益的主体。

——科研机构和高校都是重要的技术创新源。由于科学知识属于公共品，为了使科学知识产生最大的公共利益，政府承担着大部分的科学知识研究与开发的投入，由大学和科研机构执行。

——政府部门在整个创新体系中发挥着组织功能，起着系统整合的作用，主要通过制度安排、政策的引导、资金和税收支持、优化资源配置等宏观调控手段，为创新活动营造良好的创新环境，提供良好的政策和法律支持，发挥各行为主体的最大效率，从而提高国家创新系统的整合效率。

——科技中介是创新主体间的桥梁和纽带，在国家创新体系中的地位是极其重要的。国家创新系统强调创新系统内部各要素之间的协同作用，科技中介恰恰成为各创新主体沟通和联系的通道，它通过为各创新主体提供专业化的中介服务，保障国家创新体系建设的顺利进行。科技中介是科研部门与中小企业间知识流动的重要环节，科技中介的建设是政府推动知识和技术扩散的重要途径。科技中介既包括提供各类中介服务活动的专门中介机构，也包括从事一定中介服务活动的高校、科研院所、企业、社团及政府部门（石定寰和柳卸林，1999）。

对区域创新系统进行较早和较全面的理论及实证研究的是英国经济学家库克（Coko）。他认为，区域创新系统主要是由在地理上相互分工与关联的生产企业、研究机构和高等教育机构等构成的区域性组织体系支持并产生创新（Coko，1995）。国内学者盖文启（2000）把区域创新网络定义为"一定地域范围内，各个行为主体（企业、大学、研究机构、地方政府等组织及其个人）在交互作用与协同创新过程中，彼此建立起各种相对稳定的、能够促进创新的、正式或非正式的关系总和。"并认为完整的区域创新网络的基本组成要素，主要包括组成网络的主要结点，网络中各个结点之间连接而成的关系链条，网络中流动的生产要素（劳动力、资本、知识和技术等）及其他创新资源。区域创新网络中的结点主要包括企业、大学或研究机构、政府等公共组织机构、中介服务组织以及区域金融机构等五个方面。

区域创新系统至少应包括以下特征：

（1）区域性——区域技术创新体系具有一定地域边界，都是对一定地理空间范围内的产业现象进行研究；

（2）多元性——区域创新体系是由若干要素组成的，参与创新的主体是多元的，以企业、科研机构和高等院校、地方政府机构和中介机构为创新主要单元，这些主体及其相互关系影响区域创新体系的效率；

（3）网络性——创新是一个集体性的社会协作过程，系统要素之间的相互作用是区域创新体系的关键因素，区域政策、制度及环境对技术创新具有重要影响，通过与环境的作用和系统自组织作用维护创新的运行和实施创新的可持续发展，并对区域社会、经济、生态产生影响；

（4）政策性——政府的创新政策在区域创新体系中发挥着重要作用，区域政策通过促进本地化学习、加强网络结构和深化制度安排来发挥竞争优势（刘曙光、徐树建，2002）。

2. 创新理论对低碳发展的运用与启示

创新理论对低碳发展的运用与启示，体现在两个层面上。

第一个层面：区域低碳技术创新呈现主体多元化的特征。国家创新理论的政策思想在于，强调创新是不同行为者和科研机构间复杂的相互作用的结果，技术变革并不完全遵循线性顺序，而是系统内部各要素之间的相互作用和反馈的结果。区域低碳技术创新并不能由哪一个组织独立完成和承担，或者说，目前还没有哪一个组织能够独立完成区域低碳技术创新的所有过程，而是需要由多元主体参与并共同完成的。从实践来看，在区域低碳技术创新过程中，至少涉及政府、科研机构、技术中介、企业等众多参与主体，呈现主体多元化的特征。这些主体行为的合力决定着区域低碳技术创新的进程和成效。这一点是区域低碳技术创新区别于工业技术创新的一个重要特征。运用创新系统，充分认识区域低碳技术创新的多主体特征，有助于我们正确把握区域低碳技术创新特点。

第二个层面：低碳发展具有地域性特征，各地的情况发展不同，低碳发展的重点不同。低碳技术创新必须选择合适空间，区域低碳发展符合当地条件的适用技术，应用上受地域影响。一项低碳技术创新不可能"放之四海而皆准"，必须遵循"因地制宜"原则，使适用技术与当地环境相结合，实现技术的"本地化"。此外，区域政策、制度及环境对低碳技术创新具有重要影响，通过与环境的作用，维护体系的运行，并对区域社会、经济、生态产生影响，体系内各要素之间具有网络性；政府的创新政策在区域低碳技术创新中发挥着重要作用，区域政策通过促进本地化学习、加强网络结构和深化制度安排来发挥竞争优势。

六、外部性理论及其对低碳发展的运用与启示

1. 外部性理论

新古典经济学的代表人物阿尔弗雷德·马歇尔在其1980年发表的《经济学原理》一书中首次提出了"外部经济"和"内部经济"的概念。马歇尔把因任何一种货物的生产规模的扩大而发生的经济分为两大类：一种是因许多性质相似的小企业集中在特定的地方而获得的外部经济；另一种是企业发生的资源、组织和效率的经济，称为内部经济。马歇尔明确指出了生产中存在外部性，但对外部性的理解只局限于积极的一面。随后，福利经济学创始人庇古在1920年出版《福利经济学》一书中拓展和完善了马歇尔的外部性理论，提出了私人边际成本、社会边际成本、边际私人纯产值和边际社会纯产值等相关概念，指出外部性既包括外部经济又包括外部不经济这一重要思想，并将外部性的研

究从外部因素对企业的影响转向企业或居民对其他企业或居民的影响，而环境问题的产生则是由于环境负外部性所致。要解决经济活动中广泛存在的外部性问题，需要依靠政府采取有效的干预措施。诺贝尔经济学奖获得者罗纳德·科斯在其出版的《社会成本问题》中对庇古理论进行了批判，认为出现"外部不经济"时，政府不能通过行政或经济干预措施来解决经济外在性问题，这样会衍生寻租现象，而应通过明晰产权制度的方式适当介入，从而把外部性和政府干预理论研究推向了一个新的高度。基于经济外部性的政府干预理论认为，政府干预经济生活和公共事务是非常必要的，是各国经济社会发展的有效途径。低碳发展不能仅仅依靠企业自主、自愿、自动参与碳减排，而需要政府通过编制相关的规划、制定相关的政策制度发挥引导作用。

2. 外部性理论对低碳发展的运用与启示

从新制度经济学的角度看，要发展低碳经济，就必须解决其外部性问题。根据外部性所产生的经济后果对承受者是有利还是有害，可把外部性分为正外部性和负外部性两种。其中，正外部性是一个经济主体的行为给其他经济主体带来了额外收益，而受益者却无须付出代价；负外部性是指一个经济主体的行为给其他经济主体带来了额外损失，而制造损失者却没有为此付出代价（Viner，1931）。这两种外部性在低碳经济发展的过程中都可能存在。由于外部性的存在，低碳技术进步往往存在市场失灵，因此需要引入相应的政策约束与激励措施来纠正。主要通过政府调控和市场调节两条途径来纠正市场失灵。在政府调控方面，进一步增加低碳技术的投入，加速人力资本形成和引进，为市场提供具有竞争力的低碳技术来推动技术创新；在市场调节方面，不仅能够引导和激励企业的投入和人力资本的引进，而且通过"干中学"效应促进新兴绿色技术的成熟与扩散。

负外部性表现在：如果企业为了自身利益，不顾环境保护，给社会造成了损失，而自己却又不承担成本，即社会成本大于企业成本，这就是负外部性。负外部性会对低碳经济的发展造成不良影响，不仅在经济上无效，而且会加剧企业对环境的污染。所以，要发展低碳经济，就必须解决好负外部性问题。

那么，如何解决低碳经济发展中所存在的外部性问题呢？制度经济学告诉我们，其基本思路是将外部性内部化（Lohmann，2009）。也就是说，要使正外部性的制造者能因此而获得补偿，使负外部性的制造者能为此付出代价。而要做到这一点，就必须建立一套相应的制度安排（North，1990）。实证研究表明，经济增长并不会自发地导致污染排放的减少，也并不一定会导致污染排放的增加，而促使企业节能减排的关键在于完善治理机制与政策。目前，世界各国治理企业过度能源消耗与污染排放问题的制度安排大致可概括为三个方面：一是政府力量（看得见的手），如法律手段、经济手段、行政手段等；二是市场力量（看不见的手），如碳排放交易市场等；三是政府和市场以外的力量（社会之手），如社会舆论、公民道德教育等。

七、本章小结

低碳发展的理论基础是多角度、多理论构成的"理论共同体"。包括可持续发展理论、生态经济学、能源经济学、系统论、创新理论及外部性理论等。

　　本章分析了可持续发展理论及其对低碳发展的运用与启示。低碳发展是可持续发展的发展方式，体现在两个层面上：第一个层面，低碳发展符合公平性原则；第二个层面，低碳发展符合可持续性原则。分析了生态经济学及其对低碳发展的运用与启示。生态经济学对低碳发展的运用与启示，也体现在两个层面上：第一个层面，不同的地区、不同的发展阶段，低碳经济发展的内容应该有所不同；第二个层面，应重视低碳产业、低碳建筑、低碳交通等低碳规划措施。分析了能源经济学及其对低碳发展的运用与启示。能源是经济增长的重要投入要素，不仅促进经济增长也导致碳排放，并随经济的增长，使能源消费进一步上升，碳排放相应增大。分析了系统论及其对低碳发展的运用与启示。以系统论作为低碳发展的理论基础，就是要系统地对碳排放与经济增长、能源消费之间的相互关系进行深入系统动态地分析；就是要从生产、生活、交通、建筑等领域系统地构建低碳发展的对策；就是需要政府将传统耗能、高污染的生产方式、生活方式和消费模式的危害以及低碳发展的优点通过各种信息渠道有效地传递给消费者和企业；就是要通过控制论中定量的反馈控制方法去分析碳排放的主要来源和处理问题关键所在。分析了创新理论及其对低碳发展的运用与启示。创新理论对低碳发展的运用与启示，体现在两个层面上：第一个层面，区域低碳技术创新呈现主体多元化的特征；第二个层面，从空间上看，区域低碳发展具有地域性特征，各地的情况发展不同，低碳发展的重点不同。分析了外部性理论及其对低碳发展的运用与启示。经济增长并不会自发地导致污染排放的减少，也并不一定会导致污染排放的增加，促使企业节能减排的关键在于完善环境治理机制与政策。

第2章 低碳发展的概念、内涵与核心驱动要素

 本章简介

　　低碳发展不仅是一个理论概念，更重要的是一个实践概念。人类发展的实践，推动和加速了低碳经济的发展。同时，低碳发展不仅仅是降低以二氧化碳排放为主要目的的发展状况，也是对经济、资源环境辩证关系的一种深刻认识，是一个系统工程，有着深层内涵，其技术创新和保障制度创新有独特属性。

一、 低碳发展的概念

低碳思想的起源可追溯到可持续发展概念，尽管可持续发展的定义多种多样，但必然涉及环境这个维度；而低碳术语最早见诸 2003 年英国政府公布的《我们能源的未来：创建低碳经济》白皮书。英国率先倡导了低碳经济，并且首先以官方文件的形式论证了发展低碳经济的必要性和重要价值。2003 年 2 月 24 日，英国首相布莱尔颁发能源白皮书，概述了英国未来 50 年如何实现《京都议定书》的承诺和确保英国长期的能源供应安全性和经济性的措施，提出英国在未来将致力于走上节能减排的发展道路。其总体目标是 2050 年将二氧化碳的排放量在 1990 年的基础上削减 60%，从根本上把英国变成一个低碳经济国家。

英国在能源白皮书中指出，"低碳经济"是通过更少的自然资源消耗和更少的环境污染，获得更多经济产出；低碳经济是创造更高生活标准和更好生活质量的途径，为发展、应用和输出先进技术创造了机会，同时也能创造新的商机和更多的就业机会。以此为标志，英国作为老牌工业化的强国，在世界上第一个宣布了要走向低碳经济时代。2006 年英国发布了由前世界银行首席经济学家尼古拉斯·斯特恩（Nicholas Stern）带头完成的《气候变化的经济学》（又称《斯特恩报告》），用"成本-效益分析"方法对欧盟提出的全球 2℃升温上限进行学术与方法论证。《斯特恩报告》指出：如果全球现在以每年 1%GDP 的投入来推进低碳经济的发展，可以避免将来由于气候变化所造成的每年 5%～20%GDP 的损失，因此呼吁各国迅速采取切实可行的行动，尽早向低碳经济转型。

在英国的倡导下，一系列联合国气候变化大会的召开以及《京都议定书》的签订，积极推动了低碳经济理念的传播和发展。世界各国尤其是发达国家开始研究和推出相应的低碳经济发展计划和战略，积极开展低碳经济的实践活动。2007 年 5 月，英国政府发布了新版《能源白皮书》，进一步明确了通过提高能效、促进低碳技术的采用和选择燃料实现低碳经济的能源总体战略。2009 年 7 月，英国政府公布了发展低碳经济的国家战略蓝图，内容包括大力发展新能源、推广新的节能生活方式以及向全球推广低碳经济的新模式。欧盟委员会于 2007 年提出一揽子能源计划，带动欧盟经济向高能效、低排放型经济模式转型；2009 年欧盟宣布在 2013 年之前，出资 1050 亿欧元支持"绿色经济"，促进就业和经济增长，保持欧盟在"绿色技术"领域的世界领先地位。美国参议院在 2007 年 7 月 11 日提出《低碳经济法案》，表明低碳经济的发展道路有望成为美国未来的重要战略选择；2009 年 6 月，美国提出《美国清洁能源安全法案》，要求降低温室气体排放以应对气候变化问题，并进一步减少对国外石油进口的依赖。作为《京都议定书》的发起国，日本政府一直重视发展低碳经济。2008 年金融危机后，日本更把推进低碳经济与发展低碳服务贸易视为应对危机的一项重要战略措施。2009 年 4 月，日本政府出台了"开拓未来战略"（又称"J 恢复计划"），认为目前日益兴起的低碳经济浪潮为其经济和外贸带来了重大发展机遇，基于其节能环保领域雄厚的科技实力，日本完全有条件在"低碳革命"方面领先世界，成为低碳循环型社会发展的典范。

　　不仅国外对"低碳经济"深刻关注,国内学术界对低碳经济的内涵及发展模式也进行了广泛讨论。庄贵阳(2007)认为低碳经济就是最大限度地减少煤炭和石油等高碳能源消耗的经济,建立以低能耗、低污染为基础的经济,其实质是能源效率和清洁能源结构问题,核心是能源技术创新与制度创新,目标是减缓气候变化和促进人类的可持续发展。2009 年《中国发展低碳经济途径研究》将"低碳经济"界定为:"一个新的经济、技术和社会体系,与传统经济体系相比在生产和消费中能够节省能源,减少温室气体排放,同时还能保持经济和社会发展势头",是能源和减排的技术创新、产业结构优化和制度创新的一种全新的经济增长模式。潘家华等(2010)提出低碳经济是通过技术和制度创新来提高能源使用效率,并使能源结构由重转轻。林伯强(2011)定义低碳经济是一种既考虑发展又考虑可持续的经济增长方式。牛文元等(2012)提出,低碳经济是产业结构调整、生产技术提高、能源结构改善、生活观念改变等一系列调整的结合,本质就是低碳发展,改善全球的生态环境。

　　低碳发展不仅是一个理论概念,更重要的是一个实践概念,是人类发展的实践,推动和加速了低碳经济的发展。目前,关于低碳经济、低碳发展的定义大同小异,基本观点是:低碳经济是以低能耗、低排放、低污染为特征,以实现较高的碳生产率、较高的经济发展水平、较高的生活水平和质量为目标的新型经济发展模式。其目的是使人类社会的发展与传统化石能源为代表的高碳排放、高强度消耗模式脱钩,以减缓气候变化,促进人类社会可持续发展;其核心在于提高能源利用效率,改善能源结构,开发清洁能源,优化经济结构,推动社会转型升级发展以及促进人类生存发展观念的根本性转变;其本质在于要求低碳技术创新和社会经济发展的激励制度的创新,追求绿色 GDP,推动世界全面走向低碳社会;其价值是摒弃以往先污染后治理、先低端后高端、先粗放后集约的传统发展模式的现实途径,能够同时实现经济发展与资源环境保护的"双赢",能够帮助全人类有效应对全球气候变化危机并且实现经济的可持续发展。

　　本书认为,区域低碳发展的内涵包含狭义理解与广义理解——狭义理解是区域通过节能减排等手段实现能源消费模式的节约化、降低以二氧化碳排放为代表的温室气体排放水平,在区域发展过程中实现低碳化的经济增长,其主要特征是低耗能、低排放,核心是提高能源利用效率,降低二氧化碳排放量,推进区域经济的可持续发展;区域低碳发展的广义理解是,通过经济、资源、环境、效率系统的整合,将区域发展从高能耗、高污染、低效益、低效率的粗放发展转变为低能耗、低污染、高效益、高效率的新型发展方式。

　　创新是低碳发展的核心驱动力。本书提出:创新视域的区域低碳发展就是在保持区域经济发展质量更优的条件下,降低区域对资源的依赖,主动应对能源变革,在新工业革命下提高区域能源的可持续供应能力,并通过技术创新、产业创新、管理创新与制度创新,增强区域的创新能力,推动能效技术、节能技术、可再生能源技术、去碳和固碳技术的发展,带动传统高耗能产业的优化升级,培育和推动新兴绿色产业发展,实现区域经济-资源-环境-效率的协同发展。

【专栏2-1】

欧盟低碳发展的政策演进

欧盟应对气候变化、追求低碳发展政策大致经历了萌芽、发展和基本成熟三个发展阶段。实际上，欧盟应对气候变化、追求低碳发展政策的发展历程也是其政策一体化逐步深化的过程（图2-1）。

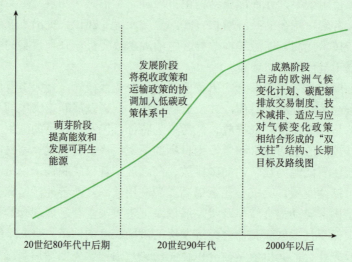

图 2-1　欧洲低碳发展政策的发展历程

萌芽阶段：20 世纪 80 年代中后期是欧盟应对气候变化、追求低碳发展政策形成的萌芽期。该阶段的政策侧重于提高能源效率和发展可再生能源。20 世纪 80 年代初前后，联合国主办了一系列与气候变化相关的国际会议为建立全球气候变化制度热身。1985 年，欧洲理事会在其政策研究综述中提出将气候变化问题列入欧委会议程；1988 年，在对联合国国际制度的讨论中欧委会提出提高能效和发展可再生能源是共同体应对气候变化的最优中期策略。1990 年 6 月，欧洲理事会倡议明确温室气体减排指标。此后，与气候变化有关的各部门，如农业、运输、环境、科研、对外关系、能源和税务等，都加入了应对气候变化的讨论，讨论的结果是欧委会提出了共同体应减少碳排放的目标。同年 10 月，欧共体环境和能源部长联席会议做出决议，指出欧共体应该将 2000 年的温室气体排放量维持在 1990 年水平。欧共体于 1990 年组织了几次旨在欧共体成员国之间分配碳减排额度的论证会，但由于一些成员国强烈反对分配碳减排指标，使得欧共体不得不放弃这个计划。于是欧委会又在 1992 年提出了"气候一揽子计划"，这个计划主要由三个部分构成：第一是实现提高能效的计划和发展可再生能源的计划；第二是建立监测机制以监督各成员国对共同体气候政策的执行情况，并促进各国碳排放信息交流；第三是对化石燃料征收碳税能源税。这个计划的前两部分获得广泛支持，但是对能源本身和能源使用过程中排碳量各征收的 1/2 碳税能源税方案遭到了来自欧委会产业司、欧洲能源行业、内部市场司等方面的强烈反对，最终导致 1994 年 12 月的部长理事会中决议放弃该税收计划。

发展阶段：20 世纪 90 年代是欧盟应对气候变化、追求低碳发展的发展阶段。将税收政策和运输政策的协调融入气候政策体系中是该阶段推进低碳政策发展的关键内容。与 1985 年相比，共同体 1995 年运输部门的二氧化碳排放量占当年碳排放总量的比例由 19% 升高到了 26%。在欧盟运输业中，公路运输排放份额将会呈两位数的增长。如果不采取有效措施控制运输部门迅速增长的二氧化碳排放量，欧盟的运输部门将成为二氧化碳排放量增长速度最快、增长幅度最大的部门。于是欧盟采取了一系列旨在鼓励汽车节约燃料和限制客车二氧化碳排放量的措施，并鼓励汽车生产商承诺自愿减排。此外，欧盟还出台了一系列的政策措施以鼓励针对提高运输工具燃油效率、减少运输工具二氧化碳排放量的相关技术研发。由于碳税能源税方案在 20 世纪 90 年代进展缓慢，欧委会开始寻求其他替代方案，1997 年欧委会提出《调整共同体能源产品税的框架指令》，该框架指令虽然曾一度遭到欧洲工业界和一些成员国的反对，但最终仍于 2004 年初生效。20 世纪 90 年代欧盟在应对气候变化、追求低碳发展政策领域取得了一定的进展，增加了一系列针对运输行业限制二氧化碳排放、提高能源效率的政策，而能源和税收方面的政策是对前期工作的延续和补充。欧盟提高能源效率、鼓励清洁能源开发使用和针对运输部门的节能减排、鼓励技术升级与技术创新等政策使得欧盟在当前的全球低碳发展竞争中获得了雄厚的先发优势，这也为其在国际应对气候变化谈判中率先承诺实质性减少二氧化碳排放和实施追求全球气候变化领导者战略奠定了基础。

成熟阶段：2000 年以后，欧盟的应对气候变化、追求低碳发展政策达到了初步成熟。欧委会于 2000 年启动的欧洲气候变化计划是欧盟应对气候变化政策走向初步成熟的重要起点。该阶段欧盟应对气候变化、追求低碳发展政策的核心内容是以排放交易系统为实施手段的温室气体减排政策。欧盟于 2003 年发布了《温室气体排放限额交易指令》，在欧盟区域内确立了碳配额排放交易制度；2008 年欧委会又提出改革排放交易制度，这项改革的主要成果是把基于成员国层面的碳排放限额分配权提高至欧盟层面，从而有效推动了欧盟减排政策一体化进程；欧委会于 2009 年发布了《适应气候变化》白皮书，应对气候变化政策与适应气候变化影响政策相结合形成的"双支柱"结构是欧盟应对气候变化、追求低碳发展政策体系初步成熟的重要标志。此外，欧盟在 21 世纪愈加重视提升国际气候变化影响力，并希望通过对外输出气候规则主张，引导国际气候制度的发展方向。欧盟于 2011 年出台了《欧盟低碳经济路线图》和《能源路线图》，前者提出欧盟年温室气体减排目标，并分别以 10 年（2011～2020 年）、10 年（2020～2030 年）、20 年（2030～2050 年）为时间段对每年的温室气体减排增幅进行详细规划；后者对前者进行了补充和细化，提出了实现远景目标的详细路径。低碳发展长期目标以及路线图的确定使得欧盟应对气候变化、追求低碳发展政策又向前跨进了一大步。

二、低碳发展的深层内涵

本书认为，低碳发展不仅仅是降低以二氧化碳排放为主要的发展状况，也是对经济、资源环境辩证关系的一种深刻认识，是一个系统工程，有着深层内涵。

1. 从发展模式视角看低碳发展

深刻把握低碳发展的第一个维度是发展模式。低碳发展以"三低三高"（低能耗、低污染、低排放、高效能、高效率、高效益）为前提，以"稳定大气中的温室气体浓度并保持经济的增长"为目标，它是人对自然和谐共处、经济发展与环境保护"双赢"的理性权衡，是人类在"后工业时代"经济发展的方向。低碳发展是一种发展模式。这种发展模式的核心在低碳，目的在发展，是一种由高碳能源向低碳能源过渡的发展模式。工业革命以前，大气中二氧化碳的含量是相对稳定的。当人类进入以机器大工业为主导的工业文明时代，煤炭、石油、天然气等矿物燃料为产业发展提供了动力来源，大大推动了工业化和城市化进程，高碳经济成为工业文明时代的主要特征。但是，矿物燃料燃烧后产生大量二氧化碳等温室气体进入大气后使地球升温，导致碳循环失衡，改变了地球生物圈的能量转换形式。高碳经济下的发展模式，是通过资源的超常投入、能源的过度消耗来获得更高的产出和收益，其最终目标是产出的增长、人民生活水平的提高和物质财富的增加。高碳经济以能源的高消耗、污染物的高排放、环境的高污染为特征，其结果必然是资源短缺与枯竭、环境污染严重、生态状况持续恶化，因此高碳经济在很大程度上是一种不科学的发展模式。而"低碳经济"是一个与"高碳经济"相对应的概念，低碳经济是指在经济活动中，尽可能减少含碳能源消耗，构建绿色能源体系，是保证经济持续、快速、健康发展的科学发展。

2. 从人文发展视角看低碳发展

深刻把握低碳发展的第二个维度是人文发展特征。低碳发展不仅是支持绿色发展、循环发展的重要手段，而且是实现人文发展的基本要求。它体现发展权益与权益约束的人文发展特征。

这里，发展权益是指低碳发展必须承认存在个体、群体或区域之间的差异，发展的目标是缩小这种差异，让个人或群体的发展潜能得到较为充分的实现。从发展权来说，低碳发展是渐进的过程，伴随着经济和生产、消费的结构性变化，需要经历不同的发展阶段。在这一发展过程中，有可能出现波折或反复，但低碳发展的总体趋势是明确的——螺旋式上升。一些处于高碳阶段的国家或地区，尽管低碳发展当前仍处于相对低的水平和落后的状态，但并不能表明这些国家或地区没有实现低碳发展水平和发达状态的权利和潜力。假以时日，这些国家均有可能实现较高水平的低碳发展——这是低碳发展的一个基本人文权益。

权益约束是指在给定的技术经济水平下，能源消费存在一个绝对量的上限，不可能无限扩张。人类不合理地开发和利用自然资源，其干预程度超过了生态系统的阈值范围。

生态系统本身具有自我调节功能，但其自我调节能力是有限的，如果超过了上限，生态环境自身不能净化掉那些不良干扰恢复到初始的稳定状态，就会使生态平衡遭到破坏。长此恶性循环，将会给生态系统带来灾难性的后果。为了避免人为碳通量增加而引发地球生态圈失衡，人类必须进行"碳约束"。因此，发展低碳经济的关键在于，在碳排放权益约束下，人类如何确定合适的发展速度和发展规模、选择怎样的发展路径，使人类生产活动最终能达到碳中和。

3. 从协调发展视角看低碳发展

深刻把握低碳发展的第三个维度是协调发展。低碳经济的出发点就是应对气候变化、节能减排和保护环境、合理利用资源、增进社会福利，这实际上是一种寻求人与自然、人与社会以及人与人之间协调发展的途径。发展低碳经济要对当前的社会经济利益格局进行调整，这必然会带来一系列的矛盾和问题。譬如，实施节能减排，增加了企业的生产投入成本，同时还要淘汰一部分落后的生产设施和设备，可能会给企业带来一定的资金压力，对其生产经营活动造成一定的冲击；政府为了治理环境污染，必然要停产、关闭或取缔一部分高能耗、高污染的中小企业，这可能会触及一部分地方政府的利益。因此，发展低碳经济的关键是协调处理好政府、社会、经济主体之间的关系，协调各主体之间的利益，实现经济与社会的良性发展。与此同时，需要能源、环境、管理、政策系统的有力配合，需要政府、企业、居民甚至外国投资者和消费者的积极配合，共同完成。

4. 从发展体系视角看低碳发展

深刻把握低碳发展的第四个维度是发展体系。建设低碳发展体系，是低碳经济发达的根本标准。低碳产业体系、低碳市场体系、低碳管理体系在低碳发展中至关重要，我国在这些方面需要加强建设力度。

低碳产业体系是指以低碳能源、低碳技术为基础的新兴产业体系，主要由化石燃料的低碳化领域、可再生能源领域、能源的效率化与低碳消费领域、低碳型服务领域四大领域构成。经济发展在不同阶段有不同的承载体，低碳经济发展的载体是低碳产业。低碳产业承载能力的大小、效率的高低、质量的好坏决定着低碳经济发展的水平。

低碳市场体系是指低碳生产技术、低碳产品、低碳服务的消费市场体系。随着社会发展和科技进步，低碳生活和绿色消费的理念已经深入人心。低碳市场体系是 21 世纪新的经济增长点，低碳生产技术研发体系、低碳生产生活设备制造体系、低碳服务消费核算体系、低碳贸易公平竞争体系是构成这一经济增长点的四个重心。

低碳管理体系包含对政府、企业、行业、产业发展目标的明确、法律规章的完善、体制机制的创新和科技创新的支撑等体系，涉及生产、流通、消费、管理的各个环节。如何借鉴发达国家低碳管理体系的先进经验，结合我国区域自身的实际与存在的问题，科学构建和完善低碳管理制度与体系，将低碳管理规则转变为政府、企业和个人自觉践行的低碳行为，对低碳发展至关重要。

5. 从内涵发展视角看低碳发展

深刻把握低碳发展的第五个维度是内涵发展。低碳发展不仅仅是以降低二氧化碳排放为主要目的，而且涉及传统高能耗产业结构升级、新兴绿色产业培育、生活质量提升、民众幸福感如何获得等内涵发展问题。

以产业结构升级为例，从当前大多数发展中国家的低碳经济发展情况来看，制约其低碳经济发展的主要障碍是产业结构低度化，主要表现为：三次产业结构中第二产业比重过高，第三产业比重过低；在工业内部，能源、原材料工业比重过高，高新技术产业比例较低。因此，发展低碳经济的关键是调整和优化产业结构，一方面通过产业结构优化升级突破"路径依赖"和"锁定效应"；另一方面，通过产业结构优化升级，增强产业结构的聚合效应，强化产业间和产业内各部门之间的合理关联和组合，实现产业结构优化升级与经济增长的良性循环。

还有，低碳发展不是一个简单的涉及能源、环境、贸易等方面的经济问题，不仅应通过改善能源结构、调整产业结构、提高能源效率、增强技术创新、增加碳汇能力等措施来实现。更重要的是它还涉及政府、企业和个人对低碳理念的认识问题，涉及生产、流通、消费、管理对低碳理念的实践问题，涉及社会经济的发展模式、生活风俗、消费习惯等诸多方面，低碳发展本质上应该是全社会共同支持的结果。

6. 从创新发展视角看低碳发展

深刻把握低碳发展的第六个维度是创新发展。科技创新是低碳发展的核心环节。低碳发展的提出与全球气候变化、"两型"社会构建、节能减排密不可分。低碳问题的解决有赖于科学技术的革新，低碳发展离不开科技的进步，科技是低碳发展强有力的推动力。

从技术创新的角度认识，低碳发展的核心是通过经济发展过程中的技术创新、制度创新、组织创新、经济发展方式的转变等，降低对化石燃料的依赖，减少温室气体排放量。因此，低碳发展的关键是加大政府对低碳技术的研发投入和创新力度，充分发挥技术进步的驱动效应，尤其要充分发挥技术进步在提高能源效率、改善能源结构等方面的作用，从而实现生产和生活上二氧化碳的低排放甚至零排放。

从管理创新的角度认识，低碳经济是通过做出有效的制度安排，突破低碳发展的制度性障碍，从高碳模式向低碳模式转变。发展低碳经济要破除三个制度性缺陷：一是对原有制度的路径依赖。现代工业文明是建立在化石能源的大量开采和使用的基础上，一个国家或地区一旦形成以化石能源体系为支撑的产业结构和布局，就会沿着既定的方向使这种体系不断得到强化，因此高碳锁定效应严重影响了低碳经济发展。二是环境资源产权制度不明确。高效的市场运行机制不仅可以优化资源配置，而且能有效激发经济主体的活力和积极性。在资源环境领域，由于产权模糊不确定，导致环境污染、生态破坏、气候变化等现象日益加剧。三是环境管理制度不完善。环境污染的负外部性不仅使资源配置偏离帕累托最优，而且导致大量资源浪费和环境污染。因此，低碳发展的关键是破除旧的制度安排，引入外生力量，打破路径依赖和高碳锁定，建立环境税收制度和碳交易市场机制，通过合理的制度安排和政策设计，真正提高低碳发展的政策有效性。

7. 从智能发展视角看低碳发展

深刻把握低碳发展的第七个维度是智能发展。现在不能简单回到三百年以前，不能用那时的工业水平判断现在的发展。现在处在大数据时代，能源变革、能源互联网等为低碳发展提供了很好的解决方案。自然界的太阳、风、有机物是分散分布的，而且社会能源的消费也是分散的，所以，替代化石能源的生产就需要采取"分散生产、分散使用、社会调节余缺"的方式。其中分散生产可以是一家公司进行分散生产，也可以是家庭或机构自己生产供给，余则卖少就买；社会调节需要一个中心，这就是能源互联网。如果每座大楼、每座房屋都将变成能源生产来源的话，只需要一个通信网络就能分配这些能源——互联网就提供了这一可能性。因此，能源变革不是简单地关掉一些煤矿就可以解决的，而是需要与化石能源开发与利用完全不同的技术与生产组织方式。在智能时代，能源的开发与利用有了现代信息技术的支持，拥有了更高的效率。传感技术与现代通信技术的结合，使得水力、风力发电实现了自动监测和控制。我国从 20 世纪 60 年代起就开始将信息技术应用于发电厂和变电站的自动监测、监控方面，到现在已实现风机风向与转速的自动控制。计算机技术的发展与广泛应用，尤其是计算机辅助设计、模拟运行、数控制造等技术的综合利用，减少了设计开发费用，缩短了开发周期，提高了设备的精密程度，使得能源开发利用走上科学化、高效化的轨道。

所以，辩证的看，低碳发展是一个系统工程，涵盖经济、资源、环境、管理一系列辩证关系，应该深刻地把握。

三、低碳发展的特征

本书认为，低碳发展具有经济属性、技术属性、资源环境属性、政策属性四个特征。

1. 低碳发展的经济属性

低碳发展的第一个属性是经济属性。从发展经济的角度考虑，既反对资源和能源的高度消耗和浪费，又致力于提高人民生活水平。这包含两层含义：一是低碳发展应按照市场经济的原则和机制来发展；二是低碳发展不应导致人们的生活条件和福利水平明显下降。

关于经济发展与碳排放之间的关系一直是低碳研究中的一个重要课题，其中特别是有关环境库兹涅茨曲线简称及其验证的研究更是一个焦点问题。尽管大部分研究结果倾向于支持排放的存在，但针对不同发展阶段的不同国家来说，经济发展与碳排放的具体关系仍呈现出许多具体的曲线形式。但总体来看，处于工业化阶段的国家或地区，由于经济快速发展，其碳排放量也会快速增长，这会成为低碳发展的抑制因素。一般而言，在工业化初期和中期阶段，碳排放量与经济规模成正比且高度相关；而当工业化后期，经济发展处于发达阶段后，碳排放量则会趋于平稳或不断下降。依赖能源优势而建立的主导产业大多是高排放类的重化工业，随着经济快速发展，其对能源的需求会快速增加，导致碳排放量也同样增长。如何让经济更快达到经济增长的临界点，而成为低碳发展的驱动力量，是低碳发展的首要目标。

2. 低碳发展的技术属性

低碳发展的第二个属性是技术属性。通过发展低碳技术，在提高能源效率的同时降低温室气体的排放强度，实现碳排放最小化。一方面，在消耗同样能源的条件下人们享受到的能源服务不降低；另一方面，在排放同等温室气体情况下人们的生活福利不降低。

技术创新是实现经济低碳转型的决定性力量，它是推动低碳发展的关键力量。英国最早倡导发展低碳经济，它在低碳技术领域的前瞻性投入与发展，使其获得了在发展低碳经济方面的领先优势。我国实现低碳发展也必然要通过技术创新来支撑，推动依赖化石能源消耗的高碳产业体系向主要依赖科技进步和管理创新的低碳产业体系转变，构建低碳技术创新体系，提高低碳核心技术的开发和创新能力，为经济低碳转型提供技术支撑。

技术创新对低碳发展的影响主要表现在两方面：一是通过技术进步，提高能源利用效率，实现高碳能源的低碳化利用；二是通过技术替代，用低碳的能源（如天然气和氢燃料）和新能源替代高碳的煤炭、石油能源。

若从技术创新的类型看，低碳技术创新分为突破性创新和渐进性创新。突破性创新主要是指因技术的发展促进了市场，会出现新市场和潜在应用前景，伴随着一些新兴企业进入市场，有时甚至会引发整个产业的技术变革。低碳突破性创新分为两类：①前瞻性技术。前瞻性技术仍处于研究阶段，需要投入极多的人力、物力，代表着未来科学的发展趋势，如海洋能源、天然气水合物技术，有很大应用潜力。②创新性技术。创新性技术是那些还处于研发期、尚不成熟的技术，如海上风电技术等。企业既是此类技术创新的主体，也是技术扩散的主体，应努力促进企业创新能力建设，鼓励企业积极参与产学研合作，为技术产业化奠定基础。渐进式创新属于拉动创新模式。即在市场需求方的拉动下，发掘现有设计中的潜力，对现有产品进行提升或改进，进一步巩固已有企业的市场地位。渐进式创新分为两类：①成熟低碳技术。成熟低碳技术主要指低碳技术基本趋于成熟，并开始了大规模的示范应用。这种技术主要是通过和市场上相似技术竞争，突出自身优势，占领市场，由此降低成本。②商业化低碳技术。该类技术能够带来经济价值，如太阳能加热系统，但这类技术在市场推广中面临诸多困难，需要政府发挥一定的作用，通过实施一定的辅助政策，同时坚持以市场为导向，方可促进这种技术的大规模商业应用。

【专栏 2-2】

突破性创新和渐进性创新

根据 Freeman（1977）、Tushman 和 Nadler（1986）等学者的研究，技术创新按照创新程度可划分为渐进性创新和突破性创新两类。Christensen（1997）区分了渐进性创新、突破性创新与传统创新之间的区别，他认为这一区别在于前两者不是着眼于技术变迁本身，而是着眼于制造企业的"价值体系的变化"。因此，基于创新程度的不同，技术创新模式主要包括渐进性技术创新模式和突破性技术创新模式。

（1）渐进性创新模式。

渐进性技术创新模式是在既有的技术范式、企业生产能力基础上对现有产品用户关注的产品性能方面来改进产品的方式，是一种线性且缓慢进行的创新方式。虽然渐进性技术创新过程缓慢，且单个创新项目所带来的变化在短时间内无法很快体现，但他们的累积效果和持续改进常常使企业获得很大的发展优势。因此，企业应重视渐进性技术创新模式对企业创新绩效的长期作用（张洪石和卢显文，2005）。根据渐进性技术创新的特点，可将其进一步划分为边际型渐进性创新和适应型渐进性创新两种类型。其中边际型渐进性创新是指以塑造企业的差别优势尤其是成本优势为目标，以现有技术为基础对企业的工艺流程和工序进行创新的方式，该技术创新对产品的创新只是在功能上进行某些微小的改进，如 OEM 企业根据客户要求对产品设计进行的创新。适应型渐进性创新是指通过对现有技术的适应与利用进而实现新产品开发和改进的创新方式。

渐进性创新作为生产过程中的常态，大量存在于低碳技术企业的管理过程中。

渐进性创新模式的成本效用分析如下：在短期生产过程中，任一产量水平上的 TC 曲线的斜率对应着相应 MC 曲线上的值，由于 TVC 曲线的斜率与 TC 曲线的斜率相等，所以 MC 曲线的值就与 TC、TVC 曲线的斜率相对应，MC 曲线的最低点 a' 与 TC 曲线的拐点 a 和 TVC 曲线的拐点 a″ 相对应。渐进性创新由于较少需要进行大范围的企业生产设备固定投资，TFC 曲线位置基本保持不变。渐进性创新主要是对企业的变动成本产生影响，使 TVC 曲线的幅度发生变化，如图 2-2（a）中 TVC′ 曲线所示的位置。相应的 MC 曲线的位置也会随之向右发生移动，最低点 a' 的位置向右下方移动，如图（b）中 MC′ 曲线所示的位置。TVC 的变动必然带动 MC 的变动，随着 TVC 降低，MC 也将下降。渐进性创新通过优化企业的技术水平，改变企业生产要素的投入产出比，影响企业 TVC 水平，进而实现 TC 降低。企业要突破现有技术水平的限制，唯一的出路就是采用破坏性工艺技术，使企业产品在品质、性能、规格、质量等方面迈上一个新的台阶。

（2）突破性创新模式。

突破性创新模式是基于突破性技术的创新，是指企业进行首次引入的、能对经济发展产生重大影响的技术创新的方式，因此也被称之为根本性技术创新模式。Richard Leifer 等认为突破性技术创新通常需要满足以下三个条件：第一，全新的产品特色；第二，现有功能指标提高至少 5 倍以上；第三，产品成本显著降低（至少 30%）。突破性创新模式是一种非连续性创新模式，往往创新的频率较低，但一旦技术创新成功，对企业而言将开拓新的市场或者使原有产品的质量得到巨大的改善或成本得以降低，对社会而言则可能会带来新型技术的产生和应用，因此对于企业的发展、社会的进步等具有较为深刻的意义。但值得注意的是，突破性创新的实现往往是建立在渐进性技术创新的基础上，是渐进性创新的长期积累，因此二者并非孤立存在，而是具有密切的关系。

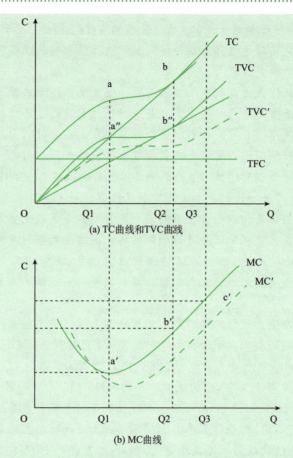

(a) TC曲线和TVC曲线

(b) MC曲线

图 2-2　渐进性技术创新模式的成本效用

　　与渐进性创新对 TC 和 TVC 曲线的修正作用不同，突破性创新会引起 TC、TVC 和 TFC 曲线的位置的移动和幅度的变化，TFC 曲线的变动位置取决于突破性创新固定资产投资的水平，可能高于原曲线的位置，也可能低于原曲线的位置。TC、TVC 曲线位置的移动和幅度的变化是生产技术发生根本变化的结果。边际成本 MC 曲线的位置和幅度也将发生变化。随着企业采用具有破坏性的工艺技术，企业对固定生产设备等固定资产的投资也将不断地增加，这必然导致企业 TFC 生产曲线向上移动。即使不考虑 TVC 曲线，采用根本性技术的企业的产品成本是很高的。当突破性创新通过在其技术基础上不断进行的渐近性创新，使产品的边际生产成本越来越低的时候，突破性创新才有可能对主流的大规模生产具有吸引力，吸引越来越多的企业采用新技术进行生产，具体见图 2-3。

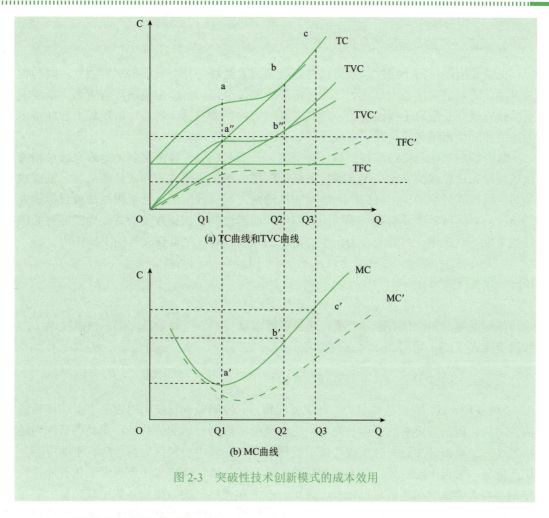

(a) TC曲线和TVC曲线

(b) MC曲线

图 2-3　突破性技术创新模式的成本效用

3. 低碳发展的环境资源属性

低碳发展的第三个属性是资源环境属性。传统的经济增长理论并不考虑环境问题，或者只是简单地将环境问题列入外部性问题而简单带过，结果导致环境资源被长期忽视，沦落为"公共地的悲剧"（Hardin，1968）。经济高速增长引发的环境破坏和污染问题日益触目惊心，这也成为世界各国需要低碳经济发展模式的现实需求。低碳发展模式已经将环境资源纳入经济发展的重要考察项目，使得两者之间的联系越发紧密。一些发展中国家由于自身落后的技术水平和经济条件的限制，发展低碳将会面临更多的挑战。以稀土资源为例，中国的稀土资源储量仅占世界的 36%，但是长期以来中国稀土的出口贸易量却一直高居全球的 90% 以上。中国大规模开采和出口稀土需要耗费大量的能源和资源，不仅超常规地排放了大量的二氧化碳，而且以严重破坏环境资源为代价，可是这种低附加值的环境资源出口贸易所能换取的经济利益却极为低廉，而这与低碳经济的发展模式背道而驰。因此，走低碳发展之路就必须扭转这种消耗和破坏资源环境的粗放型发展方式。

4. 低碳发展的政策属性

低碳发展的第四个属性是政策属性。政策因素是经济社会发展的制度力量，同时也是推动低碳发展的核心力量。如低碳经济概念的最早提出，即由英国政府所为。低碳发展的政府规制是政府干预经济的一种具有强制力的制度安排，旨在协调现代产业经济中的冲突和解决市场失灵问题，实现经济社会的可持续发展。

政府规制通常包括经济规制和社会规制。低碳规制属于经济规制，是政府通过相关低碳法律和调控政策来推动国家或区域低碳转型的相关法律法规和政策的总称。低碳规制对区域低碳转型的作用可归纳为约束和推动两方面。政府通过分配碳减排放目标额度的路径，对区域低碳发展有一定的约束作用；而通过制定扶持政策的路径则能够对低碳转型形成推动作用。二者的合力大小决定了低碳规制对区域低碳发展的支撑作用。

四、低碳发展的核心驱动要素

低碳发展的四个核心驱动要素，包括资源禀赋（R）、发展阶段（E）、低碳技术（T）和消费模式（C），可用如下概念模型表示：

1. 核心驱动要素之一：资源禀赋（R）

"低能耗、低污染、低排放"的低碳发展特点，说明低碳发展仍然脱离不了环境和资源的限制，但是其追求的不再是简单地将环境资源视为普通的公共品，而是将其作为经济发展的必要条件加以充分重视。低碳发展的环境资源主要包括生态环境、土地资源、矿产资源、可再生能源等，是实现低碳发展的物质基础。碳排放主要来源于化石能源的使用，与人类生产和生活息息相关。煤炭、石油和天然气的碳排放系数递减，绿色植物是碳中性的，太阳能、水能、风能等可再生能源以及核能属于清洁能源。可见，低碳资源越丰富，越有利于低碳发展。

2. 核心驱动要素之二：发展阶段（E）

低碳发展是一个与经济发展阶段密切相关的问题。经济发展到一定程度，社会财富的累积效应能够在两个方面促进低碳发展：一是知识和技术的积累导致低碳技术在三次产业中广泛运用。二是对资本存量累积的需求大大降低。从发展阶段来看，我国正处于经济发展存量累积阶段；从温室气体排放角度来看，主要是生产投资和基础设施投入带动的资本存量累积的碳排放，而只有实物资本存量累积到一定程度，综合发展才能随之提高，因此要实现低碳发展目标难度很大。从宏观上来看，目前我国已处于工业化中期阶段，城镇居民对多功能性的需求也为低碳发展提供了充足理由。发达国家基本属于处于后工业化时代的消费型社会，而发展中国家基本处于生产投资和基础设施投入带动的资本存量累积阶段，两者的碳排放驱动因素有所区别，两者发展低碳经济的目标也各有侧重。

3. 核心驱动要素之三：低碳技术（T）

低碳技术是低碳发展的基本构成要素。是解决日益严重的资源能源和生态环境问题的根本出路。低碳技术一旦作用于低碳发展的生产过程就成为直接生产力，成为低碳发展最为重要的支撑条件和强大的推动力。技术进步对能源供给的巨大推动作用主要表现在以下 3 个方面：①技术进步促进能源资源的勘探和发现，拓展了新能源的种类，增加了新能源的储量；②技术进步提供了能源开发与利用的渠道，提高了资源的开发与利用效率，促进了能源向可供利用能量的转化，是实现新能源供给的必要保障；③技术进步拓宽了新能源利用方式，丰富了新能源应用领域，是推动新能源综合利用、循环利用、高效利用的关键因素。通常低碳技术包括对现有技术的应用和高新技术的研发，如能源部门低碳技术就涉及节能技术、煤的清洁高效利用、油气资源和煤层气的勘探开发、可再生能源及新能源利用技术、CO_2 捕获与埋存（CCS）等领域的减排新技术。

4. 核心驱动要素之四：消费模式（C）

低碳消费模式是实现低碳经济的外部驱动。一切社会经济活动最终都要体现为现实或未来的消费活动，从消费视角来看，一切能源消耗及其排放根本上都受到全社会各种消费活动的驱动。消费排放主要受人均收入水平、消费模式和行为习惯等的影响。人均 GDP 与消费阶段的关系见图 2-4。在追求生活质量阶段，社会对低碳消费增加。在日常生活中，每个人都有自己的碳足迹。碳足迹指的是每个人的温室气体排放量。低碳生活的核心内容是低污染、低消耗和低排放，及多节约，从而达到减少碳足迹的目的。通过

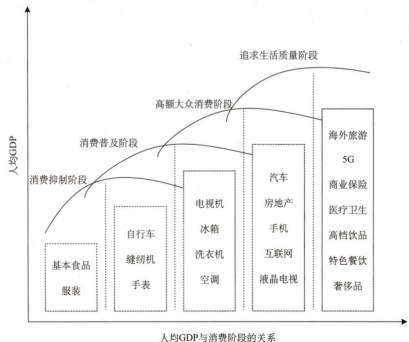

图 2-4　人均 GDP 与消费阶段的关系

低碳化消费引导，提高消费者绿色消费意识，最终形成消费者驱动低碳发展的倒逼机制。不同国家居民消费产生的能源消耗和碳排放具有较大的差异，消费排放除了受到自然气候条件、人均收入水平、文化习俗、资源禀赋的影响之外，消费模式和行为习惯对于排放的影响不可低估。另外，经济全球化导致的生产与消费活动的分离，使得一国真实的消费排放被国际贸易中的转移排放问题所掩盖。因此，从消费而非生产角度，探讨国民实际消费导致的碳排放，有助于全面认识一个国家碳排放问题，有助于采取更加公平的视角从源头上推动低碳发展。

五、本章小结

低碳发展是基于可持续发展理念，通过节能减排等手段实现能源消费模式的节约化、降低以二氧化碳排放为代表的温室气体排放水平，实现经济发展、社会发展和环境保护相协调。其主要特征可归纳为"低能耗、低污染、低排放"和"高效能、高效率、高效益"，并体现发展权益与权益约束的人文发展特征。它不仅是支持绿色发展、循环发展的重要手段，而且是实现人文发展的基本要求。

低碳发展不仅仅是降低以二氧化碳排放为主的发展状况，更是对经济、资源环境辩证关系的一种深刻认识，是一个系统工程，有着深层内涵。深刻把握低碳发展的第一个维度是发展模式——这种发展模式的核心在低碳，目的在发展，是一种由高碳能源向低碳能源过渡的发展模式；深刻把握低碳发展的第二个维度是人文发展——低碳发展不仅是支持绿色发展、循环发展的重要手段，而且是实现人文发展的基本要求，它体现发展权益与权益约束的人文发展特征；深刻把握低碳发展的第三个维度是协调发展——发展低碳经济的关键是协调处理好政府、社会、经济主体之间的关系，均衡各主体之间的利益，与此同时，需要能源、环境、管理、政策系统的有力配合；深刻把握低碳发展的第四个维度是发展体系——低碳产业体系、低碳市场体系、低碳管理体系在低碳发展中至关重要，我国在这些方面需要加强建设力度；深刻把握低碳发展的第五个维度是内涵发展——低碳发展同时是一个社会问题，涉及政府、企业和个人对低碳理念的认识问题，涉及生产、流通、消费、管理对低碳理念的实践问题，涉及社会经济的发展模式、生活风俗、消费习惯等诸多方面，本质上应该是全社会共同支持的结果；深刻把握低碳发展的第六个维度是创新发展——低碳问题的解决有赖于科学技术的革新，低碳发展离不开科技的进步，科技是低碳发展强有力的推动力；深刻把握低碳发展的第七个维度是智能发展——在大数据时代，能源变革、能源互联网为低碳发展提供了很好的解决方案。

低碳发展具有经济属性、技术属性、资源环境属性、政策属性四个特征。低碳发展的4个核心驱动要素包括资源禀赋（R）、发展阶段（E）、低碳技术（T）和消费模式（C）。

第3章 低碳发展的技术进步机理

 本章简介

　　技术进步是推动低碳发展的关键力量。从国际实践看，英国最早倡导发展低碳经济，它在低碳技术领域的前瞻性投入与发展使其获得了在发展低碳经济方面的领先优势；德国的低碳发展以"气候保护高技术战略"为核心，大力推进能源效率和可再生能源技术开发。我国要实现低碳发展，也必须要依赖技术进步。技术进步是低碳发展的核心驱动力。从整体上看，技术进步通过能源低碳化、生产去碳化、产业低碳化等三个层面作用于低碳发展。

一、 低碳发展的技术进步概念与内涵

1. 技术进步的概念

美国经济学家 Rosnberg 将技术定义为：在给定的资源上，某种知识能使产量增加，产品质量提高。技术进步是一个广泛使用的概念，通常是指人们在生产中使用效率更高的劳动手段、更先进的工艺方法，以推动社会生产力不断发展的运动过程。它反映了生产力中物质技术基础的变革，是促进经济增长的主要因素。

在西方新古典学派的理论中，技术进步是用生产函数 $Q = F(K, L, t)$ 来定义的，其中，K 和 L 分别代表资本和劳动投入，Q 代表产出，t 代表时间。技术进步就是这个函数表达式中产出 Q 随时间 t 变化的过程。如果产出的增加大于劳动和资本投入的增加，就认为发生了技术进步。

技术进步是技术与经济的结合，是一个经济学的概念。技术进步并非都是技术创新所致，技术改造、技术引进等都会引起技术进步。技术进步有广义与狭义之分。广义的技术进步是指技术所涵盖的各种形式知识的积累与改进；而狭义的技术进步是指生产工艺、中间投入品以及制造技能等方面的革新和改进。技术进步与技术创新有着明显的区别。技术进步是指在技术方面的能带来实际效益的改进，不一定是创新，比如引进外国的成熟技术这对我国来说也叫技术进步，但它不是创新。技术创新是指在技术方面的革新，侧重于"新"字，但未必就是技术进步，也就是说，未必会带来生产率提高、消耗减少等进步。从复杂性科学的视角，技术创新活动绝非简单的线性递进关系，也不是一个简单的创新链条，而是一个复杂、全面的系统工程。

2. 低碳技术进步的定义

低碳技术是随着低碳经济的兴起而提出的技术创新概念，意指使排放气体含碳量较低或甚至没有含碳量的技术。虽然目前各国对于低碳技术或其技术范围尚未有一个一致及官方的定义，但是从国际文件、各国相关规定及学者们的研究可以一窥低碳技术的构成。美国 Socolow 等学者将低碳技术大致归 5 类，包括可再生能源技术、能源效率提高技术、二氧化碳捕集技术、核电技术和固碳技术等。根据我国《国家重点推广的低碳技术目录》起草说明的总结，低碳技术是指能减少或消除二氧化碳的清洁技术。根据减排机理，低碳技术可分为零碳技术、减碳技术和储碳技术。根据技术特征，可分为非化石能源类技术，燃料及原材料替代类技术，工艺过程等非二氧化碳减排类技术，碳捕集、利用与封存类技术和碳汇类技术等五大类。

低碳技术进步是指：低碳生产过程中通过配置生产要素的比例而提高投入产出效率的各种活动的集合。不仅包括使用新的劳动工具，发明新方法，对现有技术进行创新，也包括劳动者技能的提高和社会创新环境的改善等，涵盖了各种形式的知识积累和改进。

3. 低碳技术进步的内涵

低碳技术进步可以在促进经济增长的同时，降低二氧化碳的排放量，这是低碳技术进步的核心内涵。低碳技术的进步可以降低生产成本，提高生产效率。通过技术创新可以生产出新的产品，提高产品质量，符合市场对低碳产品的需求，提高产品市场占有率和利润率，促进经济的增长。

同时，由于在生产过程中生产流程和生产技术得到改善，能源利用率提高，因此降低二氧化碳的排放速度，使其与经济增长呈现不平行不一致的"脱钩"现象。研究发现，温室气体排放可能符合环境库兹涅茨的假说，即人均温室气体排放与人均收入之间存在近似于倒 U 形的曲线关系，而中国正处于这一曲线的爬坡阶段，即我们在实现经济快速发展的同时，却以牺牲生态环境为代价。如果我国能够加大对低碳技术的投入，提高低碳技术的研发效率和自主创新能力，就能在不牺牲经济增长和繁荣的情况下，取得包括生产、交换、分配、消费在内的社会再生产全过程的经济活动的低碳化，获得较高的生态经济效益。

4. 低碳技术进步的特征

本书认为，低碳发展的技术进步具有四个特征：低碳技术进步的台阶性；低碳技术进步的效率性；低碳技术进步的阶段性；低碳技术进步的适宜性。

特征之一：低碳技术进步的台阶性。

低碳发展呈现一种台阶性的特点，即当低碳技术发展到一个阶段，相应的应用便能快速发展。近几十年，太阳能发电、核电、生物质发电、风能发电快速发展，出现了超超临界参数发电机组、增压循环流化床燃气、整体煤气化联合循环等节能减排技术。同时，低碳企业应积极储备技术，布局下一个台阶的应用。

特征之二：低碳技术进步的效率性。

低碳发展是不断提高劳动生产率和资源配置效率的过程，其中能源效率的高低是关键环节。研究美国、欧盟、日本不同的节能减排技术，发现尽管这些国家的初始资源禀赋不同，技术选择重点路径不同，但在选择路径时追求效率的经济学原理却是一致的。所以低碳技术进步应以效率为基础。能源效率反映了能源利用水平的高低，它通常是指使用能源生产的服务与产出量和能源投入量的比值。研究表明，我国能源效率水平远低于发达国家，因此通过提升能源效率来促进低碳发展的潜力很大，改进能源利用效率已经成为低碳发展的重要途径。

特征之三：低碳技术进步的阶段性。

由于科学技术的发展呈现阶段性特征，低碳技术进步也呈现出阶段性特征。在经济的起步阶段，技术进步主要通过提高劳动生产率、扩大经济规模等促进经济增长，经济活动所产生的二氧化碳是不断增加的；当经济进入高速增长阶段，二氧化碳排放超过了环境容量，资源、环境矛盾凸显，技术进步除了促进经济增长之外，还需要维持生态平衡，即此时技术进步的首要任务是协调经济增长与碳排放之间的关系，这一时期技术进步对碳排放的影响比较复杂。一方面，生产技术进步推动了工业化的发展，碳排放量持续上升；另一方面，技术进步通过调整产业结构、改善能源结构、优化资源配置等提高能源生产率，从而抑制碳排放的增长。当经济发展到一定程度进入到平稳增长阶段，工业中的碳排放对环境的影响日益减弱，技术进步的主要任务是降低人们生活中的碳排放。因此，低碳技术进步呈现出阶段性特征。

特征之四：低碳技术进步的适宜性。

不同地区低碳发展程度不同，其技术进步的策略也会不同，最终会导致技术进步选择路径的不同。按照效益原则，对于那些经济已经发展到一定阶段，且已经聚集了较多优秀的研发要素的地区，更适合于采用以自主创新为主的内源式技术进步路径；而对于那些经济发展水平相对滞后的地区，由于其研发资源匮乏，客观上采取以技术引进为主的技术进步路径将更加具有经济效益。由于经济发展落后地区不具备自主创新所需的资源禀赋，若要选择自主创新的内源式进步路径，那么这种技术进步路径选择就会超出该地区技术生态环境要素禀赋的承载能力，造成超越式发展，这种技术进步就会缺乏自生能力，不利于发挥区域要素禀赋的比较优势，技术进步进程就会受到较大影响（见图3-1）。

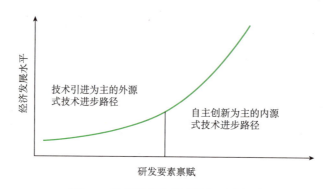

图3-1　技术进步路径选择与要素禀赋

若从技术生态环境角度看，一个区域所采取的低碳技术进步选择应该与该区域的技术生态环境相匹配。技术生态环境包括研发资源聚集情况、产学研合作环境、创新成果产业化环境、市场化环境、容忍创新失败的环境等等。如果不考虑技术生态环境，一味追求更高层次的技术进步路径或者选择低层次的技术进步路径会导致技术进步方式具有不可持续性。Antonelli（1993）认为技术的环境属性决定着技术是从属于一定环境的，技术选择是受其所在环境要素影响的，可选择技术水平区间是受其所在技术生态环境决定的。一般来讲，如果一个区域技术进步路径选择水平过高，就会超过这个区域的技术生态环境的承载能力，技术进步就会缺乏自生能力。随之带来的是这个区域技术生态环境恶化，影响技术进步的各类要素禀赋结构升级就陷入停滞，进而技术进步就会停滞。因此，低碳发展应充分考虑技术进步的适宜性。

二、低碳发展的技术进步机理

我国要实现低碳发展，也必须要依赖技术进步。图 3-2 描述了技术进步推动低碳发展的机理。整体上看，技术进步通过能源低碳化、生产去碳化、产业低碳化等三个层面作用于低碳发展。

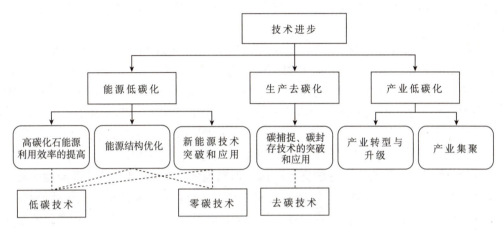

图 3-2 技术进步推动低碳发展的机理

环节一：能源低碳化

（1）技术进步可提高化石能源利用效率。

化石能源是现代经济社会能源消费的主体，但化石能源也是高碳能源，实现化石能源的高效清洁利用是低碳发展的必然途径。大量研究证实，技术进步是降低单位 GDP 的能源消费量和单位 GDP 的二氧化碳排放量的主要途径。换言之，技术进步通过提高化石能源利用效率，促进低碳发展。这也是低碳技术的主要形式。表现在两个方面。

第一，R&D 资本和人力资本增加可以提高能源利用效率。

内生增长理论认为，R&D 资本和人力资本的生产是技术进步的主要来源。Schumpter（1934）指出，为追逐垄断利润，企业家不断地进行着一些"创造性的破坏过程"，这将导致发明与创新并最终实现技术进步。R&D 可以产生新的发明，接着是过程创新和产品创新，前者可以使现有产品的生产更加富有效率，后者则可以促进新产品的研制，R&D 不仅可以增加消费者的效用，而且可以利用新的生产方式来提升各种要素的生产率。人力资本投资包括在职和学校培训和再培训、成人教育、学习项目、正规教育、对教育设施的支出等多种形式，它可以弥补劳动力的不足，进一步促使其他要素生产率提高。

就低碳经济而言，如果研发投入增加，则能源利用设备、能源技术和管理的研发劳动就越多，可以改善产品或工程设计开发的水平，或者更新设备工艺，提高设备系统的使用寿命，进而可以降低生产过程中的能源消耗，提高能源利用效率。

人力资本的不断积累则可以改进能源利用设备，优化其余生产要素的配置，提高能源的节约意识，促进能源消费方式发生变革，由粗放式利用向集约式改变，进一步提升能源的利用效率。

第二，FDI 技术外溢可以提高能源利用效率。

FDI 产生的技术外溢效应也会对能源利用效率产生影响。所谓技术外溢，是指外商直接投资对东道国的相关企业或产业的生产技术、营销技术、管理技术和产品开发技术等产生的提升效应。包括：①平行外溢，即对东道国的竞争性企业技术创新产生的示范、刺激与推动作用；②垂直外溢，即对东道国上下游关联性企业技术进步产生的示范、援助与带动作用。

FDI 技术外溢效应对能源效率的影响渠道主要包括 R&D 资本和人力资本。其中，FDI 对 R&D 资本的影响主要体现在以下两方面：其一，跨国公司的分支机构在中国进行大量的研发活动，这在一定程度上扩大了技术的扩散效应；其二，由于跨国公司直接参与中国市场竞争，会对我国企业造成竞争压力。从长远来看，当跨国公司与东道国企业在同一个市场上进行竞争时，东道国企业为了保持自身的竞争力，就不得不增加企业的研发经费，提升自己企业的技术水平。FDI 对人力资本的影响，则主要是指跨国公司为了增加市场竞争力，会在当地的分支机构培训当地雇员。并且此类培训涉及面非常广，牵涉到企业各个层次的职员，既包括一般的生产操作员和质量监督员，也包括一些高级管理人员和技术人员。由于在外资企业工作期间，很多当地雇员积累了各种经验和技能，这些雇员在未来可能会"跳槽"，或者创办自己的公司，这样就会产生技术溢出效应。

就低碳经济而言，FDI 技术外溢效应对能源效率的影响主要通过三种方式进行：其一，外商采取与我国能源企业合资的形式进行技术转让和人力资源培训。外商以技术参股可以使我国企业直接获得国外先进的能源利用技术，节约研发支出，使我国能源相关行业在短时间内接触世界先进技术前沿。其二，跨国公司的示范与我国企业的模仿。在有效的竞争机制下，外商的进入会对我国企业产生较强的示范效应，不断模仿先进技术和改进自身的技术，进而可以实现"干中学"式的技术进步，促进技术创新。其三，外资企业与我国大学、科研院所共同从事研发活动或在华设立研发中心。这样不仅有利于将其先进能源技术直接带入我国，促进技术在当地的扩散；而且，对华的研发投资大大改善了我国作为发展中国家研发投资严重不足的状况，也培养了一批适应市场经济要求的高水平科技人才。

需要说明的是，在提高能源利用效率方面，技术进步并非单独起作用的，也就是说，技术可以通过影响其他的因素来提高能源效率。研究表明，能源结构向高效能源转移，以及产业结构的优化都可以降低能源强度，但其效果大小受制于技术进步的速度和程度，并且技术进步还可以通过改变能源需求数量和需求结构来影响能源价格。如果能源市场的价格体系有效，由于技术进步使得单位产出消耗的能源量减少，就可以降低经济发展的能源需求量，进而使能源价格下降，增加工业企业对高效率能源的利用。

（2）技术进步促进低碳技术或零碳技术的推广和应用。

这方面，主要是促进低碳或零碳的新能源技术的突破和应用，从而优化能源消费结构。太阳能、风能、地热能等新能源具有低碳甚至零碳的特点。当前，新能源在技术上具有可行性，但经济性不够，无法对传统化石能源形成大规模替代。随着新能源技术的突破和成熟，新能源的开发和利用成本可望显著降低，从而表现出对高碳化石能源可比的经济性，从而推动低碳发展。

新能源主要包括风能、太阳能、地热能、生物质能、海洋能、水能，以及由可再生能源衍生出来氢能和生物燃料等。根据联合国开发计划署的观点，新型能源分为三大类：一是大中型水电；二是新可再生能源，包括海洋能、地热能、现代生物质能、风能、太阳能和小水电等；三是传统生物质能。能源结构的不断优化是人类社会进步的表现，也是我国经济发展中的一个明显趋势。我国新能源种类、主要利用方式及优缺点见表 3-1。

技术进步对新能源的推动作用主要表现在以下三个方面：第一，技术进步促进新能源资源的勘探和发现，拓展了新能源的种类，增加了新能源的储量；第二，技术进步提供了新能源开发与利用的渠道，提高了资源的开发与利用效率，促进了新能源向可供利用能量的转化，是实现新能源供给的必要保障；第三，技术进步拓宽了新能源利用方式，丰富了新能源应用领域，是推动新能源综合利用、循环利用、高效利用的关键因素。

表 3-1　我国新能源种类、主要利用方式及优缺点

能源种类	主要利用方式	主要优点和缺点
太阳能	太阳能光热发电、太阳能光伏发电、太阳能制氢、太阳能热水器	总量巨大，可直接开发和利用，无污染。但是太阳能分散、不稳定、效率低、成本高
风能	风力发电	最成熟、成本降低最快、环保
生物质能	燃料乙醇、生物柴油、沼气发电、沼气燃料电池技术、生物制氢、生物质气化发电技术	分布广、取之不尽、用之不竭。沼气发电高效、节能、安全、环保，价格低廉。燃料乙醇成本较高
水能	水力发电	可再生和清洁能源、发电成本低、效率高、具有灵活性。增加泥沙沉积量、容易引发滑坡和地震
核能	核裂变所释放的热能发电	污染小、安全、能量高、成本低
地热能	地热发电、地热供暖、地热温室种植、地热水产养殖	储量大、不受天气状况影响、给人民生活带来方便
海洋能	潮汐发电、波浪发电	蕴藏量大、可再生、无污染。分布不均、密度低、能量多变、不稳定

环节二：生产去碳化

去碳技术是技术进步促进低碳发展的重要领域，主要表现为碳捕捉和碳封存技术（CCS）。CCS 是指将大型发电厂、钢铁厂、化工厂等排放源产生的二氧化碳收集起来，并用各种方法储存以避免其排放到大气中的一种技术，它包括二氧化碳捕捉、运输以及封存 3 个环节（见专栏 3-1）。IPCC 认为，考虑到全球气候变化和减排任务非常艰巨及清洁能源的发展现状，要实现大气温度在本世纪末控制在 2℃ 的目标，CCS 技术是关键。CCS 技术在不实施大规模改造电力供应系统的条件下，为大面积降低大气中 CO_2 排放提供了非常大的发展潜力。尽管从本质上看，只有一个完全的除碳能源体系才能避免危险的气候变化，但 CCS 技术能够对短中期大规模减少 CO_2 产生很大的影响，是一个能够选择的技术方法，因此也快速地发展壮大。目前，碳捕捉技术成本高、碳封存技术存在

较大的碳泄漏风险，制约了去碳技术的广泛应用。通过技术进步，实现 CO_2 捕捉的低成本化和碳封存的低风险化，推动 CCS 的广泛应用，这将有助于低碳发展。从中国的实际情况出发，将 CO_2 捕集、埋存与油气田提升采收率相结合是 CCS 技术现今阶段比较可行的办法，也比较符合发展阶段和能源构造的实际情况，不但完成了 CO_2 减排的社会效益，还创造了较大的经济效益，而且是目前实现 CCS 技术的最理想路径。

【专栏 3-1】

去碳技术比较

去碳技术包括碳捕捉、碳运输和碳封存技术。碳捕集技术比较见表 3-2。

表 3-2　碳捕集技术比较

项目	适用电厂类型	效率损失	成本/（美元/吨）	中国所处阶段	其他
燃烧后捕集	煤粉电厂	蒸汽循环有效输出有约 20% 的功损失，系统热转功效率损失 8%～13%	29～51	研发和小规模示范	无需对动力发电系统本身作太多改造，可移植性好
燃烧前捕集	IGCC 电厂	动力发电系统热转功效率损失为 7%～10%	13～37	研发	分离能耗相对于燃烧后捕集有所下降
富氧燃烧	煤粉电厂	比具有相同技术水平的常规 IGCC 系统要低 7% 以上	21～50	研发	很容易通过压缩液化加以分离，几乎没有分离能耗

资料来源：世界气候组织：《CCS 在中国：现状、挑战和机遇》报告执行摘要。

（1）捕集 CO_2。

捕获的目的是产生能运输到封存地点的 CO_2 高压浓缩液。目前有三种主要的方法可用于捕获从主要化石燃料（煤、天然气或石油）、生物质，或这些燃料的混合体产生的 CO_2，包括燃烧后系统、燃烧前系统和氧化燃料系统，采取哪种方法将取决于有关的生产流程或电厂的应用。在电厂捕集 CO_2 时，关键的技术问题在于对 CO_2 进行分离时会产生大量的能耗，这不但会使单位发电量的碳排放量有所增加，而且会大幅度降低能源系统的效率，这是碳捕集技术的重要缺陷。在目前的技术水平下，二氧化碳捕集成本较高，随技术选择变化而有所不同。

以超临界电厂（目前中国发电行业的主力技术）为例，如果未捕集 CO_2，其单位发电能耗约为 300 克标煤/千瓦时，上网电价为 0.3～0.4 元/千瓦时；如果采取燃烧后 CO_2 捕集技术，在 CO_2 捕集率为 90% 的情况下，单位发电能耗将会增加到 400 克标煤/千瓦时以上，相应的发电成本则上升到 0.4 元/千瓦时。所以发展 CCS 的一个重要的制约因素就是成本，而 CCS 全流程中成本最高的环节就是 CO_2 捕集，其成本占 CCS 全流程成本的 80% 左右。从纯技术角度来看，CO_2 捕集相关技术已经比较成熟，目前能源系统实现 CO_2 捕集的难点在于，如何缓解由于 CO_2 捕集所导致的能源系统效率的下降，以及如何降低 CO_2 捕集成本。根据发达国家的经验，目前 CO_2 捕集技术的发展方向大致可以分为两类：

其一，依靠关键过程的技术进步降低 CO_2 捕集能耗。通过提高碳捕集过程中的能源利用效率，可以逐步降低能耗，其切入点往往是进行化工工艺革新，如反应分离一体化技术、新型吸收工艺的开拓和新型吸收剂的开发等。其二，通过系统集成降低分离能耗。CO_2 捕集过程会对能源系统的能量利用产生影响，系统集成研究的主要目的在于，逐步将 CO_2 捕集过程集成到能源系统中，协调 CO_2 捕集与能源利用之间的关系，在捕集 CO_2 的同时提高整个能源系统的能源利用效率。

（2）运输 CO_2。

CO_2 的运输状态可以是固态、液态和气态中的任何一种，但是考虑到大规模运输的可行性，流体态（液态和气态）CO_2 便于大规模运输。目前，世界上已经实践过的 CO_2 运输方式主要包括 3 种：管道运输、轮船运输和罐车运输。这 3 种运输方式适合的运输条件和场合有所不同：管道运输适合负荷稳定、长距离、大容量的 CO_2 定向输送；轮船运输适合超远距离、大容量、靠近江河或海洋的 CO_2 输送；罐车运输包括铁路和公路运输，适用于小容量、中短距离的运输，其运输相对灵活。

一般来说，对于长距离、大规模的 CO_2 输送，管道运输是目前最经济合理的方法。譬如，当 CO_2 的年输送量达到 200 万吨以上，管道运输距离在 200～600 千米的情况下，CO_2 的运输费用在 3～10 美元/吨。假以时日，随着需求量的增加，通过提高运输效率，降低预期成本，能够提高二氧化碳运输的经济性。对此，一些其他管道行业的经验可以借鉴。比如在液化天然气（LNG）行业，每增加一倍容量，单位管输成本降低 12%～14%。

（3）封存 CO_2。

CCS 的最终落脚点是 CO_2 的安全封存，封存的可行性很大程度上决定着 CCS 技术的可行性。但是从目前来看，封存环节存在很多不确定性，包括理论埋藏潜力、安全注入方法、注入后的长期监测以及事故响应等，无论是法规设定、工程经验还是理论研究都存在较大欠缺。从一些评估数据看，中国的 CO_2 理论封存潜力为 3088Gt，其中在深部盐水层可封存 3066Gt，占总封存容量的比重为 99%；煤田封存容量为 12.0Gt；气田封存容量为 5.2Gt；油田封存容量为 4.8Gt。根据场地与排放源的匹配分析结果，中国现阶段每年地质封存 CO_2 量在 2.5G 吨/年以下，所以地质封存的利用潜力有一个世纪以上。但是也有一些观点认为，现有的地质封存潜力估计数据与实际情况可能会存在较大差异。原因是到目前为止，我国尚未对最重要的封存结构（即盐水层）进行完整的地质勘探，并且矿物地质储量与盐水层储量之间也不完全对应，再加上还没有统一的评价标准。

环节三：产业低碳化

技术进步通过作用于产业结构变迁促进低碳发展，主要表现为两个方面。

（1）技术进步推动产业转型。

第一，技术进步推动主导产业转移。历史上看，随着经济发展，主导产业将依次经历轻纺工业、重化工业、高端制造业。技术进步是推动主导产业转移的重要因素。以蒸汽机和纺织机技术诞生为标志的第一次产业革命，就引起产业机构的巨大变化，结果是使大量的纺织厂从山区移向平原，不仅促进纺织工业面貌的全新变化，而且引起了采掘、冶金、交通运输和机械制造产业的革命性变化；而以能源技术革命为标志的第二次产业革命，使得动力、照明等技术出现了飞跃，进而引起通信产业、精细化工产业和电机电器产业等一系列新兴产业的出现，从而导致产业结构突变。当石油化学工业技术面世后，精细化工产业、飞机产业和汽车产业等一系列新兴产业又出现了，产业结构又一次产生巨变；随着新兴材料技术、光学技术、原子能技术和微电子技术等先进技术的面世，第三次产业革命出现，航天工业、电视工业、核能及核工业、电子计算机工业等一系列新兴产业相继诞生，尤其是电子革命，使得很多生产部门的信息处理方法和生产技术控制发生了革命性变化。

第二，技术进步刺激需求结构，使产业结构发生调整。技术进步可以从四个方面影响需求结构，进而引起产业结构变动：其一，技术进步可以降低产品成本，引起市场扩大，从而使需求发生变化；其二，技术进步可以降低资源消耗强度，使可替代资源增加，进而改变生产需求结构；其三，技术进步可以促进消费品升级换代，引起需求结构的改变，进而改变产业结构；其四，技术进步与需求变化是互相影响和互相促进的，两者综合作用引起产业结构的变化。

第三，技术进步可以提高劳动生产率，推动产业结构调整。通常而言，在生产领域中，机器代替人的劳动是技术进步的重要特征。随着技术进步，其所需要的劳动力人数将逐渐减少，这样就使得劳动力发生转移，从技术进步的部门中游离出来。如果技术进步能首先引起某些生产部门产品成本降低，并引起这些部门的产品需求量增加，则其生产规模也会同时扩大，可以全部（或部分）吸收游离出来的劳动力。如果其生产规模没有扩大，则必然会引起劳动力的游离。游离出来的这部分劳动力可能向两个方面转移：其一，外延型扩大再生产部门，这些部门由于产品需求量上升，必须扩大生产规模，同时这些部门技术进步不明显，所以可以吸纳大量劳动力；其二，新兴产业部门和服务部门，这些部门也会吸纳大量劳动力。无论游离出来的劳动力转移到哪个部门，都会引起产业结构的变化。

随着低碳发展成为重要追求目标，技术进步将引导产业结构转向低碳产业为主体。低碳产业是以低能耗、低污染为特点的产业，是现代产业的发展方向。从发展路径上看，低碳产业包括：一是发展新兴产业，新兴产业往往是由于技术突破、科技成果商业化所产生的，故其具有低碳化程度高、节能减排潜力大、创新性强、战略意义重大、对环境友好等特征；新兴产业主要分为两类，一类是低能耗型产业，一类是能够减少传统产业碳排放的产业。二是发展现代服务业，我国第三产业占比远低于发达国家水平，与世界平均水平相比也有较大差距，而服务业对增加就业和税收贡献巨大，况且工业由低端走向高端也离不开现代服务业的支持。三是加快传统产业的低碳化发展，我国目前的主导产业是钢铁、石化、煤炭、电力等传统高碳产业，因此，推动这些产业低碳化发展，是发展低碳经济的重要途径；传统产业低碳化的方法有提高资源利用效率、应用节能环保技术、发展循环经济等。

（2）产业集聚推动低碳产业集群。

基于效率提升的视角，通过产业集聚发展低碳产业集群是技术进步推动低碳发展的重要途径。产业集聚因资源的集约化利用而对低碳发展具有显著的促进作用。发展低碳产业集群的模式主要包括：一是将传统制造业集群改造成低碳产业集群。措施有：①加强现有法律法规的执行力度，督促企业实施节能减排改造，对不达标的高耗能企业要坚决淘汰；②大力打造环境友好型企业，推动企业节约生产、友好生产、绿色生产；③积极推行清洁生产，发展循环经济。二是将工业园区改造升级为低碳产业集群。措施有：①提高环保执行标准，严格按照国家的各项环保标准建设工业园区，打造循环园区、绿色园区；②延伸园区内产业链，引进上下游相关企业，不断完善产业链分工，打造资源集约、分工明确、互利共赢的工业园区。最后，将生产性服务业集群提升为低碳产业集群。重点发展现代物流业、技术、保险服务业等生产性服务业。

三、低碳发展的技术进步路径选择

技术选择既包含着丰富的技术内容，又包含着丰富的经济内容，是技术和经济的结合体，是一个技术经济的概念。单纯从技术或经济的角度，都不可能对技术选择进行准确的描述和理解。同时，技术选择是一个动态过程，技术选择与技术发展密切相关，而技术系统的发展是一个动态发展过程，其是由技术系统和社会系统、自然系统和经济系统等外部环境系统相互作用的结果。人们在技术发展过程中，不断地选择新技术、新工艺，由此推进技术向前发展，这样循环反复，形成一个动态的发展过程。

从决策层次的角度看，技术选择可分为宏观技术选择与微观技术选择两个层次。

——宏观技术选择：站在全社会的立场上，从国民经济的整体利益出发，揭示各种备选技术对经济、社会发展的影响，从中选择对整个国民经济的发展最为有利的技术或技术组合，为国家制定技术政策和进行重大技术经济决策提供科学依据。

——微观技术选择：站在企业的立场上，根据企业内部和外部的客观条件，评价各种备选技术对企业近期利益和长远利益的影响，选择对实现企业目标最为有利的技术或技术组合。

后发国家推动低碳发展的技术进步可依赖自主创新、技术引进和模仿创新。后发国家应根据自身的比较优势选择合意的技术进步来源，本质上这是后发国家的技术选择问题。

技术引进是指一个国家或地区的企业、研究单位、机构通过一定方式从其他国家、地区的企业、研究单位、机构获得先进适用的技术的行为。这里特指从国外的技术引进。目前，技术引进的方式主要通过技术贸易和 FDI 两个途径来实现。技术引进可以分为软件技术和硬件技术的引进，其中软件技术指的是知识、经验和技艺的引进，是纯技术的引进。而硬件技术引进指的是物化在设备上的技术引进。

模仿性创新指的是技术后发国家对先发国家的技术在引进、消化、吸收和学习的基础上进行再次创新。如 Barro（1997）、Fosfuri（2000）等认为，模仿是技术扩散的主要途径。模仿性创新并不是简单的学习、非法的复制活动，而是投入了一定的资金、研发人力资本等要素基础上进行的二次创新。约瑟夫.舒姆彼得认为模仿性创新和自主创新的主要区别在于自主创新包括有形的创造和发明商业化，而模仿则指创新的传播和扩散。所以，模仿性创新强调国外技术引进基础上的再创新，是具有了一定国外技术基础上的二次创新。

自主创新是相对于技术引进、模仿而言的一种创造活动，是指通过拥有自主知识产权的独特的核心技术，以及在此基础上实现新产品的价值的过程。这个定义更加强调自主知识产权的核心地位。在我国《国民经济和社会发展第十一个五年规划纲要》提出的"自主创新"则是指原始创新、集成创新和引进消化吸收再创新。显然这一界定已经包含了模仿性创新，与学术界普遍认识的自主创新有一定的差异性。我国学者傅家骥（1998）认为自主创新是指企业通过自身的努力和探索生产技术突破，攻克技术难关，并在此基础上依靠自身的能力推动创新的后续环节，完成技术的商品化，获得商业利润，达到预期的创新活动。当自主创新表征一国的创新特征时，自主创新指一国不依赖外部的技术引进，而依靠自身力量独立开发新技术，进行技术创新的活动。柳卸林（1997）对自主创新的定义则是指"创造了自主知识产权的创新"。所以，本书界定的自主创新为依靠国内研发力量，自主研发出具有自主知识产权核心技术的技术创新活动。

由于技术进步主要源于技术引进和自主创新，因而技术进步的函数可以写为：

$$T=f(X, Y)=X^{\alpha}Y^{\beta}$$

式中，T 为技术能力水平（技术能力的提高就是技术进步）；X 为技术引进；Y 为自主创新；α 为技术引进的技术产出弹性；β 为自主创新的技术产出弹性。利用公式，可以得到一簇等技术曲线（图 3-3）。

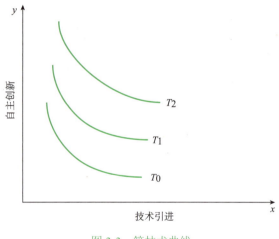

图 3-3　等技术曲线

如果一个区域不具备自主创新所需的资源禀赋，而一定要选择自主创新的内源式进步路径，那么这种技术进步选择路径就会超出该地区技术生态环境要素禀赋承载能力，这种技术进步路径就会缺乏自生能力。而采取自主创新的内源式技术进步路径也会造成要素禀赋结构升级采取超越式发展方式，不利于发挥区域要素禀赋的比较优势，技术进步进程就会受到较大影响。但是，如果技术进步选择路径与地区要素禀赋结构相匹配，那么该地区就会进入技术进步路径的良性循环。有研究显示，当人均 GDP 小于 300 美元，并且 R&D 比重小于 1% 时，技术进步路径选择应该是技术引进阶段；当人均 GDP 在 300 美元到 5000 美元附近，并且 R&D 比重大于 1% 小于 2% 时，技术进步路径选择应该是技术模仿创新阶段；当人均 GDP 大于 5000 美元，且 R&D 比重大于 2%时，技术进步路径应该是自主创新阶段（专栏 3-2）。除了经济发展水平和 R&D 投入在技术进步路径选择上存在"门槛效应"外，一个地区的人力资本水平、市场化程度等都会制约着技术进步路径的选择。那么，从我国区域面如何进行技术进步路径的选择，寻找影响技术进步路径选择过程中的各种"门槛值"是我们从理论上和实证上需要解决的问题。

【专栏 3-2】

日本的技术进步路径选择战略

从国际上技术后起国家变为技术先起国家的技术进步路径来看，大部分国家都是经历了由技术引进到模仿创新再到自主创新的路径，最终实现了技术赶超。日本在二次世界大战后，当时作为战败国各种技术明显落后于欧美国家。日本在战后初期大部分生产设备落后，生产技术要落后欧美发达国家 20～30 年，生产效率非常低下。然而经过短短数十年，日本成为世界上技术最先进的国家之一。除了其重视教育、努力培养人才以外，其中最重要的就是其技术进步路径选择战略。

数据显示，在 1950～1980 年，日本共引进 38000 项（件）技术和设备，为此支付的费用达到 133 亿美元。技术的成功引进使日本在短时间内成功借鉴和吸收了欧美发达国家的技术，可以说日本在短短 20 多年就走完了欧美国家大半个世纪的技术进步路程。据日本长期信用银行调查，1955～1970 年，日本几乎引进吸收了全世界半个世纪以来开发的全部先进技术。日本能够成功引进技术并实现技术进步的一个更重要的原因在于日本企业更加重视对技术的消化吸收。据统计，在技术引进为主的时期，日本在技术引进消化吸收上的投资规模大约是技术引进费用的 5 倍多。数据显示，在 20世纪 50 年代到 70 年代期间，日本技术引进费用增加了 14 倍，但是用于消化、吸收、创新上的科研费却增加了 73 倍。日本各产业部门从国外购买技术专利的费用总数与消化吸收这些技术专利的研究费用总额之比平均为 1：7，即平均花 1 美元引进的技术要花 7 美元进行消化吸收和再创新。日本索尼电器公司和三井、三菱、住友等大企业在引进技术基础上通过模仿创新创造了数十种新产品。随着日本与欧美国家的技术差距越来越小，日本技术进步方式开始逐步向自主创新转变。从 20 世纪 80 年代以后，日本加大了自主创新的力度，尤其是进入 90 年代以后，日本开始了"技术立国"的战略，科技政策则更倾向于自主研发，对技术引进仅限于少数技术相对落后的领域。在进入20 世纪 80 年代以后，日本的研发强度长期保持在 2.5%以上。日本政府更加强调"充实基础研究，加强尖端技术的自主开发"，技术引进则是更加强调"知识集约型"，高精尖技术的引进比重由 1980 年的 17.6%上升到 1984 年的 35.2%。日本通过技术引进、消化吸收、模仿创新到自主创新实现了由"技术引进大国"到"技术强国"的转变。

关于低碳经济的技术选择，Pacala 和 Socolow（2004）列举了共 3 类 15 种技术减排措施。2007 年 4 月世界资源研究所和高盛集团共同发布的《全球稳定温室气体排放技术的规模化研究》，从技术方案、投资驱动和政策引导等 3 个方面研究了低碳经济技术方案得以落实所需要的支撑因素。国内相关文献也很少。任乃鑫等（2010）分析了低碳建筑设计理念与技术；杨颖（2010）分析了城市轨道交通低碳技术的构成；刘强等（2010）分析了中国能源领域低碳技术发展路线图；刘哲和曾维华（2014）综述低碳技术发展路线图构建方法与模型，分析当前研究缺乏全面性、科学性、合理性，指明应用 MARKAL 模型定量化研究低碳技术发展路线图的研究方向。江玉国等（2014）从低碳技术创新动力及国外低碳技术转让两个角度找出了阻碍我国低碳技术发展的因素。戴彦德等（2013）以 2020 年为目标年，评估了中国交通和建筑领域、钢铁、化工、有色金属和水泥等部门和行业 88 项关键减排技术的减排潜力和经济成本。

低碳技术选择实质上指明了技术进步推动低碳发展存在合意的技术结构和方式，它与经济体的发展阶段、要素禀赋等密切相关。

四、本章小结

低碳发展的技术进步在不同国家和地区各具特色，但有一些共性的特征：特征之一是低碳技术进步的台阶性；特征之二是低碳技术进步的效率性；特征之三是低碳技术进步的阶段性；特征之四是低碳技术进步的适宜性。

技术进步通过能源低碳化、生产去碳化、产业低碳化 3 个层面作用于低碳发展。

低碳科技的技术选择是一个社会经济过程，受到国家、区域的民众公共需求、经济技术发展状况、社会和环境等众多因素的影响与制约。

第 4 章 京津冀地区低碳发展现状

 本章简介

京津冀作为世界级城市群，区位独特，以绿色低碳化为指向进行产业转型升级和布局优化，是化解过剩产能、提高发展质量和效益的战略需要。本章基于京津冀地区能源消费总量、增速、结构、单位GDP消耗指标讨论了京津冀能源消费的现状与趋势，采用熵权法对京津冀10城市的节能减排效率进行了评价。

一、京津冀地区低碳发展环境

随着全球人口数量和经济规模的不断增长，由大气中二氧化碳等温室气体浓度升高导致的气候变化问题日益突出，控制温室气体排放、应对气候变化、发展"低碳经济"已经成为世界各国实现经济社会可持续发展的必由之路。目前，我国正处于城市化、工业化快速推进时期，资源禀赋决定了在未来的一段时间内我国能源消费和温室气体排放量还将持续增长，经济发展与环境保护的矛盾也将日益突出，因此加速产业结构调整，促进重点区域低碳的发展显得尤为重要。

京津冀城市群作为我国经济增长和转型升级的重要引擎，具有人口集聚规模大、城市群和产业群高度集中的特点。而随着经济的快速发展，京津冀及周边地区的能源供求矛盾进一步突出，环境问题日益严重，京津冀城市群发展低碳经济是势在必行，具有强烈的紧迫性。

1. 京津冀地区发展低碳经济的迫切性

首先，京津冀城市群的区位特点决定了该地区必须维持较高的经济增长速度。

表 4-1　2014 年京津冀城市群主要经济指标　（单位：亿元）

	地区生产总值	第一产业	第二产业	第三产业
北 京 市	21330.8	159.0	4544.8	16627.0
天 津 市	15726.9	199.9	7731.9	7795.2
石家庄市	5170.3	487.5	2417.5	2265.2
承 德 市	1342.6	225.7	671.0	445.8
张家口市	1349.0	239.6	575.4	533.9
秦皇岛市	1200.0	174.7	449.2	576.1
唐 山 市	6225.3	558.7	3595.2	2071.4
廊 坊 市	2176.0	205.5	1045.7	924.8
保 定 市	3035.2	425.4	1563.2	1046.7
沧 州 市	3133.4	317.7	1628.3	1187.4
京津冀城市群合计	60689.4	2993.8	24222.2	33473.4
全国	636138.7	58336.1	271764.5	306038.2
京津冀城市群占全国比重	9.54%	5.13%	8.91%	10.94%

数据来源：《中国统计年鉴 2015》。

京津冀城市群是我国北方经济和人口的主要聚集区，是重点发展的三大都市圈之一。《京津冀都市圈区域规划》指出，京津冀都市圈包括北京、天津两个直辖市和河北省 8 个次中心城市：秦皇岛、保定、沧州、石家庄、廊坊、张家口、承德、唐山。国土面积约 18.4 万平方公里，占全国总面积的 1.9%。2014 年，京津冀城市群总人口约 8947.4 万，占全国总人口的 6.54%；地区生产总值（现价）约 6.07 万亿元，占 2014 年全国 GDP 的 9.54%（表 4-1）。

京津冀城市群是继"珠三角""长三角"之后拉动我国经济增长的又一核心区域。该区域的经济快速发展具有示范效应，可以提升社会各界对国家经济发展的信心。并且，该地区的经济发展有利于缓解北京在各个方面的压力。当前北京地区的资源过于集中，科技、文化、人才等聚集在北京，房价居高不下，基础医疗设施难以满足群众需求。随着京津冀经济一体化的顺利实施，北京的经济、医疗、居住等方面将向周边地区辐射，从而在一定程度上缓解北京的生存压力。因此，京津冀城市群特殊的区位特点使得该地区的经济需要保持较快的发展。

其次，目前京津冀地区的环境问题，尤其是空气污染问题较为严重。

京津冀及周边地区（含山西、山东、内蒙古和河南）是全国空气重污染高发地区，且污染变化呈现明显同步性。《中国环境状况公报》显示，2015 年区域内 70 个地级以上城市共发生 1710 天次重度及以上污染，占全国的 44.1%。其中，京津冀城市群共发布重污染天气预警 154 次。从图 4-1 中可以看出，在我国三大经济区中，京津冀城市群的空气污染问题严重，虽然近年来有所改善，但仍然比其他区域严重很多。

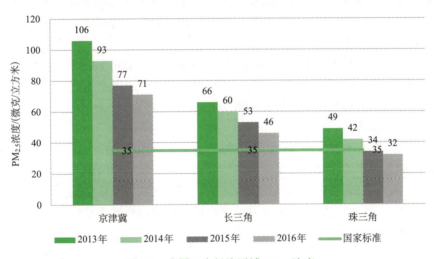

图 4-1　我国三大经济区域 PM$_{2.5}$ 浓度

除大气质量外，京津冀城市群属于我国水资源严重短缺的地区，城市化加快发展更加剧了水资源不足的突出矛盾。2012 年，北京、天津及河北人均水资源量分别为 139、238 和 324 立方米，仅分别是全国平均水平的 8.8%、10.9%和 14.8%。水资源的过度开发和利用，不仅难以支撑区域城市可持续发展，更带来水土流失、土壤风蚀沙化及草场退化等严重生态危害，成为京津冀经济社会发展的重大约束。

和上海和广州两大城市相比，北京的经济活动强度远低于上海和广州，而空气污染程度却高于上海和广州。这一方面说明京津冀及周边地区产业结构偏重，污染排放量大；另一方面也说明，京津冀城市群由于地形、气象等条件影响，其本身环境容量小于"长三角"和"珠三角"。在环境容量既定的约束条件下，要在京津冀城市群建设世界级城市群，必须走一条低碳发展的新路。

再次，京津冀城市群协同发展的需要。

京津冀及周边地区污染物排放总量较大而环境容量较小，低碳发展是推进京津冀协同发展的重要抓手。历史上，京津冀城市群在高耗能产业上积累了较多的产能。由于区位独特，京津冀协同发展是加快实现"两个百年"中国梦的一个重要战略支点，也应成为我国节能减排和碳减排的先锋地区。作为世界第二大经济体的中国，只有主动向低碳化发展模式转型，才有望解除高耗能产业的锁定效应，实现跨越式发展。在这一浪潮中，京津冀城市群最有条件发挥引领和示范作用。京津冀以绿色低碳化为指向进行产业转型升级和布局优化，是化解过剩产能、提高发展质量和效益的战略需要，对于我国探索生态文明建设有效路径也具有重要意义。

2. 京津冀地区低碳发展的制约因素

1）自然环境的制约

京津冀地区在发展经济的过程中，一度自然资源被过度的使用，造成整个地区的生态环境受到损害，区域的可持续发展能力下降。京津冀地区与经济发展相适应的资源环境承载力明显不足，已经成为大气污染、水污染、资源生态问题较为严峻的地区。

（1）大气污染严重。

2015 年，河北氮氧化物排放总量达 135.1 万吨，居全国第 1 位；二氧化硫排放总量达 110.8 万吨，居全国第 5 位，均远远超过环境承载能力。北京市煤炭消费总量虽然有所降低，但可吸入颗粒物长期维持较高水平。

（2）水资源短缺。

京津冀城市群位于海河流域。海河流域东临渤海，西倚太行，南界黄河，北接内蒙古高原，流域总面积达 32.06 万平方公里。但由于水量供应季节差异大、水利设施造成自然生态破坏、人口高度密集、农业面源污染严重、区域内工业结构偏重等历史原因，海河流域水环境一直较为脆弱。京津冀城市群属于我国水资源严重短缺的地区，城市化加快发展更加剧了水资源不足的突出矛盾。

京津冀地区资源性缺水和水质性缺水同时存在：①资源性缺水：2015 年，北京、天津及河北人均水资源量分别为 124、83.6 立方米和 182.5 立方米，仅分别是全国平均水平的 6.1%、4.1% 和 8.9%，分别居全国倒数第 2、倒数第 1 和倒数第 5 位（图 4-2）。京津冀地区平均水资源总量仅相当于全国人均水资源量的 5%～13%，水资源缺乏已经成为制约地区发展的瓶颈。②水质性缺水：京津冀地区所在海河流域在全国河流地表水水系中水质最差，劣 V 类水占比在全国主要流域中最高，污染较为严重，治理迫在眉睫。水资源的过度开发和利用，不仅难以支撑区域城市可持续发展，更带来水土流失、土壤风蚀沙化及草场退化等严重生态危害，成为城市经济社会发展的重大约束。

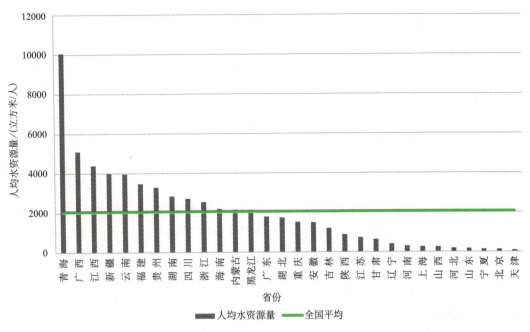

图 4-2　京津冀城市群人均水资源量与其他省份的对比（2015 年）

2）经济环境的制约

（1）地区经济发展不平衡。

京津冀地区城市化进程发展迅速，但城市经济发展水平较不均衡。2014 年，北京和天津城市化率分别达 86.35% 和 82.27%，而河北省城市化率平均仅为 49.33%。从 2005 到 2010 年，由河北省输出到北京的劳动力总量由 92.5 万人增长到 155.9 万人，增长了近 69%。

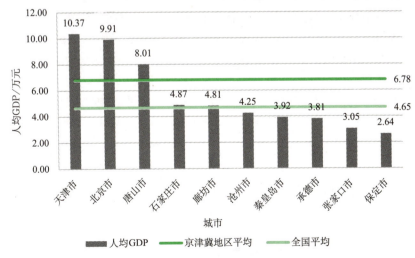

图 4-3　京津冀城市群各市人均 GDP（2014 年）

数据来源：《中国统计年鉴 2015》

2014 年，北京和天津人均 GDP 分别达 9.91 万元和 10.37 万元，而河北人均 GDP 仅 3.98 万元。在地级城市层面，京津冀城市群发展差距较为显著。2014 年，京津冀城市群人均 GDP 最高的天津是人均 GDP 最低的保定市的 3.9 倍。图 4-3 是 2014 年京津冀城市群各市的人均 GDP。从图中可以看出，地区平均的人均 GDP 较高，高于全国平均的人均 GDP45.8%，但是区域内发展不平衡，天津、北京和唐山的人均 GDP 较高，而沧州、秦皇岛、承德、张家口和保定五个地级市的人均 GDP 甚至低于全国平均水平。

由于城市之间发展水平差距扩大，不仅难以促进城市群产业转移和协调配套，更有可能固化当前城市产业发展小而全及低水平重复建设等问题。

（2）产业结构不合理。

图 4-4 表示京津冀城市群各市的三大产业结构。从图中可以看出，从三次产业构成看，除北京和秦皇岛外，京津冀城市群普遍第二产业比重过高，并且大部分是高能耗、高排放及低附加值的产业，唐山第二产业比重甚至接近 60%。并且，京津冀城市群内部经济结构相差较大。北京的第三产业占北京市地区生产总值的 77.95%，占主导地位；天津目前处于工业化进程的中期；第二产业和第三产业的比例基本持平，分别为 49.16%和 49.51%，而其他属于河北省的地区（除秦皇岛市外），第二产业在经济中占比最重，主要依靠第二产业带动经济发展。河北省第三产业比例较低，和京津相比其三次产业竞争力较弱。

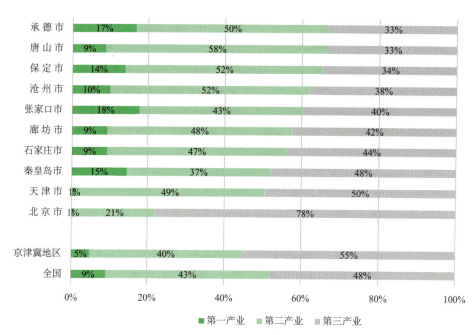

图 4-4　京津冀城市群及全国三大产业比重（2014 年）

数据来源：《中国统计年鉴 2015》

表 4-2 说明了京津冀城市群高耗能行业的工业增加值及占比情况。从表中可以看出，除北京外，天津和河北高耗能行业规模较大，占整个经济的比重较高。

表 4-2 2014 年京津冀城市群高耗能行业工业增加值及占比 （单位：亿元）

地区各行业工业增加值	北京	天津	河北
石油加工、炼焦和核燃料加工业	151.3	206.5	351.0
化学原料和化学制品制造业	62.3	257.2	451.5
非金属矿物制品业	75.0	56.8	308.6
黑色金属冶炼和压延加工业	10.2	336.3	884.4
有色金属冶炼和压延加工业	9.0	114.0	73.0
电力、热力生产和供应业	682.0	133.7	491.1
全部高耗能行业工业增加值	989.9	1104.5	2559.7
高耗能行业占比	4.64%	7.02%	8.70%

数据来源：《北京统计年鉴 2015》《天津统计年鉴 2015》《河北统计年鉴 2015》。

从行业发展水平看，虽然京津冀城市群高耗能行业规模较大，但行业集中度较低，整体技术水平比较落后。以钢铁行业为例，2012 年，河北省仅钢铁生产能力就达 2.86 亿吨，总量居全国第一位，但平均每家钢铁企业产能不足 200 万吨。由于行业资源保障不足和市场需求有限，大量钢铁生产企业存在原材料和市场"两头在外"的现象，也存在低水平恶性竞争的现象。

（3）城市发展方式转型存在诸多深层次体制和机制制约。

我国自"九五"时期提出转变经济增长方式以来，如何降低经济发展对工业特别是重化工业的过度依赖，一直是各方面关注的焦点。在绿色低碳发展要求下，城市发展方式转型不仅涉及转变经济增长的内容和方式，还涉及区域融合、一体化发展等诸多内容，在具体实践中，尚存在许多深层次的体制机制制约。区域融合方面，由于京津冀城市群市场化程度水平较低，政府在配置土地、劳动力及资本等各种要素资源方面具有较大影响力，在现有财税和行政管理体制下，不同行政等级的政府配置资源的能力明显不同，加之我国存在显著城乡"二元结构"特征，造成了对区域一体化市场的割裂，使得产业关联比较弱、融合程度低。此外，各级政府确定的产业发展重点存在趋同现象，未来产能过剩和恶性竞争加剧的风险不容忽视。

3）科技环境方面的制约

（1）清洁能源发展面临市场需求、资源保障、价格改革等多重约束。

为了推动城市能源结构低碳转型，京津冀地区提出了减量、清洁利用煤炭、加快天然气替代利用等方针政策，并提出到 2017 年削减煤炭消费量 6000 万吨的目标。但从实际情况看，大力发展天然气面临供应能力、价格改革等多方面制约因素。从供应能力方面看，京津冀和山东省计划共压缩煤炭消费总量 8300 万吨，如果全部需要天然气替代，约增加天然气需求量 500 多亿立方米，相当于目前京津冀地区天然气供气总量的 5 倍左右，保障天然气资源充足供应的压力很大。目前，京津冀地区用气人口不足总人口的 27%，河北省用气人口占总人口的比重不足 13%，为了进一步扩大天然气的消费需求，天然气干线、支线网络等基础建设的任务也很重。此外，在冬季采暖期和天然气供应紧张阶段，如何通过储气库等调峰能力建设，增强应对天然气供应、需求和价格波动风险的能力，也是建设清洁化城市能源结构需要考虑的重大课题。

从价格方面看，由于价格倒挂和替代能源比价关系不合理，我国包括天然气在内的资源产品价格改革滞后，加之未来我国天然气供应增长主要来自进口，这种价格双重不确定性风险，对进一步推动天然气发展带来挑战。以天津为例，依据"老气老价格、新气新价格"的原则，天津陈塘热电厂完成煤改气后，每年新增的财政补贴需求达 18 亿元；到 2017 年，如果进一步净削减煤炭 1000 万吨，每年新增的天然气需求超过 150 亿立方米，每年新增的财政补贴需求超过 100 亿元，这将对资源供应、财政支出、成本分担等带来较大压力。

（2）部分节能减排措施还有待落实。

工业领域中的节能与环保门槛准入监管不严，存在超标排放的现象。河北钢铁、建材及化工等行业，还存在一些高能耗与高排放的落后中小企业，烟尘和粉尘无组织排放情况较严重。在交通运输领域中，汽车燃油经济性、尾气排放标准监管还需加强，存在一些超标排放的现象。河北省的黄标车保有量虽然数量占机动车保有量的比例并不大，但氮氧化物排放量占机动车排放总量的绝大多数，对城市空气质量的影响不容忽视。

4）文化发展方面的制约

（1）城市治理水平不能满足绿色低碳发展的更高要求。

在大力推进生态文明建设背景下，为广大人民群众提供绿色、低碳、宜居的城市生产与生活环境，逐渐将成为各级政府基本公共服务的主要内容，也是政府职能向服务型政府转变的重要方面。政策措施方面，市场和法律手段不足的问题长期存在。管理能力方面，监管能力不足、统计基础薄弱的问题仍然突出。虽然我国新颁布了更严格的大气污染物排放标准，但针对重点企业能否长期稳定达标排放，现有监控管理力度和技术水平还存在差距。加之缺少准确、可靠、及时的企业能源特别是煤炭消费精准数据，已有关于削减煤炭的各项精细化管理措施能否落实到位，在实践中还需要进一步探索。

（2）低碳文化建设滞后于低碳发展要求。

——思想观念陈旧。主要表现在三个方面：一是对低碳文化与经济发展的关系认识不清。对低碳文化已成为当代世界经济发展的基本价值取向的认识模糊，忽视了低碳文化的产业功能；对低碳文化与经济发展的长远协调认识模糊，没有看到低碳文化建设滞后对经济发展的严重制约，把低碳文化与经济发展割裂开来。二是对低碳文化产业的经济实体性质认识不清。习惯于政府统一规划、统一领导和直接投入、直接经营模式，忽视其引导职能和经营功能。三是对低碳文化产品的特殊属性认识不清。往往把低碳文化产品的生态属性和商品属性对立起来，片面强调低碳文化产品的生态效益，而忽视或放弃低碳文化产品的经济效益。

——管理体制机制落后。主要表现为：一是在政府与低碳文化建设主体关系上，习惯于政府的包办代替，将政府"管文化"的职能演变成"办文化"的职能；低碳文化建设的主导者与经营者关系没有理顺，责任边界不明确。二是在低碳文化公益事业与低碳文化产业的关系上，界限模糊，职责不清。低碳文化建设缺乏真正的市场主体，市场意识、竞争意识不足，低碳文化建设尚未步入产业化经营轨道。三是在不同地区、不同部门低碳文化建设主体之间的关系上，还没有打破地区垄断、行业垄断的局面，调控不力，各行其是，无法实现对低碳文化资源的有效整合。

——人才匮乏。首先，具有广泛影响的学科带头人、低碳文化领军人物、高层次复合型低碳文化专业人才、低碳文化经营管理人才以及从事低碳文化品牌塑造的人才相对缺乏；其次，人才建设机制不够完善，低碳文化人才建设资金投入不能满足现阶段京津冀地区低碳文化事业发展的需要，引进高端人才较为困难；再次，专业人才创新能力不足，低碳文化创新缺乏。

3. 京津冀地区低碳发展的有利因素

首先，生态环境建设合作不断深化。近年来，京津冀三地相继签订了《北方地区大通关建设协作备忘录》《京津冀都市圈城市商业发展报告》《关于建立京津冀两市一省城乡规划协调机制框架协议》《京津风沙源治理工程》等一系列的区域合作协议，预示着京津冀进入全面合作阶段。在生态低碳发展领域，近年来，京津冀积极实施转型发展战略，采取一系列环境友好政策和重大工程，生态建设和环境保护取得了一定进展。

其次，新能源产业形成集群态势。北京 2009 年成立了我国第一个新能源汽车产业联盟——北京新能源汽车产业联盟，重点定位于发展风能、太阳能等新能源产业。中关村将低碳产业的重点领域作为突破口，确保低碳产业技术研发实力居全球领先水平。保定的中国电谷建成和在建的太阳能光伏发电产品制造企业 7 家，太阳能光伏、LED 企业 12 家等。天津滨海新区已经聚集了近 30 家风电整机生产商、主要部件以及为主机配套的企业，包括丹麦维斯塔斯公司、美国雷可德集团等一批世界风电巨头，成为我国风电设备生产企业最集中的地区之一。

再次，初步形成了低碳协同发展的格局。北京主要发展新能源汽车，进行风电和太阳能研发；天津致力风能设备制造，研发锂离子和镍氢电池、薄膜太阳电池；河北保定主要集中于太阳能和风能发电设备制造。三地初步形成了协同发展格局，以风电和太阳能产业为例，借助北京的低碳技术研发，在河北各城市布局制造，低碳产品在整个京津冀区域推广和应用，共同打造中国新能源研发和应用的低碳发展示范区。

此外，在低碳能源基础方面，京津冀城市群本身光能、风能资源丰富。尤其是河北，其风能资源储量在 7400 万千瓦以上，技术开发量在 1700 万千瓦左右；在太阳能方面，张家口和承德每年光照都在 3000～4000 小时，属于太阳能可利用的二类地区。其实整个京津冀城市群属于雨水较少、光照时间长的区域，完全可以多发展光能产业和其他低碳能源产业，减少对传统能源的依赖，减少重化工比重，促进该区域低碳转型发展。

4. 低碳发展的国际比较

【专栏 4-1】

世界性城市低碳发展实践

北京的目标是建设和谐宜居的国际化城市，纽约、伦敦、东京等首都的低碳城市发展实践对北京具有一定的借鉴价值。

1. 纽约低碳发展实践

纽约市位于纽约州东南部哈得逊河口东岸，濒临大西洋，面积 830 平方公里，人口 839 万（2009 年），由皇后区、布鲁克林区、布朗克斯区、曼哈顿区和史坦顿区 5 个区组成，是美国最大的城市和海港。作为沿海城市，纽约非常容易遭受气候变化的不利影响。科学家预言，21 世纪纽约将受到包括升温、海平面上涨、洪水及资源耗竭的威胁。因此 2002 年纽约正式加入了当地环境理事会发起的城市间气候保护行动，并于 2006 年成立了专门办公机构，负责城市长期远景规划和可持续发展能力建设，积极开展减少温室气体排放工作。纽约市采用组织标准化的计算方法编制城市温室气体清单。该清单的编制既报告了二氧化碳，也报告了甲烷和氧化亚氮等温室气体，排放源既包括了化石燃料燃烧等直接排放，也包括了外购电力、蒸汽产生的排放，但不包括航空和水运导致的温室气体排放。2005 年，纽约市温室气体排放总量为 5830 万吨二氧化碳当量，2009 年为 4930 万吨二氧化碳当量，比 2005 年下降了 15.4%。纽约市减排目标是 2030 年温室气体排放量比 2005 年下降 30%。而市政部门 2017 年相对 2006 年减排 30%，努力建立更"绿"的纽约。

为实现"规划纽约 2030"计划，纽约市主要采取以下四大措施：能源供给方面，通过电厂改建等方式提高能源效率，新增清洁能源发电能力、扩建清洁分布式能源等方式来控制能源消费，政府机关、工商业、居民等多领域采取有力措施提高能源使用效率；交通方面，提高公共交通速度，大力发展快速公交系统、实施地铁与公交车免费换乘系统，提高地铁的使用效率，提高私家车的燃料效率，推行清洁车辆的使用；建筑方面，通过能源审计分析对建筑进行照明和供热制冷系统的改造，对新建筑物和现有建筑物改造进行调试从而降低能耗；废弃物方面，纽约市批准"固体废弃物管理规划"，以提高有机废物的利用率。

2. 伦敦低碳发展实践

伦敦（本书中所指为大伦敦地区）位于英格兰东南部，跨泰晤士河下游两岸，距河口 88 公里，海轮可直达，面积 1577 平方公里，人口 751 万（2006 年），由伦敦市和其他 32 个伦敦自治市组成，是英国最大的港口城市。与纽约一样，伦敦作为沿海城市也易遭受气候变化的不利影响。为此，伦敦市就应对全球气候变化提出了一系列低碳伦敦的行动计划：2004 年推行《伦敦规划》《今天行动，守候未来——伦敦市长能源战略和应对气候变化行动方案》，2007 年颁布《市长应对气候变化的行动计划》。2010 年，这些政策演变为伦敦市应对气候变化新的战略——《气候变化减缓和能源战略》。

伦敦还加入了当地环境理事会组织，并采用该组织的清单编制方法测算出伦敦 2006 年温室气体排放量为 4771 万吨二氧化碳（不含航空），其中居民生活排放量为 1710 万吨，占伦敦市总排放量的 36%；企业（包括商业和工业）排放量为 2050 万吨，占伦敦市总排放量的 43%；交通排放量为 990 万吨，占伦敦市总排放量的 21%。英国是低碳城市规划和实践的先行者，英国政府提出 2050 年二氧化碳相对 1990 年减排 60%。而伦敦更为积极，设定了 2025 年二氧化碳相对 1990 年减排 60%，其意愿是成为改善区域和全球环境的全球领跑者。

为实现上述目标，伦敦采取多元化的措施：能源方面，除了提高能源效率，伦敦市提出了分布式能源供给战略，即尽可能降低对国家电网的依赖，向本地化、低碳化、分散化能源供应转变，如热电联产、垃圾焚烧发电等，从而降低能源 860 万吨碳排放；家庭方面，伦敦市启动了社区节能活动支持低碳社区创立，开展家庭能效改善项目为家庭提供节能咨询和建议；建筑方面，通过了"绿色机构行动方案"，通过建筑能耗提高项目、绿色建筑合作等项目使私人和其他公共机构降低排放量；交通方面，通过改变交通模式、提高车辆的运行效率、实施机动车和燃料低碳化、征收交通拥堵费等措施达到降低排放量。

3. 东京低碳发展实践

东京位于日本本州岛东部，是日本国的首都，面积 2188 平方公里，人口 3530 万（2009 年），下辖 23 个特别区、27 个市、5 个町、8 个村及伊豆群岛和小笠原群岛，是日本的海陆空交通的枢纽。作为"京都议定书"的发源地，东京地方政府 2002 年出台环境草案，提出 2010 年比 1990 年碳排放下降 6%。2005 年经过修订后于 2007 年制定了《东京气候变化对策方针》。东京市连续编制了 2001、2004、2005 年的城市温室气体清单，并通过对比找出减排的重点和相关领域。2005 年东京市温室气体排放为 6400 万吨当量，其中工业部门排放 560 万吨，占总排放量的 8.75%；商业部分排放 2100 万吨，占总排放量的 31.81%；居民部门排放 1500 万吨，占总排放量的 23.43%；交通部门排放 1930 万吨，占总排放量的 30.16%；其他部门排放 100 万吨，占总排放量的 4.85%。2007 年东京市明确提出到 2010 年碳排放比 2000 年下降 25% 的目标。

为实现上述减排目标，围绕少用非再生能源和多用可再生能源的原则，东京制定了相关行动方案。企业方面，东京市为排放量很高的工商企业设定排放上限，对中小企业采取环境强制性抵押保险金制度；家庭方面，东京开展一系列降低家庭能源消费措施，如建立家用电器能效标志制度、开展消除白炽灯泡行动、推广太阳能产品走进千家万户；建筑方面，东京提高节能建筑比重、制定建筑节能技术指标；交通方面，降低车辆使用率、制定汽车燃料效率标准、鼓励使用环保和绿色燃料。

4. 国外城市低碳发展特征

其一，气候灾害驱动是其背景。欧美发达城市提出低碳行动源于能源安全考虑，更多的是源于其沿海的地理位置极易受不利气候环境的影响。

其二，精准数据分析是其基础。无论是纽约市还是东京，均借助了专业的碳盘查软件，分领域、分年度地对本市温室气体清单的排放情况进行前期测算，为城市低碳发展科学的决策奠定基础。

其三，全球联合是其平台。各个城市政府认为，要应对气候变化带来的挑战，在全球层面联合开展行动是非常重要的，这既有利于分享各自的经验，又可以获得技术和资金支持。

其四，全面推进是其路径。国外城市的低碳发展是后工业化的低碳发展。因此，从一开始就不仅限于工业领域，而是从交通、建筑、家庭等多领域全面推进城市低碳发展。

1）东京圈外围地区低碳协同发展的经验：从产业结构优化升级的角度

专栏 4-1 分析了东京市等世界性城市低碳发展实践，再看东京城市圈低碳协同发展的经验。

东京圈地处日本列岛的东南端，与东京湾相邻，半径约为 80 公里，是一个由 20 多个城市组成的大型环状城市带。东京是该区域的核心城市，京滨-京叶临海工业带则是区域发展的主要依托和动力。关于日本首都经济圈的范围界定说法较多，一般由东京都、琦玉县、千叶县和神奈川县一都三县组成的城市群被称为东京圈，也就是狭义上的日本首都经济圈。东京圈涵盖的面积为 13400 平方千米，占日本国土面积的 3.5%；人口超过 4000 万，达日本总人口的 1/3 以上；地区的国内生产总值占到日本全国的 50% 以上；区域的城镇率超过 90%。

综合来看，东京圈内第一产业的比重很微小，约为 0.5%；第二产业的比重为 19.9%；第三产业的比重为 79.5%，占据绝对优势。随着经济发展，第三产业在促进经济发展和吸收劳动力就业等方面的作用越来越大，第一、二产业则逐渐处于辅助地位，同时区域内还出现了东京产业不断向外扩散的趋势，极化效应、扩展效应越发明显。

二战以后至 21 世纪初，伴随着日本经济的起步、高速增长、稳定发展到泡沫经济、经济衰退的半个多世纪的发展历程，日本政府对以东京都为核心的首都经济圈共进行了六次规划。伴随着六次规划的进行，东京圈的产业结构也不断优化。总的来看，东京圈及外围地区产业结构升级体现出如下经验。

经验之一：借助向心作用，实现外围区域产业结构优化升级

东京是东京圈的核心，多项经济指标均排在全国的首位。作为区域内的中心城市，东京在规模经济、人口流动与运输成本交互作用下，与外围区域形成产业集聚模式和转移效应，发挥向心作用和离心作用，其中向心力主要来自于集聚效应及其所引发的关联效应和知识溢出效应等。如琦玉、神奈川和千叶等东京外围地区利用与核心城市地域相近、交通便利、基础条件较好等优势发挥波及效应作用，发展关联产业，进而产生区域内的规模经济，促进自身产业结构优化升级。

自第二次世界大战结束后，日本采用倾斜的生产方式，加大对于基础和能源产业的支持力度。在此阶段，东京对于外围区域产生了很大的向心作用，资源和劳动力不断向东京核心地区聚集，并通过不断地整合并新设公司促进外围地区产业结构的升级。以重工业部门中的大型企业为代表，通过整合或新设立公司的形式不断向神奈川县、千叶县和琦玉县扩展。三县不断利用东京重工业发展产生的波及效应，发展关联产业，在东京

湾沿岸形成著名的京滨工业区。比较著名的有总部设在东京的日本钢管公司和川崎重工等企业。其中日本钢管公司最早是一家钢铁公司，后来不断对周边的横滨、川崎等地收购并设立工厂，将钢铁、造船和重型机械制造作为发展重点业务，最终成为区域内的大型垄断企业，促进了横滨、川崎等地相关产业的发展。

神奈川县是利用东京向心作用促进产业聚集并向外扩展较好的区域，横滨和川崎等地是利用自身良好的产业结构基础和经济发展优势，较好吸收了东京产业向心作用所产生的波及效应，与东京地区形成了良好的规模经济效应。加之横滨市本来就是日本著名的对外贸易港，通过承接东京地区的部分物流和对外交往职能，城市功能不断丰富，产业结构也更加合理。

经验之二：借助离心作用，实现外围区域产业结构优化升级

外围地区通过自身经济的发展更好地承接产业转移，从而进一步促进产业布局的合理化。向心作用在东京圈产业结构优化升级中发挥了促进外围区域不断向东京地区发展和产业结构靠拢并形成聚集效应的重要作用；离心作用则是外围地区利用自身的不可流动的生产要素，发挥土地租金较低、距离市场中心交通便利、生活成本较低等优势，积极吸引东京地区产业转移，从而促进自身产业结构的优化升级。

自日本政府开始首都经济圈规划以来，就十分注重对大城市无序蔓延的抑制，注重非首都功能向外转移。由于日本各级政府的考核工作并不把 GDP 放在比较重要的位置，因此，企业能够更为自由地根据成本收益进行区位选择。特别是东京圈内聚集了对地价要求不同的产业，随着东京都地价不断提高、劳动力成本上升，一些劳动力密集型的产业逐步向外围地区转移。东京圈内各城市对专业化信息生产、加工、转播等职能进行了合理的分工，更加巩固了其在日本政治经济文化中的核心地位，大大缓解了东京人口的巨大就业压力。高精尖的产业结构布局也节约了城市用地。东京地区批发零售商品流通职能近年来不断向外围地区迁移。而与之相对应的是金融保险业等生产性服务业不断向东京的都心地区发展。周边三县分担了东京的很多职能，如神奈川县和千叶县分担了东京的部分工业职能，琦玉县则承担了居住和政府部门的转移。同时，三县承接了东京的很多制造业功能，相互间也建立了比较密切的合作关系，第二产业产值达到各自所在区域国内生产总值的 22% 以上，高于东京。

通过离心作用，外围地区第二产业的发展从时间上呈现出由小而多到大而专的转变，从部门上呈现出以控制、细微加工、光学、航空部件、医疗设备等部门为主的特点。外围区域聚集了相当深厚的高新技术企业群，是日本制造业竞争优势的所在。东京圈外围地区通过对东京巨大资源群的分析和自身精确的产业定位，不但帮助东京突破产业发展的瓶颈，而且抓住机遇建立了贯穿东京、川崎、横滨等地的长达 60 公里的京滨工业带，促进了自身产业结构的优化升级。

经验之三：利用高级化，促进外围区域产业结构优化升级

石油危机之后，日本在国民经济中将投资方向转为节省资源能源的投资，主导产业从以高耗能的资源密集型为主转变为节省资源能源的技术密集型为主，高耗能产业在经济发展中所占的比重不断下降。第三产业，即广义的服务业，重要性迅速提升。东京圈产业结构展现出服务化、高技术及高附加价值化和信息化的特点。

自第二次世界大战后，日本致力于发展原材料产业和加强基础设施建设。在近几十年的发展历程中，钢铁、造船、化工、汽车、电子等都曾是日本的主导产业。主导产业劳动生产率较高且具备较强外部性，自身较高的生产率水平经过各产业部门间的相互联系，产生强烈的波及效应，带动其他产业部门生产率提高。服务业特别是生产性服务业对于东京圈产业结构的升级起到了巨大的推动作用。在区域发展中，东京地区重点发展金融保险业、精密仪器制造业、出版印刷业、交通物流业以及商品零售业；外围区则承担起研发、高新技术、物流、轻纺工业等职能，城镇职能具有典型的圈层特征。产业结构由东京圈的核心地带——东京不断向外扩展。

2）欧盟地区低碳经济政策的国际经验

（1）低碳税收。

为了促进低碳经济发展，缓解环境压力，在欧盟尚未成立之时，欧洲诸多国家便已开始了与低碳相关的各种政策。北欧国家最先开始的碳税征收，主要纳税人为家庭、企业及工业部门。因侧重点不同，他们的税收名称也各不相同，例如芬兰的碳税、荷兰的能源调节税、英国的气候变化税等。征收税收也有诸多税收优惠，例如税收返还、免税、减税、加速折旧等等，优惠的对象大多包括能源密集型企业、签署自愿减排协议企业、部分焦炭水泥制陶业、达到节能减排目标的企业及工业部门。

（2）财政补贴。

欧盟成员国的财政补贴包括对可再生能源和节能产品的消费者补贴，以及对低碳能源生产部门的补贴。例如在挪威工业节能网络规划中，政府针对大型工业企业及行业的减排提供补贴；丹麦针对购买生物质能锅炉的企业及用户提供补贴；英国推行了可再生能源电力强制收购补贴计划，为规模小于 5 兆瓦的太阳能发电系统提供 900 磅／年的补贴；奥地利对购买冷凝式锅炉给予补贴等。欧盟地区进行能源审计（自己单位或委托机构，根据有关法律法规，对能源使用情况进行核查，并提出节能方案）的费用也在不同程度上由财政补贴，各国比例不同。

（3）建筑节能。

欧盟议会要求在建筑环节上必须使用可再生能源，要求 2020 年后的新建筑物必须"在实质上达到碳中性"，现有建筑物在进行大改造后也必须遵守新规。"近零耗"建筑标准将在 2018 年后适用于所有欧盟新建建筑，并且将会在今后两年内应用于家庭及办公场所。英国政府于 2012 年推行一款绿色交易计划，允许各家庭将自身提高能源效率的成本转移给能源供应商，在使用 2500 亿英镑预先支付成本的前提下，倡导市民安装简楼、空气隔热墙、节能锅炉及太阳能板和热泉等节能设备，并在未来的 20 年内定期偿付，而参与其中的家庭将会从节约能耗中获得回报。

（4）交通节能。

2010 年 12 月 20 日，欧盟环境部长理事会在布鲁塞尔通过限制小型卡车二氧化碳排放的法案，并要求截止到 2014 年，欧盟境内 70% 的小型卡车需要满足每公里 175 克的平均排放限值，2015 和 2016 年比例分别提高到 75% 和 80%，2017 年则所有新车都必须满足这一标准，到 2020 年争取将排放量控制在 147 克／公里，并将此作为长期目标。如果不达标，就要缴纳罚金。2013 年 4 月欧盟通过更加严格的新法律草案，要求到 2020 年，在欧盟出售的新汽车平均每公里二氧化碳排放量由目前的 130 克减少到 95 克，2025 年后新汽车的生产标准降至 68～78 克。对于计划生产超标车的厂商来说，草案也提供了相应的中和选项，比如 2013～2015 年，每生产一辆超清洁汽车，最多还可生产 3.5 辆超标汽车，2016～2023 年可生产 1.5 辆超标汽车，2024 年后则只允许生产 1 台超标汽车。

（5）低碳采购。

欧盟各国绿色采购政策历史悠久，早在 1979 年"环保标志制度"便从西欧国家德国开始推行，并规定政府要对具有环保标志的物品进行优先选择购买，现今，欧盟政府每年支出约 1 万亿欧元进行低碳采购。2001 年，欧盟制定了 6 个环境行动计划，其中提出了减税降低"绿色产品"的采购成本。2004 年，欧盟出台了《政府绿色采购手册》，同时，"欧洲绿色采购网络组织"也一并成立，采购内容包括各类节能产品和可再生能源，其低碳公众采购份额平均达到 19%。

（6）促进低碳技术创新。

2007 年 11 月，欧盟出台了《欧盟能源技术战略计划》，从制定工业领域新举措、建立欧盟能源科研新联盟、改善老旧能源基地和建立技术小组等方面采取措施，努力实现欧盟 2020 和 2050 年的减排目标。并鼓励技术推进和市场拉动相结合，实行能源设施排放量管制。

3）美国低碳经济政策的国际经验

（1）低碳税收。

2001 年从《京都议定书》中退出，成为美国为众多国家诟病的原因，而为从高碳排放量、高消耗经济向低碳绿色经济转型，美国政府正在努力实现快速经济转型，以成为在气候变化领域内的大国和领导国家。其中，占美国低碳财政政策的重要比重的，便是政府拨款。早在 1990 年，美国国会就将碳税作为削减赤字的选择出现在政府报告中，1993 年克林顿提出专门针对燃料征收能源税，打开了碳税的新篇章，而各州也随后设计了各类州碳税，来缓解各州高碳排放的压力。

（2）财政补贴及税收减免。

在美联邦政府预算中，与促进低碳经济的相关支出有四条：气候变化科学研究，气候变化技术研究，国际援助行动及减少温室气体的能源税优惠项目。美国历年来一直加大对低碳技术、清洁能源的补贴，2010 年美国推出的预算中就有 300 亿美元用于新能源补贴，作为扩大可再生能源应用等的投资补贴。现今，美国仍有许多税收减免政策，例如新能源技术、清洁燃料汽车、清洁可再生能源债券、新能效住宅建设、住宅太阳能及购买燃料电池的税收减免或优惠等。

（3）建筑节能。

美国对于新建筑节能问题相当重视，并采取了一系列优惠措施。例如新建筑如果需要减免 2000 美元的税收，则需在国际节能环保标准的基础上再提高 50% 的能效；如果需减免 1000 美元的税收，则需要达到"能源之星"标准。除此之外，如果使用环保标准的"能源之星"家电产品，则可获得电力公司以及州政府的补贴。

（4）交通节能。

美国颁布了第 1 个全国性汽车燃油能耗和排放新标准。2015～2016 年，美国生产的所有轿车及轻型卡车必须达到 35.5 英里／加仑的平均油耗标准，比之前 25 英里／的油耗标准提高了 42%，并且要求每辆车平均尾气排放 2016 年降至 250 克。

（5）低碳采购。

1993 年，克林顿政府首先颁布了 12873 号行政令，即《联邦采购、循环利用和废物预防》，规定了中央和地方有义务购买国产绿色产品。在随后十几年里，美国陆续颁布了诸多法规条文来鼓励或强制政府进行低碳采购。美国相关采购法明确规定，必须拥有"能源之星"认证的物品才能被政府机关所采购，而节能技术也必须使用在政府办公大楼上。

（6）工业节能。

美国环保署对美国工业有毒物质的排放有着严格的规定，并将加大力度对二氧化硫、氮氧化物、煤灰等有毒有害工业废气、废水的排放进行限制与整治，对气、废水的排放进行限制与整治，以减小生态污染。同时，美国正在推行智能电网项目。

（7）促进低碳技术创新。

美国在可再生能源方面一直投资颇多，参与进行技术创新。2010 年 10 月，美国农业部颁布了促进第二代生物质能源发展的新举措，即生物质作物援助计划和运行农业、林业生物质原料生产航空油料相关技术。

除了欧盟地区和美国的低碳发展国际经验外，世界性典型城市制定合适的低碳发展政策，应对气候变化的做法值得京津冀地区，尤其是北京借鉴（专栏 4-2）。

【专栏 4-2】

世界性典型城市的低碳发展给北京的启示

国外的低碳城市多为发展程度较高的城市或是以生活区为主的居住性城市，能源消费主要来源于居住用能（38%），其次是各种商用建筑和公共建筑用能（33%），交通用能占 22%，而即便是在伦敦这样的大都市，工业用能也仅仅占到城市能源的 7%。因此，城市的碳减排措施主要集中在交通、建筑、家庭生活几大领域，诸如哥本哈根、伦敦、弗莱堡、日本北九州等。在低碳城市的设计和实施过程中，合理规划交通和土地利用、提倡低碳出行、降低居住能耗和各类建筑能耗成为发展低碳城市计划的主要内容。北京低碳城市发展起步较晚，2012 年交通行业用能占到 16% 左右，工业用能占 34%，建筑耗能约占 30%，远高于伦敦工业用能比重，低于其交通、建筑用能。因此，北京市低碳减排措施应借鉴国外低碳城市发展经验，根据北京市情况，将主要节能减排领域集中在工业、交通、建筑、第三产业等方面。

在低碳发展政策方面，伦敦、纽约和东京等世界性城市为应对气候变化建设低碳城市，一般基于自愿减排和自我需要减排的认识，纷纷提出明确的量化减排目标，设定低碳发展愿景，并制定合适的低碳发展政策。

1. 纽约低碳城市建设给北京的启示

发达国家在建设低碳城市时大都是基于自愿减排和自我需要减排的认识，提出明确的量化减排目标，设定低碳发展愿景，并制定合适的低碳发展政策。纽约市规划委员会于 2005 年便开始组织编制《纽约市（2006～2030 年）城市总体规划》，其中提出了一个定量的低碳目标：到 2030 年全市要额外减少 30% 的温室气体排放，即减少 4870 万吨二氧化碳排放。

纽约等国际大城市都经历过机动车高速增长、交通拥堵的阶段。在这一过程中，它们都建立了优先发展公共交通的战略规划，限制小汽车的使用。公共交通是纽约市民出行的主要形式，纽约超过一半家庭没有汽车，有三分之二人口出行选择公交。纽约地铁是世界上最大的快速交通系统，主要轨道长度为 1062 千米，有 468 个运营站，2005 年运送乘旅客数为 14 亿人次。

这启示北京：在政策建设方面，应出台总体低碳城市发展规划，大力发展公共交通，让绿色出行成为市民的主要出行方式；改革公车，加大配套政策力度。

2. 伦敦低碳城市建设给北京的启示

2004 年颁布的《伦敦能源策略》《伦敦市空气质量战略》将气候变化纳入伦敦政策。伦敦市政府以身作则，严格执行绿色政府采购政策，采用低碳技术和服务，改善市政府建筑物的能源效益，鼓励和帮助公务员养成节能习惯。2004 年又签署了《伦敦能源、氢与气候变化合作伙伴关系》；并于 2006 年正式成立伦敦气候变化署——一个负责落实在气候变化方面的政策和战略的市政府直属官方机构。2010 年伦敦又发布《气候变化减缓和能源战略》，提出要把伦敦建设成为国际先进低碳城市和零碳排放城市。为贯彻目标的实现，伦敦市在低碳建设的各个领域都有定量指标，其中提出的一系列措施都是围绕在 2025 年之前使二氧化碳排放每年减少 1960 吨。为了实现这一目标，伦敦政府加快推行相关政策，例如向各行业征收二氧化碳税、征收交通拥堵费，加速全球低碳技术的研发合作，大规模投资可再生能源等。另外，伦敦在碳管理、碳审计、碳测量和碳计算系统等方面的低碳金融管理方案为伦敦创造了更多的收入来源。在公共交通建设方面，伦敦的公交包括地铁、城市火车、公共汽车、泰晤士河船运和出租车。地铁是公交的核心，运送速度比地面交通速度快一倍以上，全年平均运送乘客达 915 亿人次。在伦敦，平均上班花费时间为 43 分钟，20 分钟以下占 29%。

相比伦敦，北京市工业化和城市化的发展需要加快，第三产业发展的成熟度也有待提高，因此北京实施低碳发展的难度要大于伦敦。北京市的低碳建设也往往是各个领域制定自己的目标但又相互交叉，例如能源规划、清洁空气计划等。另外，北京市关于低碳金融的研究和实践相比伦敦有待进一步的发展，不仅要加强低碳城市的基础设施，更应该使低碳金融发挥更大的作用，使其成为北京产业结构转型和经济增长的有力促进点。

3. 东京低碳城市建设给北京的启示

据国际能源机构（IEA）2009 年的资料显示，中日两国均为高化石能源国家，中日两国化石能源依存度分别高达 87% 和 83%，但日本的单位 GDP 能耗却远远低于中国，2009 年日本碳排放强度为 0.57 吨/万美元，中国碳排放强度为 4.08 吨/万美元，是日本碳排放强度的 7 倍多。由此可见，中国在低碳发展方面与日本相比，还存在着很大差距。在低碳城市建设的政策方面，日本陆续颁布的各项法律政策前后有一定的连续性，中长期战略目标与短期实现目标互为补充。2006 年以来，东京政府就出台"十年后的东京"即《东京 CO_2 减排计划》，提出了具体减排目标——2020 年东京碳排放量要在 2000 年基础上减少 25%，由此拉开了建设低碳社会的序幕。后来又陆续出台《东京绿色建筑计划》《绿色标签计划》《2007 年东京节能章程》《2008 年东京环境总体规划》等政策。2007 年发表《东京气候变化战略——低碳东京十年计划的基本政策》，详细制定了政府应对气候变化的中长期战略。2010 年又颁布《强制碳减排与排放交易制度》。东京市内轨道交通网的覆盖面非常广，构成了城市公共交通的骨架体系，特别是在连接市区与郊区及远郊区的放射线方向上，轨道交通更是占据主导地位。目前轨道交通系统承担了东京全部客运量的 86%。尽管东京市的轿车拥有量为每千人 234 辆，但只有 9% 的人用小汽车作为上下班的交通工具。

北京发展公共交通起步较晚，目前公交的日常出行比例为 34.5%，轨道交通出行占公共交通出行比例为 15%，占总出行比例为 5%。通过比较发现，北京交通硬件设施与国际城市，差距不大，但是出行理念和交通管理与世界发达城市还有较大距离：①北京的轨道交通占公交出行比仅为 15%，远远低于几大城市 60% 以上的比重；②乘公交车出行比重偏低，截至 2010 年底公交比重达到 34.5%，私人小汽车出行比居几大城市之首，达 30%；③平均上班时间太长，交通组织亟须提升。北京要缩小与世界城市的低碳发展差距，在快速城市化过程中，应大力发展低碳交通，提倡低碳生活方式。

二、京津冀地区能源消费现状与趋势：总量、结构与效率[①]

1. 京津冀地区能源消费总量与增速

2014 年，北京、天津和河北的能源消费总量分别为 6831 万吨、8145 万吨和 29320 万吨标准煤，占全国能源消费总量的 10.4%。图 4-5 说明了 2000～2014 年京津冀城市群的能源消费总量、增速及占全国能源消费总量的比重。总的来看，能源消费占全国的比重逐年下降。从增长速度上看，2000 年以来，京津冀城市群的能源消费量持续较快增长，年均增速达到 6.6%。近年来，京津冀城市群的能源消费增速逐步放缓，2007 年之前能源消费增速都在 7% 以上，这与我国进入新世纪后快速发展的大环境相吻合；2006～2008 年京津冀的能源消费增速逐步放缓，这缘于举办北京奥运会所采取的节能、限产、减排等措施；受全球金融危机以及产业结构调整的影响，2009～2012 年能源消费增速短暂上升后逐渐下降；而 2012 年之后，随着对该地区发展低碳经济的约束，能源消费量增速逐步下降至非常低的水平。

分地区来看，2000～2014 年，北京、天津和河北的能源消费总量年均增速分别为 3.7%、8.0% 和 7.2%。图 4-6 显示，北京的能源消费增长率一直较低，这符合北京的产业结构发展趋势。2000～2004 年，能源消费增长率处于持续上升的趋势，跟这段时间北京的地区生产总值快速增长有关，并且这段时间，第二产业尤其是工业在北京市的经济总量中占据主要地位，也是能源消费持续上涨的主要原因。2004～2008 年，受申办奥运会

---

① 由于分地级市的能源消费数据不可得，本节对于能源消费情况的分析中，京津冀城市群包括北京、天津和河北全省。

的影响，北京市进行了严格的能源和环境控制，搬出、关停了大量高耗能、高污染企业，能源消费效率和环境质量都得到了较大提升，能源消费增长率逐年下降，在 2008 年达到相对低点。2008 年之后，受全球经济危机的影响，为了保持经济稳定发展，北京市的能源消费增速出现了上升。但是，随着雾霾等环境问题的加剧，北京在 2013 年提出了环境治理硬约束，逐步开始关闭辖区内的燃煤电厂，能源消费在当年出现了负增长，2014 年的能源消费也维持在较低水平。

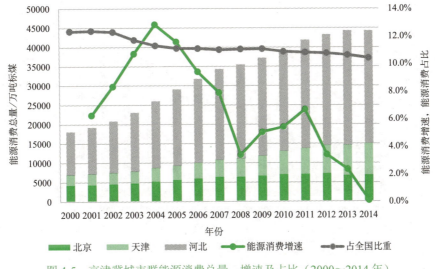

图 4-5　京津冀城市群能源消费总量、增速及占比（2000～2014 年）

数据来源：《中国能源统计年鉴 2015》

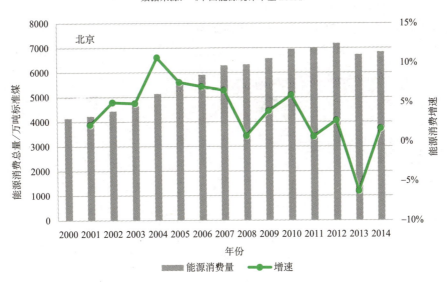

图 4-6　北京能源消费总量及增速

数据来源：《中国能源统计年鉴 2015》

图 4-7 显示，天津的能源消费平均增长率虽然低于河北，但是 2007～2010 年其年均增速超过河北地区，这和天津重化工业的快速发展分不开。2010 年之后，天津市的能源

消费增长率逐年下降，到 2014 年天津以 3.35% 的能源消费增速支撑起了 10% 的 GDP 增速，从产业结构上来看更为优化，成为带动全市单位能耗降低的支撑力量。全市三产比例为 1.3∶49.4∶49.3，二产比重同比下降 1.2 个百分点，三产比重则上升 1.2 个百分点。同时，大型、高效装备得到推广应用，先进生产能力比重明显提高，主要产品单位能耗 80% 实现同比下降。

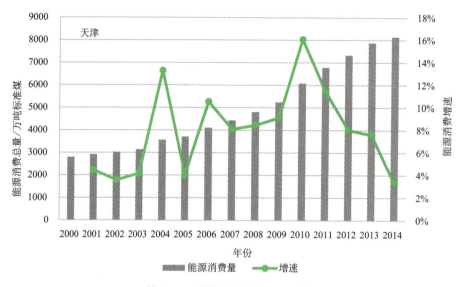

图 4-7　天津能源消费总量及增速

数据来源：《中国能源统计年鉴 2015》

图 4-8 显示，河北在 2001～2005 年的能源消费增长非常快，之后呈现出波动下降的趋势，2010 年后增速持续变缓，这源于河北省近几年的调结构、去产能、降能耗。总体

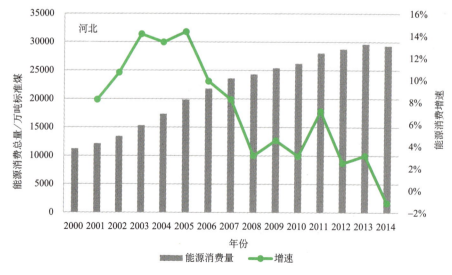

图 4-8　河北能源消费总量及增速

数据来源：《中国能源统计年鉴 2015》

来看，京津冀城市群整体的能源消费增长速度仍然高于全国平均水平，经济增长较为依赖资源消耗。

2. 京津冀地区能源消费结构

1）能源消费品种结构

京津冀的能源消耗依然以煤炭为主，但是北京、天津、河北三地情况也存在差异。通过查询历年中国能源统计年鉴，可以得到 2000～2014 年京津冀地区能源消耗情况。为了方便比较，根据《2015 中国能源统计年鉴》附录四给出的各种能源折算标煤系数，计算出煤炭、原油、焦炭、燃料油、汽油、煤油、柴油、天然气、电力这九种能源的消耗量，整理为煤炭、石油、天然气和电力四大类。京津冀地区和全国的能源消费品种结构比较见图 4-9。

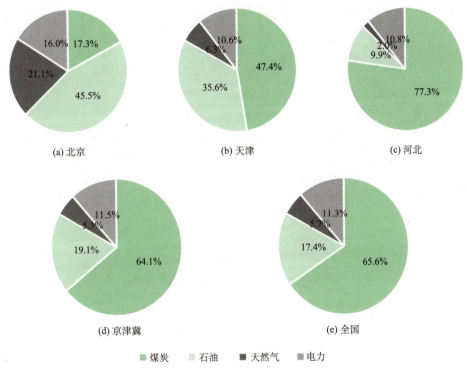

图 4-9　京津冀地区及全国能源消费结构比较（2014 年）

数据来源：《中国能源统计年鉴 2015》

受资源及气候等条件约束，京津冀地区水能、风能及太阳能等可再生能源资源有限，新增能源需求主要依靠煤炭等化石能源来支撑。由图 4-9 可以看出，煤炭在京津冀三地在能源消耗量所占比例远远高于其他能源。图 4-10 是北京、天津和河北 2000～2014 年的煤炭消费量。由图可见，除北京依靠大量外购电力，使得煤炭消费总量有所下降外，天津与河北煤炭消费总量都呈快速增长趋势，年均煤炭消费增速分别为 5.3% 和 6.8%。北京市煤炭消耗量从 2008 年开始下降。而天津市 2014 年煤炭消耗量达到了 5027 万吨标准煤，比 2000 年增长了 103%，可见天津市煤炭消耗增速较快，需要进一步加强节能减排工作。2014 年，河北省煤炭消费总量达 2.96 亿吨，是 2000 年的 2.45 倍；煤炭占全省一次能源消费的比重达 77.3%，比全国平均水平高约 12 个百分点。2008 年以后，煤炭消耗量上升趋势平缓，但河北省能源消耗的基数大，与京津两地相比，其节能减排工作难度更大。

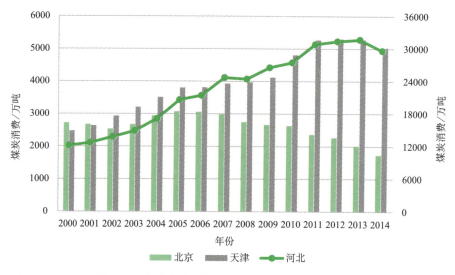

图 4-10   京津冀地区煤炭消费量（2000～2014 年）

数据来源：CEIC 数据库；北京、天津对应的是左轴，河北对应的是右轴

2）能源消费产业结构

能源消费可以根据最终的用途分为不同产业的能源消费，京津冀地区的能源消费产业结构有鲜明的特点，并且体现出不平衡的特征。表 4-3 和图 4-11 表明了分地区不同部门的能源消费量和结构。可以看出，第二产业是消费能源最多的部门，在整个区域中，第二产业的能源消费占全部能源消费的 70% 以上。但是北京消费能源最多的部门是第三产业，占北京全部能源消费量的 48%；其次才是第二产业，占全部能源消费的 29%。天津第二产业能源消费占比达到 75%，其次是第三产业，占 15%。河北第二产业能源消费占比接近 80%，第三产业能耗占比低于第一产业。

表 4-3   2014 年京津冀地区各部门能源消费量   （单位：万吨标煤）

地区	能源消费总量	第一产业	第二产业	第三产业	生活消费
北京	6831	92	1998	3237	1505
天津	8145	104	5933	1192	917
河北	29320	625	23038	2660	2997
京津冀地区	**44296**	**821**	**30970**	**7088**	**5418**

数据来源：《中国能源统计年鉴 2015》。

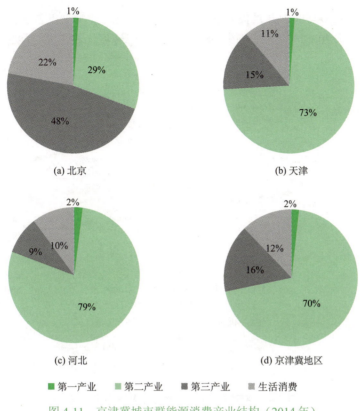

(a) 北京　　　　　　　　　　　　(b) 天津

(c) 河北　　　　　　　　　　　　(d) 京津冀地区

■ 第一产业　　■ 第二产业　　■ 第三产业　　■ 生活消费

图 4-11　京津冀城市群能源消费产业结构（2014 年）

数据来源：《中国能源统计年鉴 2015》

各地区不同产业的能源消费占比与各地区的产业结构密切相关，北京市第二产业能耗占比较低是因为第二产业的产值占比也较低。而天津市第二产业和第三产业产值相近，但第二产业能耗占比高于第三产业，则跟这两大产业的能源强度有关，第二产业单位生产总值的能源消耗要大大高于第三产业。

3. 京津冀地区能源消费效率的测度：能源强度

能源强度也称能源密集度或者单位产值能耗，即生产单位产品（产值）所消耗的能源量，是指一个国家或地区、部门或行业，一定时间内单位产值消耗的能源量，通常以吨（或千克）油当量（或煤当量）万元来表示。一个国家或地区的单位产值能耗，通常以单位国内生产总值（GDP）耗能量来表示。单位 GDP 能耗量反映了经济对能源的依赖程度，以及能源利用的效益。这个指标包括了国民经济体系中能源利用的所有环节，可以反映能源利用的经济效益和变化趋向。对能源利用状况的评价，适当的方法就是利用能源强度来表达。能源强度越高，说明能源的利用效率越低；反之，则说明能源的利用效率越高。

图 4-12 和表 4-4 表明了 2000～2014 年京津冀地区的能源强度的变化情况。从图中可以发现，北京的能源强度最低，并且 2014 年比 2000 年的能源强度下降了 60%，说明

北京的能源效率是最高的，并且提升速度也是最快的地区。河北的能源强度要远高于北京和天津，但是从 2005 年之后，河北的能源强度下降速度加快，说明能源效率得到较大提升。

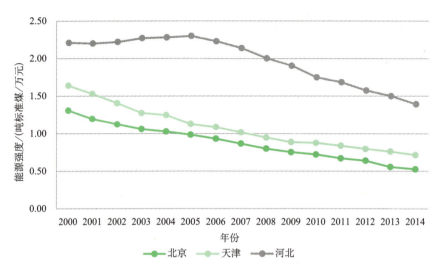

图 4-12　京津冀各地区历年能源强度（2000～2014 年）

数据来源：《中国统计年鉴 2015》《中国能源统计年鉴 2015》

表 4-4　京津冀各地区能源强度及其下降速度

年份	能源强度（吨标准煤/万元）			能源强度下降速度/%		
	北京	天津	河北	北京	天津	河北
2000	1.31	1.64	2.21	—	—	—
2001	1.20	1.53	2.20	−8.6	−6.7	−0.5
2002	1.13	1.41	2.22	−5.9	−8.1	0.9
2003	1.06	1.28	2.27	−5.7	−9.3	2.3
2004	1.03	1.25	2.28	−3.1	−2.2	0.4
2005	0.99	1.13	2.30	−4.2	−9.5	0.8
2006	0.93	1.09	2.23	−5.4	−3.6	−3.1
2007	0.87	1.02	2.14	−7.0	−6.4	−4.1
2008	0.80	0.95	2.00	−7.7	−6.9	−6.3
2009	0.75	0.89	1.90	−5.8	−6.4	−5.0
2010	0.72	0.88	1.75	−4.0	−1.1	−8.1
2011	0.67	0.84	1.68	−6.9	−4.3	−3.7
2012	0.64	0.80	1.57	−4.7	−5.1	−6.5
2013	0.56	0.76	1.50	−13.0	−4.4	−4.7
2014	0.53	0.72	1.39	−5.3	−6.1	−7.2

数据来源：《中国统计年鉴 2015》《中国能源统计年鉴 2015》。

三、京津冀 10 城市节能减排效率指数

城市在区域低碳发展中具有引领作用。其规模效应、聚焦效应与扩散效应十分突出，本节重点评价京津冀 10 个城市的节能减排效率。首先给出节能减排的定义，并对节能减排对低碳发展的促进作用进行了分析。

1. 节能减排的概念

节能减排指的是降低能源消耗、减少污染排放。节能涉及社会和经济生活的各个方面，已被纳入国家的法律层面。在《中华人民共和国节约能源法》中对节能定义为：加强用能管理，采取技术上可行、经济上合理以及环境和社会可以承受的措施，减少从能源生产到消费各个环节中的损失和浪费，更有效、合理地利用能源。

按照世界能源委员会 1979 年提出的"节能"定义，是指"采取技术上可行、经济上合理、环境和社会可接受的一切措施，来提高能源资源的利用效率"。这就是说节能旨在降低能源强度（单位产值能耗），是在能源系统的所有环节，从开采、加工、转换、输送、分配到终端利用，从经济、技术、法律、行政、宣传、教育等方面采取有效措施，来消除能源的浪费。

20 世纪 90 年代，国际上普遍用"能源效率"（Energy Efficiency）来代替 20 世纪 70 年代能源危机后提出的"节能"（Energy Conservation）一词。实际上，从国际权威机构对"节能"和"能源效率"给出的定义来看，两者的含义是一致的。1995 年，世界能源委员会把"能源效率"定义为："减少提供同等能源服务的能源投入"。"能源服务"的含义是：能源的使用并不是它自身的终结，而是为满足人们需要提供服务的一种投入。因此，能源利用的水平应以提供的能源服务来衡量，而不是用消耗的多少来表示。例如，照明应以照度来衡量，而不是看用了多少电。由于同一种服务可以采用多种能源、多种技术来提供，可以根据经济、技术、社会、环境等因素，选择成本最低的方案，据此分析能源需求的趋势和节能的潜力，优化能源结构，取得最大的经济效益。

之所以用"能源效率"替代"节能"，是由于观念的转变。20 世纪 70 年代节能的目的是通过节约和缩减以应对能源危机，现在则强调通过技术进步提高能源效率，以增加效益，保护环境。随着社会的发展，影响"能源效率"和"节能"的因素和应对措施越来越多，致使"能源效率"和"节能"的概念正朝着更为广义的趋势发展。例如，中国、美国、日本等国的节能法都包括了可再生能源利用，日本的节能法还强调了能源结构调整，开发利用代油能源，包括洁净煤、天然气、再生资源利用等。

"减排"是指减少气体污染物、温室气体、固体废弃物、重金属及放射性物质等的排放。减排的对象主要有二氧化硫、悬浮颗粒（如粉尘、烟雾等）、氮氧化物、一氧化碳、重金属（如铅、镉等）和温室气体等。

2. 节能减排的作用分析

节能减排的实质是提高能源效率、清洁能源结构和减少污染物排放，它揭示了实现

低碳经济的两条主要途径：一是调整能源结构，降低二氧化碳排放强度；二是提高能源利用效率，降低能源强度。其对低碳经济的促进作用有三：

作用之一：节能减排促使能源结构向低碳化发展。

发展节能减排能调整能源结构，降低二氧化碳排放量。我国目前能源结构以二氧化碳排放强度较高的煤炭为主，这种结构特点是我国能源利用效率较低，二氧化碳排放量较高的主要原因之一。调整能源结构是满足能源需求、促进二氧化碳减排的根本途径，但受到能源结构调整速度的限制。发展节能减排，将煤炭转化为较高效和清洁的能源是我国目前最直接可行的碳减排途径。此外，必须充分利用我国自然资源的优势，从战略高度扶持新能源和可再生能源的开发利用，以降低化石能源所占比例，进一步促进能源结构的低碳化。

作用之二：节能减排提高能源效率，降低能耗强度。

当前，我国经济发展主要依赖工业特别是重工业，这种经济偏重的现象是单位能耗较高、能源利用效率较低的主要原因之一。另外，在工业部门内部，资源能源依赖型行业所占的比重偏大，提高能源利用效率、降低能源强度是短期内最有效的节能措施。节能减排的实施，以强制性规章制度要求这些企业通过技术创新，不断提升能源利用效率，降低能耗强度。这样一来，企业会在这方面着手努力，从而提高整体能源利用效率，降低能耗强度。

作用之三：节能减排促使能源结构多元化发展。

2007 年 12 月，中国政府发布了《中国的能源状况与政策》白皮书，明确提出实现能源多元化的发展战略，将大力发展可再生能源作为国家能源发展战略的重要组成部分，可见发展可再生能源对电力能源构局的改进和持续发展具有重要意义。发展节能减排，能够促进核能、风能、太阳能等新能源、可再生能源的大力发展，促进低碳能源体系的创建，实现能源多元化结构，以改变我国以煤为主的能源结构。

总的来说，通过节能减排的发展，能够有效地提高我国能源使用效率、减少温室气体排放，提高新能源和可再生能源比重，优化能源结构。

3. 节能减排效率指数的评价方法

在理清节能减排对低碳经济促进作用的基础上，本书采用熵权法，评价京津冀 10 城市的低碳发展现状。熵权法的基本原理是根据各指标数据集合所提供的某种信息量的大小，客观地为指标体系中各个指标赋权的方法。它能够有效克服指标权重赋权中的主观性问题。其理论建模如下。

1）建立决策矩阵

假设参与评价对象集合为 $M = (M_1, M_2, \cdots, M_m)$，指标集合为 $D = (D_1, D_2, \cdots, D_n)$，评级对象 M_i 中指标 D_i 的样本值为 x_{ij}，其中，$i = 1, 2 \cdots, m$，$j = 1, 2 \cdots, n$。则初始决策矩阵可以表示为

$$X = \begin{bmatrix} & D_1 & D_2 & \cdots & D_n \\ M_1 & x_{11} & x_{12} & \cdots & x_{1n} \\ M_2 & x_{21} & x_{22} & \cdots & x_{2n} \\ \vdots & \vdots & \vdots & & \vdots \\ M_m & x_{m1} & x_{m2} & \cdots & x_{mn} \end{bmatrix} \tag{4-1}$$

2）决策矩阵标准化

由于初始决策矩阵中各评价指标对总体指标体系影响的指向存在差异，因此，需要对初始决策矩阵中的数据进行标准化处理。一般而言，将与总体指标体系指向相同的指标（越大越好）定义为效益型指标，并遵照式（4-2）将其进行标准化处理；将与总体指标体系指向相反的指标（越小越好）定义为成本型指标，并遵照式（4-3）将其进行标准化处理：

$$v_{ij} = \frac{x_{ij} - \min(x_j)}{\max(x_j) - \min(x_j)} \tag{4-2}$$

$$v_{ij} = \frac{\max(x_j) - x_{ij}}{\max(x_j) - \min(x_j)} \tag{4-3}$$

式中，v_{ij} 为 x_{ij} 归一化后的值，$0 \leqslant v_{ij} \leqslant 1$；$\max(x_j)$、$\min(x_j)$ 分别为第 j 个指标的最大值和最小值。

指标标准化处理后，就可将式（4-1）转化为标准化矩阵，记为

$$v = (v_{ij})_{m \times n} \tag{4-4}$$

3）计算特征比重和信息熵值

第 j 个指标下的第 i 个评价对象的特征比重通过下式计算得到：

$$p_{ij} = \frac{v_{ij}}{\sum\limits_{i=1}^{m} v_{ij}} \tag{4-5}$$

因为 $0 \leqslant v_{ij} \leqslant 1$，所以 $0 \leqslant p_{ij} \leqslant 1$。同时，进一步通过斯梯林公式得到第 j 个指标的信息熵值，即

$$e_j = -\frac{1}{\ln(m)} \sum_{i=1}^{m} p_{ij} \ln(p_{ij}) \tag{4-6}$$

当 $p_{ij} = 0$ 或 $p_{ij} = 1$ 时，认为 $p_{ij} \ln(p_{ij}) = 0$。一般而言，信息熵值越小，意味着 v_{ij} 值之间的差异越大，能够提供给被评价对象的信息也就越多。

4）定义差异系数与熵权

得到熵值后，将第 j 个指标的差异系数定义为 $d_j = 1 - e_j$。因此，d_j 越大，其在指标

体系中的重要性也就越高，熵权也就越大。

用 w 表示熵权，则第 j 项指标的权重可以通过（4-7）式得到：

$$w_j = -\frac{d_j}{\sum\limits_{k=1}^{n} d_k} \quad j = 1, 2, \cdots, n \tag{4-7}$$

5）确定节能减排效率指数

利用指标权重 w_j 和各指标的标准化数据 v_{ij}，得到各对象指标的标准化数据加权值 g_{ij}，即

$$g_{ij} = w_j \times v_{ij} \quad (1 \leqslant i \leqslant m, 1 \leqslant j \leqslant n) \tag{4-8}$$

再将各层级各对象所对应的相应指标 g_{ij} 通过（4-8）式逐层加总，即可得到节能减排效率指数 G_{ij}：

$$G_{ij} = \sum_{j=1}^{n} g_{ij} \tag{4-9}$$

4. 节能减排效率指数分析思路和数据说明

1）分析思路

当前能源强度和碳强度已经成为中国政府实施节能减排的核心评价指标。因此，本书首先基于能源强度和碳强度采用熵值法对京津冀城市群 10 个城市的节能减排效率进行评价，按照《京津冀都市圈区域规划》，京津冀都市圈包括北京、天津、秦皇岛、保定、沧州、石家庄、廊坊、张家口、承德、唐山。其次，从区域、世界、国家目标的角度，对京津冀低碳发展进行了对比。第一个对比是区域角度——选取京津冀低碳发展效率最高的城市——北京，将区域其他城市相应年份的低碳发展效率指数值除以北京的低碳发展效率指数值，以此分析区域其他城市与北京之间的差异程度；第二个对比是世界角度——对标东京，分析京津冀的低碳发展效率与世界先进水平的差距；第三对比是国家目标角度——从完成国家的节能减排目标出发，评价京津冀节能减排的完成程度。

这样评价的作用有二：其一，指向明确。低碳发展效率指数是个相对值，比较与区域、国家、全球低碳发展效率高的城市，可以更方便地能找到城市低碳发展的差距所在。其二，评价全面。低碳发展指数的评价方法有很多，但不能只是算法的改变，而应该采取多个对比角度，为城市低碳发展建立一个新的视角。

2）指标和数据说明

本节实证分析涉及京津冀城市群、东京的能源强度和碳强度指标，其中京津冀城市群的能源强度指标依据《北京统计年鉴》、《天津统计年鉴》与《河北经济年鉴》计算，北京、天津与河北的二氧化碳排放数据来源于英国剑桥大学教授、东英吉利大学教授、IPCC 第五次评估报告第三工作组领衔作者关大博教授维护的数据库——China Emission

Accounts and Datasets（CEADS）。河北省各城市的二氧化排放数据依据各城市工业比重以及其他行业比重分解河北省总量排放数据得到。东京的能源强度和碳强度指标依据《Tokyo Statistical Yearbook》和 *Final Energy Consumption and Greenhouse Gas Emissions in Tokyo*（FY 2014）计算得到。

　　依据上述提到的二氧化碳排放估算思路方法，本节估算了 2005～2014 年京津冀城市群的二氧化碳排放数量，图 4-13 给出了京津冀城市群各城市单位 GDP 二氧化碳排放的时间趋势[①]。

　　图 4-13 显示，北京和天津的单位 GDP 二氧化碳排放指标数值相对较小，其余城市的单位 GDP 二氧化碳排放指标数值明显高于北京和天津。相比于 2005 年，所有城市的单位 GDP 二氧化碳排放指标数值均下降，其中下降比例最高的城市为北京和天津，分别下降 56.5% 和 49.1%，下降比例最小的城市为唐山和承德，分别下降 32.2% 和 22.6%。图 4-14 给出了京津冀城市群各城市单位 GDP 能源消费的时间趋势。图中显示，北京和天津的单位 GDP 能源消费指标数值相对较小，张家口与唐山的单位 GDP 能源消费指标数值较大，沧州和廊坊单位 GDP 能源消费指标数值相对较小，波动性较大，但下降趋势并不明显。相比于 2005 年，所有城市的单位 GDP 能源消费指标数值也同样下降，其中下降比例最高的城市为石家庄和唐山，分别下降 52% 和 49.3%；下降比例最低的城市为沧州和廊坊，分别下降 20.4% 和 3.1%。

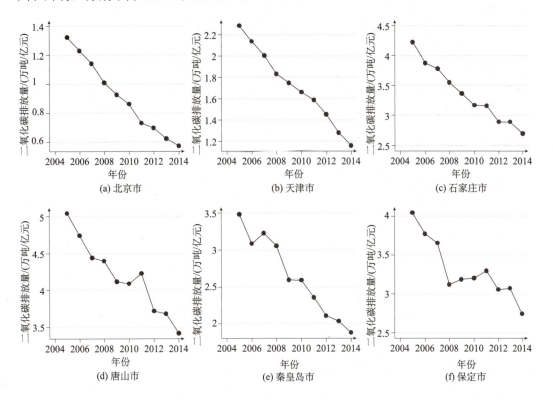

(a) 北京市　　(b) 天津市　　(c) 石家庄市

(d) 唐山市　　(e) 秦皇岛市　　(f) 保定市

---

① 文中的 GDP 为 2005 年不变价格。

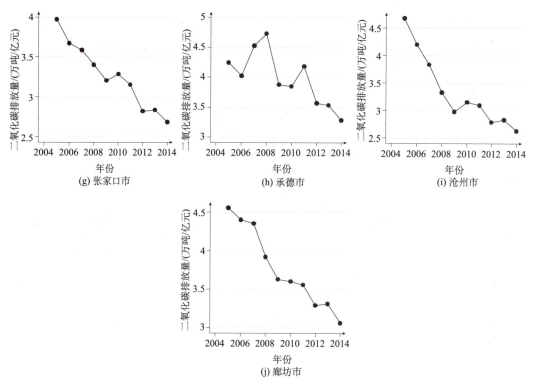

图 4-13　京津冀城市群单位 GDP 二氧化碳排放（2005～2014 年）（单位：万吨/亿元）

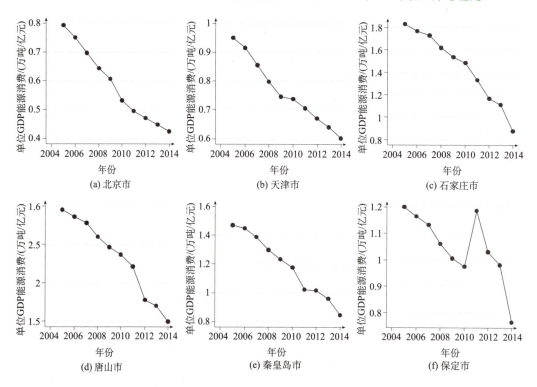

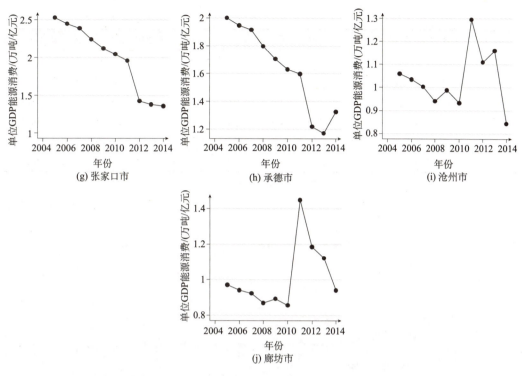

图 4-14　京津冀城市群单位 GDP 能源消费（2005～2014 年）（单位：万吨/亿元）

5. 京津冀 10 城市节能减排效率指数的测算结果

表 4-5 为 2005～2014 年京津冀 10 城市静态节能减排效率指数。结果显示：2005 年，北京的节能减排效率最高，其次是天津，节能减排效率指数在 0.5 以上。北京第三产业比重远高于其他城市（图 4-15），工业比重远低于其他城市（图 4-16）。第三产业属于低能耗、低排放行业，而传统工业属于高能耗、高排放行业。其余城市的节能减排效率指数均低于 0.4，6 个城市的节能减排效率指数低于 0.3，2 个城市的节能减排效率指数[1]低于 0.2。

表 4-5　京津冀 10 城市静态节能减排效率指数（2005～2014 年）

城市	2005 年	2006 年	2007 年	2008 年	2009 年	2010 年	2011 年	2012 年	2013 年	2014 年	均值
北京市	0.7469	0.7644	0.7821	0.8061	0.8215	0.8387	0.8605	0.8675	0.8802	0.8895	0.8257
天津市	0.5993	0.6231	0.6477	0.6773	0.6948	0.7072	0.7210	0.7433	0.7693	0.7900	0.6973
石家庄市	0.2382	0.2921	0.3091	0.3522	0.3864	0.4194	0.4382	0.4937	0.4996	0.5517	0.3981
唐山市	0.0000	0.0511	0.1009	0.1268	0.1797	0.1946	0.1938	0.3123	0.3252	0.3840	0.1868
秦皇岛市	0.3786	0.4349	0.4222	0.4559	0.5258	0.5325	0.5810	0.6149	0.6317	0.6653	0.5243

[1] 这里唐山的低碳发展效率水平为 0，这主要是应为唐山 2005 年的被评价的两个指标均是全样本最大的值，经过式（4-3）标准化后均为零，所以加权后的值也为零，这里我们理解为全样本最差的低碳发展效率。

续表

城市	2005 年	2006 年	2007 年	2008 年	2009 年	2010 年	2011 年	2012 年	2013 年	2014 年	均值
保定市	0.3335	0.3738	0.3943	0.4739	0.4710	0.4731	0.4364	0.4865	0.4896	0.5590	0.4491
张家口市	0.1923	0.2422	0.2600	0.3017	0.3425	0.3404	0.3680	0.4735	0.4759	0.4990	0.3496
承德市	0.2159	0.2516	0.1876	0.1736	0.2993	0.3114	0.2699	0.3960	0.4060	0.4215	0.2933
沧州市	0.2642	0.3317	0.3843	0.4601	0.5009	0.4848	0.4504	0.5131	0.5015	0.5646	0.4456
廊坊市	0.2907	0.3153	0.3240	0.3881	0.4250	0.4331	0.3714	0.4375	0.4418	0.4956	0.3923
均值	0.3260	0.3680	0.3812	0.4216	0.4647	0.4735	0.4691	0.5338	0.5421	0.5820	0.4562

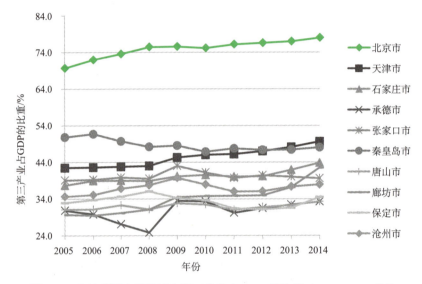

图 4-15　京津冀城市群各城市第三产业占 GDP 的比重（2005～2014 年）

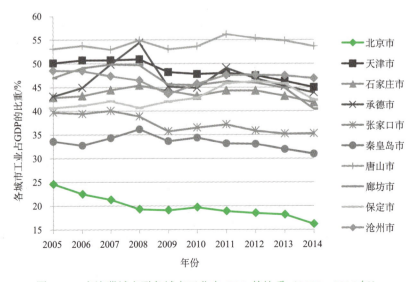

图 4-16　京津冀城市群各城市工业占 GDP 的比重（2005～2014 年）

表 4-5 结果显示，2005 年以来，京津冀城市群所有城市的节能减排效率指数经历了不同程度的增长。2014 年京津冀城市群中各城市的节能减排效率指数均达到样本研究范围内的最大值。其中，石家庄、张家口、沧州的节能减排效率指数提高幅度较大。从整体角度来看，2005 年京津冀城市群的节能减排效率指数的均值为 0.326，2014 年的均值为 0.456，节能减排效率得到改善，说明京津冀城市群的节能减排政策起到了一定的促进作用。2005 年京津冀城市群节能减排效率指数在 0.5 以上的只有北京与天津，节能减排效率指数 0.3～0.5 以上的有秦皇岛和保定 2 个城市，其他城市的节能减排效率指数在 0.3 以下；2014 年北京节能减排效率指数为 0.8895，处于优秀状态，北京、天津、秦皇岛、沧州、保定、石家庄 6 个城市节能减排效率指数在 0.5 以上，所有城市节能减排效率指数均在 0.3 以上。

近年来，京津冀生态环境建设合作不断深化。三地相继签订了《北方地区大通关建设协作备忘录》《京津冀都市圈城市商业发展报告》《关于建立京津冀两市一省城乡规划协调机制框架协议》《京津风沙源治理工程》等一系列区域合作协议。在生态低碳发展领域，京津冀城市群积极实施转型发展战略，采取诸如开展工业污染防治、推进产业调整和推进重点环保项目、提倡清洁生产、加快建设城市垃圾处理和污水处理、倡导循环经济等措施，生态建设和环境保护取得了一定进展，提升了资源利用水平，提高了京津冀节能减排效率。

在节能减排上，北京以先进的标准引领低碳发展。自 2012 年开始北京市实施百项节能低碳标准建设实施方案，首次制定发布了 27 项能耗限额类标准，不仅规定了现有企业单位产品能耗限额的限定值，而且明确了新建企业单位产品能耗限额的准入值，提出了企业单位产品能耗限额的先进值。在产业发展上，高技术制造业和生产性服务业已成为推动北京产业结构调整的重要力量，北京的发展已从资源主导的增长向节能减排、内涵式发展转变，尤其是在低碳服务创新管理上，北京的水平较高。北京在全国率先试点将能源费用托管型项目纳入财政奖励范围，节能服务备案企业 448 家，位居全国第一；实施合同能源管理项目节能量约 24 万吨，累计形成的年节能能力约为年风能利用量的 3 倍，节能效果显著。2013 年北京获全国唯一服务业清洁生产试点城市。2014 年北京的万元 GDP 能耗全国最低。北京的节能减排绩效高反映了低碳城市发展的普遍规律——城市节能减排绩效是一个渐进式、螺旋式上升过程，不仅需要淘汰现有产业体系中的低端产品、低端企业；更需要内生的动力——产业创新驱动、管理创新驱动与技术创新驱动。

以 2005 年为基期，计算了各城市的累计节能减排效率指数[①]。图 4-17 呈现了各城市累计节能减排效率指数的时间变动趋势，由图中结果可知，北京、天津、石家庄、唐山、秦皇岛以及张家口均表现为直线的累计增长趋势；保定、承德、沧州以及廊坊存在一定波动趋势，究其原因在于这几个城市的能源强度指标和二氧化碳排放强度指标在此期间存在较大波动。

---

①唐山的基期定为 2006 年。

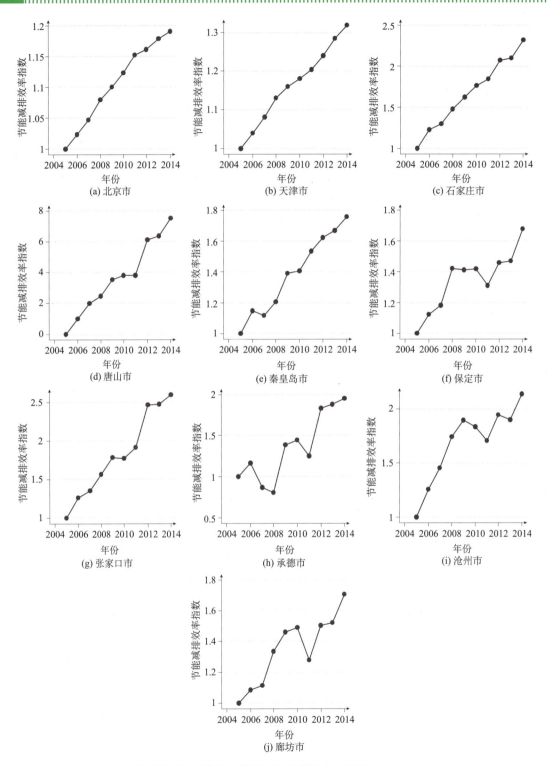

图4-17　京津冀城市群节能减排效率指数累计变化趋势（2004～2014 年）

6. 以国家规划为比较基准的京津冀 10 城市节能减排效率评价

《"十二五"节能减排综合性工作方案》中提到，"到 2015 年，全国万元国内生产总值能耗下降到 0.869 吨标准煤（按 2005 年价格计算），比 2010 年的 1.034 吨标准煤下降 16%，比 2005 年的 1.276 吨标准煤下降 32%"，并且给出了各省市的具体节能目标①，京津冀城市群的节能目标见表 4-6。

表 4-6　"十二五"京津冀节能目标　　（单位：%）

地区	单位国内生产总值能耗降低率		
	"十一五"时期	"十二五"时期	2006~2015 年累计
北京	26.59	17	39.07
天津	21	18	35.22
河北	20.11	17	33.69

表 4-7　"十二五"京津冀城市群单位国内生产总值能耗实际降低率　　（单位：%）

城市	"十一五"时期	"十二五"时期	2006~2015 年累计
北京市	32.88	25.08	49.71
天津市	22.29	24.23	41.12
石家庄市	18.80	41.19	52.24
唐山市	19.66	39.70	51.55
秦皇岛市	20.07	24.34	39.52
保定市	18.83	42.16	53.05
张家口市	19.13	37.43	49.40
承德市	18.45	22.73	36.99
沧州市	11.98	41.25	48.29
廊坊市	11.75	39.30	46.43

参考表 4-6 给出的节能目标，并假定河北各城市的节能目标以河北整体的节能目标为基准，计算了京津冀城市群的节能水平，结果如表 4-7 所示。从表 4-7 的结果来看，"十一五"时期，北京和天津均完成了节能目标，而其余城市均没有完成节能目标。"十二五"时期，京津冀城市群均完成了节能目标，除承德与秦皇岛外，其余城市的节能程度大幅高于北京和天津，说明"十二五"时期京津冀城市群对能源节约给予了足够重视。此外，从 2006~2015 年累计节能来看，京津冀城市群均完成了节能目标。

---

①由于《"十二五"节能减排综合性工作方案》中没有提到二氧化碳的减排目标，这里只比较节能目标的完成情况。

7. 以北京为比较基准的京津冀 10 城市节能减排效率评价

北京作为全国政治和文化中心，能源消费强度指标和二氧化碳排放指标均较小。图 4-18 显示了 2004～2015 年的北京能源强度指标和二氧化碳排放强度指标，两个指标都随时间的变动呈线性递减趋势，说明能源利用效率在提高；单位 GDP 生产产生的二氧化碳更少，也反映出节能减排效率在提升。

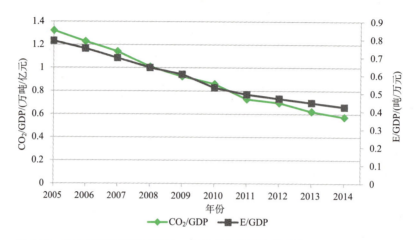

图 4-18　北京市能源消费强度和二氧化碳排放强度变动值（2005～2014 年）

北京是京津冀城市群节能减排效率最高的城市，我们将其他城市相应年份的节能减排效率指数值除以北京同一年份的节能减排效率指数值，以此来定量化京津冀城市群其他城市与北京之间的节能减排效率的差异程度。图 4-19 显示，从整体趋势来看，京津冀其他城市的节能减排效率与北京的差距越来越小，其中差距最小的是天津，差距最大的是唐山，高工业比重较大程度地阻碍了唐山节能减排效率水平的提高。部分城市如承德、

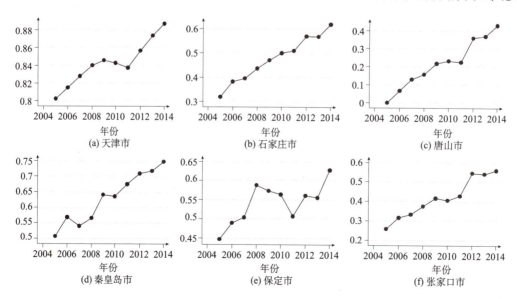

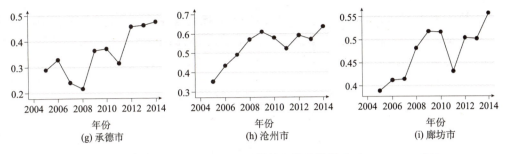

图 4-19　其他城市相比于北京节能减排效率的差异程度（2004～2014 年）

保定以及廊坊个别年份的节能减排效率与北京的节能减排效率差距拉大，其主要原因是对应年份粗放型发展的回归，导致高能耗、高碳排放。沧州在 2007 年以后与北京的节能减排效率差距趋于稳定，主要是由于 2007 年以后的能源利用效率并未出现显著提高。

8. 以日本东京为比较基准的京津冀 10 城市节能减排效率评价

上一节我们将北京作为比较基准，分析了京津冀城市群其他城市的节能减排效率与城市群内节能减排效率最优的城市之间的差距。本节进一步选择一个在世界节能减排效率处于前列的城市进行比较，分析京津冀城市群的节能减排效率与世界先进水平的差距。

日本是公认的世界节能减排领先国家，这里选取日本东京为比较对象。2006 年东京政府出台了"十年后的东京"计划，提出了具体的减排目标，2020 年东京的碳排放量在2000 年的基础上减少 25%，高于本国减排目标，即以 2020 年碳排放量在 1990 年的基础上减少 25%，由此拉开了建设低碳社会的序幕。自 2006 年以来，东京的节能减排政策都践行的非常好，取得了非常显著的成绩。图 4-20 显示了 2004～2015 年东京能源强度指标和二氧化碳排放强度指标，两个指标都随时间的变动呈现波动趋势，数值也非常小，远低于同时期的京津冀城市群，说明东京的节能减排效率已经到达一个非常高的水平。

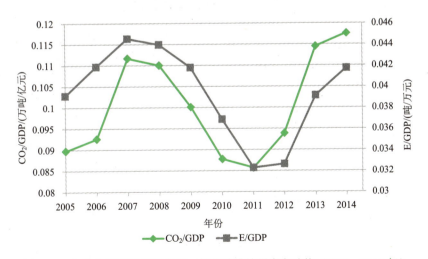

图 4-20　东京市能源消费强度和二氧化碳排放强度变动值（2005～2014 年）

本书将京津冀城市群相应年份的节能减排效率指数值除以东京同一年份的节能减排效率指数值，以此定量分析京津冀城市群与东京之间的节能减排效率的差异，结果如图 4-21 所示。从整体趋势来看，京津冀城市群的节能减排效率与东京的差距越来越小，

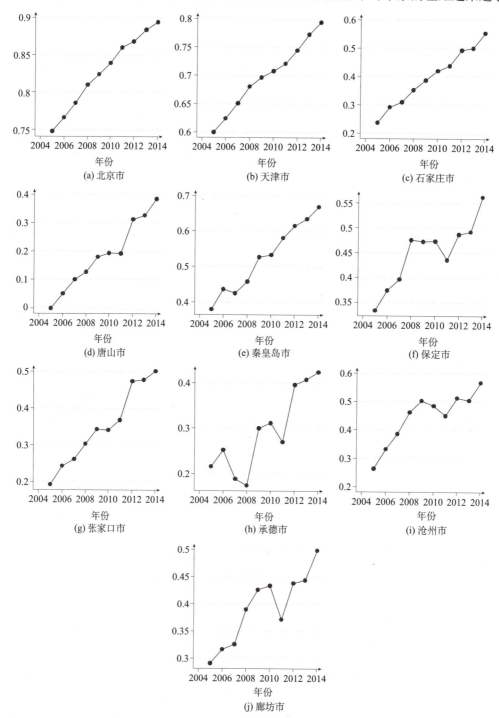

图 4-21　京津冀城市群相比于东京节能减排效率的差异程度（2004～2014 年）

说明京津冀城市群的节能减排效率与世界先进水平的差距在缩小。其中北京的节能减排效率与世界先进水平的差距已较小；除北京和天津外，其余城市的节能减排效率与世界先进水平仍存在一定差距，有待进一步提高。

四、本章小结

京津冀地区作为我国经济增长和转型升级的重要引擎，具有人口集聚规模大、城市群和产业群高度集中的特点。近年来，京津冀环境问题日益严重，发展低碳经济势在必行，具有强烈的紧迫性。然而，尽管京津冀发展低碳经济具有良好开局，但也受到自然环境、经济环境、科技环境、文化发展等方面的制约。

本章基于京津冀地区能源消费总量、增速、消费结构、单位GDP能耗等指标讨论了京津冀能源消费现状和趋势。接着，采用一套新的可接受的分解方法对各城市的二氧化碳排放量进行了测算。最后，采用熵权法对京津冀10城市的节能减排效率进行了评价，并定量化了城市群内部的节能减排效率差距以及城市群与世界先进水平的差距。结果显示：①从2006～2015年累计节能来看，京津冀城市群超额完成了国家下达的节能目标；②北京的节能减排效率最高，其次是天津，其余城市的节能减排效率偏低，第三产业比重与工业产业比重对节能减排效率具有较大影响；③京津冀其他城市的节能减排效率与北京的差距在缩小；④京津冀城市群的节能减排效率与世界先进水平的差距在缩小；其中，北京的节能减排效率与世界先进水平的差距已较小，除北京和天津外，其余城市的节能减排效率与世界先进水平仍存在一定差距，有待于进一步的提高。

第5章 京津冀地区低碳协同发展评价

 本章简介

> 广义上,低碳发展要求经济增长、资源利用、环境保护、政策措施上的协同。京津冀在我国国民经济发展中的地位举足轻重,对区域的低碳协同发展程度进行量化的分析,对于研究京津冀的低碳发展具有重要意义。

一、低碳发展的政策梳理

气候变化对人类社会的可持续发展带来严峻挑战，促进低碳经济发展已成为全球共识。从《京都议定书》到《巴黎协定》，各国都在为解决气候问题、实现低碳发展而努力。环境资源具有"公共品"属性及"外部性"，其产权难以界定。因此，促进低碳发展，在技术"解锁"的同时，政策的规制与引导作用也不容忽视。

目前比较主流的低碳政策可分为"行政命令型"和"市场激励型"两大类。

前者指国家行政部门根据相关的法律、法规、标准等来确定管制目标，企业必须严格遵守，从而实现对生产者的产品工艺、二氧化碳排放等活动的限制，对不达标者给予相应的处罚，一般包括对低碳技术和低碳绩效两方面控制目标。行政命令是目前解决资源和环境问题最常见的方法，尤其在市场经济不太发达的发展中国家，应用更为广泛。该类型政策的特征是有法律作保障，执行性较好，减排见效快，但是缺乏有效的成本-收益分析，成本效率低，可能会对产业发展产生不利影响。

市场激励型的低碳政策主要是通过影响碳排放主体对可选择性成本的评估，从而将企业碳排放的外部性内部化。从成本和收益方面切入，对企业实施引导，使企业自觉减少碳排放和积极实现低碳转型。具体又可细分为收税/费和碳排放权交易两种类型。前者以庇古税为理论基础，通过控制碳排放数量实现减排目的；后者以科斯定理为理论基础，通过控制碳排放价格实现减排目的。相比于行政命令型的低碳政策，市场激励型政策的减排总量控制目标更加明确，且企业履约相对灵活，有助于充分发挥市场机制在碳排放权资源配置中的决定性作用，对经济发展的负面影响较小，还有助于促进金融市场发展，是目前国际和国内低碳发展的重点政策方向。

此外，随着近年社会公众对节能减排与低碳发展的关注度不断提高，另一类被称为"公众参与型"的低碳政策也逐渐受到重视。其设计思路是环保部门向公众发布碳排放企业的相关信息，通过社会舆论压力影响企业生产决策，促使其减少碳排放；或者通过外在引导或改变内在价值观念等方式，强化企业的低碳意识，使其主动参与节能减排行为。这类政策主要有信息披露和自愿协议两种方式。

1. 全国性低碳发展政策梳理

尽管"低碳"概念始于本世纪，但事实上我国政府自 20 世纪 70 年代末就开始陆续出台了一系列与低碳发展相关的节能政策法规：1978 年，国家颁布《中华人民共和国宪法》，其中第十一条规定："国家保护环境和自然资源，防止污染和其他公害"，这是我国首次以宪法的形式对环境保护作出明确规定；1979 年颁布我国第一部综合性的环境保护法《中华人民共和国环境保护法》，标志着我国环保工作开始走向法制化；1997 年颁布《中华人民共和国节约能源法》，以法律的形式确立了"节能"在我国经济发展过程中的重要地位。

进入 21 世纪以后，随着国内居民物质生活水平的提高，人们的环保意识也逐渐增强，低碳经济发展理念逐步引起重视，我国加快了对节能减排管理的步伐。2004 年 11 月，国家发展与改革委员会（以下简称"发改委"）发布我国第一个《节能中长期专项规划》，指出要"大幅度提高能源利用效率，必须走科技含量高、经济效益好、资源消耗低、环境污染少、人力资源优势得到充分发挥的新型工业化道路，通过调整产业的整体技术装备水平"。2005 年颁布《可再生能源法》，将可再生能源的开发利用列为能源发展的优先领域；2006 年，我国编制的第一部有关全球气候变化及其影响的国家评估报告《气候变化国家评估报告》在北京发布，明确了要走"低碳经济"的发展道路。

近十年来，全球气候变化与国内大气污染问题日益突出。为控制我国污染物和碳排放，实现低碳经济转型，中央政府根据经济体制改革和生态文明体制改革要求，先后发布了一系列政策性文件指导我国低碳发展。《节能减排"十二五"规划》《"十二五"控制温室气体排放工作方案》《大气污染防治行动计划》《关于加快发展循环经济的若干意见》《关于加强节能工作的决定》《中美气候变化联合声明》《碳排放权交易管理暂行办法》《"十三五"控制温室气体排放工作方案》《"十三五"节能减排综合工作方案》等政策决议陆续出台，从循环经济、应对气候变化、节能环保等方面做出了具体规定，为我国低碳经济的发展提供了政策支持，并明确了中国低碳发展的具体目标：到 2015 年，全国万元国内生产总值能耗降低至 2010 年的 84%，全国单位国内生产总值二氧化碳排放降低至 2010 年的 83%；到 2017 年，全国地级及以上城市可吸入颗粒物浓度降低至 2012 年的 90%以下，珠三角、长三角和京津冀三个区域的细颗粒物浓度降低至 2012 年的 85%、80%和 75%左右；到 2020 年，单位国内生产总值二氧化碳排放（碳强度）比 2005 年下降 40%～45%，非化石能源占一次能源消费的比重达到 15%左右，森林面积比 2005 年增加 4000 万公顷，森林蓄积量比 2005 年增加 13 亿立方米，城镇新建建筑中绿色建筑占比达到 50%，大中城市公共交通占机动化出行比例达到 30%；到 2030 年，碳强度比 2005 年下降 60%～65%，森林蓄积量比 2005 年增加 45 亿立方米左右。图 5-1 列示了 2007 年以来部分全国性低碳发展重要政策文件。

表 5-1   2007 年至今全国低碳发展相关政策性文件及核心观点部分汇总

序号	时间	发布单位	文件名称及核心观点
1	2007 年 6 月 03 日	国务院	《中国应对气候变化国家方案》 我国第一部应对气候变化的全面政策性文件，也是发展中国家颁布的第一部应对气候变化的国家方案。方案明确了到 2010 年中国应对气候变化的具体目标、基本原则、重点领域及其政策措施
2	2008 年 10 月 29 日	国务院 新闻办公室	《中国应对气候变化的政策与行动》 全面介绍气候变化对中国的影响、中国减缓和适应气候变化的政策与行动以及中国对此进行的体制机制建设
3	2010 年 7 月 19 日	国家发改委	《关于开展低碳省区和低碳城市试点工作的通知》 明确将组织开展低碳省区和低碳城市试点工作，并确定广东、辽宁、湖北、陕西、云南五省和天津、重庆、深圳、厦门、杭州、南昌、贵阳、保定八市作为我国第一批国家低碳试点。对低碳试点地区工作提出具体要求，包括编制低碳发展规划、制定支持低碳绿色发展的配套政策、加快建立以低碳排放为特征的产业体系、建立温室气体排放数据统计和管理体系、积极倡导低碳绿色生活方式和消费模式

续表

序号	时间	发布单位	文件名称及核心观点
4	2011 年 3 月 14 日	第十一届全国人民代表大会（批准）	《中华人民共和国经济社会发展第十二个五年规划纲要》 提出"探索建立低碳产品标准、标识和认证制度，建立完善温室气体排放统计核算制度，逐步建立碳排放交易市场"
5	2011 年 10 月 29 日	国家发改委办公厅	《关于开展碳排放权交易试点工作的通知》 正式批准北京、上海、天津、重庆、湖北、广东和深圳七省市开展碳交易试点工作。在此基础上，各试点地方政府分别发布各地试点工作相关政策性文件
6	2011 年 12 月 01 日	国务院	《"十二五"控制温室气体排放工作方案》 明确到 2015 年中国控制温室气体排放的总体要求和主要目标，提出要综合利用多种措施有效控制温室气体排放，并通过低碳试验试点形成一批典型的低碳省区、低碳城市、低碳园区和低碳社区等，全面提升温室气体控排能力
7	2012 年 6 月 13 日	国家发改委	《温室气体自愿减排交易管理暂行办法》 旨在保障自愿减排交易活动的有序开展，调动全社会自觉参与碳减排活动的积极性，为逐步建立总量控制下的碳排放权交易市场积累经验，奠定技术和规则基础
8	2012 年 10 月 09 日	国家发改委办公厅	《温室气体自愿减排项目审定和核证指南》 进一步明确了温室气体自愿减排项目的审定与核证机构的备案要求、工作报告格式，促进审定与核证结果的客观、公正，以保证温室气体自愿减排交易顺利开展
9	2013 年 10 月 15 日	国家发改委办公厅	《关于印发首批 10 个行业企业温室气体排放核算方法与报告指南（试行）的通知》 具体包括发电、电网、钢铁、化工、电解铝、镁冶炼、平板玻璃、水泥、陶瓷、民航十个行业。旨在有效地实现建立完善温室气体统计核算制度，逐步建立碳排放交易市场。指南将供开展碳排放权交易、建立企业温室气体排放报告制度、完善温室气体排放统计核算体系等相关工作参考使用
10	2014 年 1 月 13 日	国家发改委	《关于组织开展重点企（事）业单位温室气体排放报告工作的通知》 旨在全面掌握重点单位温室气体排放情况，加快建立重点单位温室气体排放报告制度，完善国家、地方、企业三级温室气体排放基础统计和核算工作体系，加强重点单位温室气体排放的管控，为实行温室气体排放总量控制、开展碳排放权交易等相关工作提供数据支撑。加快培育和提高广大企（事）业单位的低碳意识，强化减排的社会责任，落实节能减排措施，加强基础能力建设，提高自主减缓行动的透明度
11	2014 年 9 月 19 日	国家发改委	《关于印发国家应对气候变化规划（2014～2020 年）的通知》 提出到 2020 年应对气候变化工作的主要目标，具体包括：控制温室气体排放行动目标全面完成，低碳试点地区示范取得显著进展，适应气候变化的能力大幅提升，能力建设取得重要成果，国际交流合作广泛开展等
12	2014 年 11 月 12 日	中美两国（联合发布）	《中美气候变化联合声明》 首次公布了中美 2020 年后各自的行动目标，双方均表示为应对全球气候变化这一人类面临的巨大威胁，将为了共同利益建设性地一起努力，达成温室气体减排协议

序号	时间	发布单位	文件名称及核心观点
13	2014 年 12 月 10 日	国家发改委气候司	**《碳排放权交易管理暂行办法》** 旨在推进生态文明建设，加快经济发展方式的转变，促进体制机制创新，充分发挥市场在温室气体排放资源配置中的决定性作用，加强对温室气体排放的控制和管理，规范碳交易市场的建设和运行。明确了全国碳市场建立的主要思路和管理体系；发改委将依据本办法负责碳交易市场的建设，并对其运行进行管理、监督和指导
14	2015 年 9 月 25 日	中美元首（联合发布）	**《中美元首气候变化联合声明》** 中美两国元首宣布了两国各自 2020 年后应对气候变化行动目标：美国计划于 2025 年实现在 2005 年基础上减排 26%～28% 的全经济范围减排目标并将努力减排 28%；中国计划 2030 年左右二氧化碳排放达到峰值且将努力早日达峰，并计划到 2030 年非化石能源占一次能源消费比重提高到 20% 左右。明确提出中国计划于 2017 年启动覆盖钢铁、电力、化工、建材、造纸和有色金属等重点工业行业的全国碳排放权交易体系。并且将支持其他发展中国家应对气候变化，包括增强其使用绿色气候基金资金的能力
15	2016 年 1 月 11 日	国家发改委办公厅	**《关于切实做好全国碳排放权交易市场启动重点工作的通知》** 旨在确保 2017 年将启动全国碳排放权交易，实施碳排放权交易制度，切实做好启动前重点准备工作。提出拟纳入全国碳排放权交易体系的工业企业名单，并要求对拟纳入企业的历史碳排放进行核算、报告与核查等
16	2016 年 10 月 27 日	国务院	**《"十三五"控制温室气体排放工作方案》** 明确"十三五"期间累计减排二氧化碳当量 11 亿吨以上。到 2020 年，碳强度比 2015 年下降 18%；能源消费总量控制在 50 亿吨标准煤以内，能源强度比 2015 年下降 15%，非化石能源比重达到 15%。大型发电集团单位供电二氧化碳排放控制在 550 克二氧化碳/千瓦时以内；力争常规水电装机到 3.4 亿千瓦，风电装机到 2 亿千瓦，光伏装机到 1 亿千瓦，核电装机到 5800 万千瓦，在建容量达到 3000 万千瓦以上；煤炭消费总量控制在 42 亿吨左右；战略性新兴产业增加值占国内生产总值的比重力争达到 15%，服务业增加值比重达到 56%；单位工业增加值二氧化碳排放量比 2015 年下降 22%，工业领域二氧化碳排放总量趋于稳定；森林覆盖率达到 23.04%，森林蓄积量达到 165 亿立方米，草原综合植被盖度达到 56%，探索开展海洋等生态系统碳汇试点；营运货车、营运客车、营运船舶单位运输周转量二氧化碳排放比 2015 年分别下降 8%、2.6%、7%；城市客运单位客运量二氧化碳排放比 2015 年下降 12.5%；纯电动汽车和插电式混合动力汽车生产能力达到 200 万辆、累计产销量超过 500 万辆；北京、天津、河北等地区碳强度下降 20.5%
17	2017 年 1 月 05 日	国务院	**《"十三五"节能减排综合工作方案》** 强调推进京津冀及周边地区、长三角、珠三角、东北等重点地区，以及大气污染防治重点城市煤炭消费总量控制，新增耗煤项目实行煤炭消耗等量或减量替代。进一步明确了到 2020 年，煤炭占能源消费总量比重下降到 58% 以下，电煤占煤炭消费量比重提高到 55% 以上，非化石能源占能源消费总量比重达到 15%，天然气消费比重提高到 10% 左右；工业能源利用效率和清洁化水平显著提高，规模以上工业企业单位增加值能耗比 2015 年降低 18% 以上；城镇绿色建筑面积占新建建筑面积比重提高到 50%，基本完成北方采暖地区有改造价值城镇居住建筑的节能改造，完成公共建筑节能改造面积 1 亿平方米以上；大城市公共交通分担率达到 30%，新增乘用车平均燃料消耗量降至 5.0 升/百公里；公共机构单位建筑面积能耗和人均能耗比 2015 年降低 10% 和 11%

2. 京津冀低碳发展政策梳理

1）北京

作为全国的政治中心、文化中心、国际交往中心和科技创新中心，以绿色奥运实践为依托，北京市自"十一五"期间起，陆续出台了一系列政策探索和实践北京市的低碳发展，包括资金补贴、碳排放权限额交易、制定标准、示范试点等。2006 年，北京市人民政府颁发《北京市节能监察办法》，设立节能行政主管部门，对北京市使用能源和开发利用新能源、可再生能源以及用能单位执行节能法律、法规、规章、相关标准以及国家和市人民政府有关节能规定的情况进行监督检查，并对未达标者依法予以处理。同年，《北京市居民住宅清洁能源分户自采暖补贴暂行办法》开始执行，力保每户单独采暖的居民使用燃气、电力等清洁能源，减少散煤燃烧。2007 年，由北京市财政局、北京市发改委等四部门制定的《北京市支持清洁生产资金使用办法》正式启用，对企业需要较高投资和较长时间才能完成的清洁生产项目予以不同程度的资金补助，最高可达 3000 万元。

随后，《节能减排统计监测及考核实施方案和意见办法》《北京市既有建筑节能改造项目管理办法》《北京市供热系统节能技术改造财政奖励资金管理暂行办法》《北京市合同能源管理项目扶持办法（试行）》《北京市振兴发展新能源产业实施方案》《北京市加快太阳能开发利用促进产业发展指导意见》《北京市人民政府批转市发展改革委关于加快构建本市安全高效低碳城市供热体系有关意见的通知》《北京市"十二五"时期节能降耗与应对气候变化综合性工作方案》《北京市居住建筑节能设计标准》《北京经济技术开发区绿色低碳循环发展行动计划》等政策性文件相继出台，力争"逐步创建产品供给、市场流通、消费行为全过程的绿色低碳方式"。

2011 年 10 月，国家发改委确定北京为全国首批碳排放权交易试点城市之一。2012年 10 月，北京市试点实施方案率先获得国家发改委批复。2013 年 11 月 28 日，北京市碳排放权交易市场正式开市交易。2013 年 12 月 29 日，北京市人大常委会发布了《关于北京市在严格控制碳排放总量前提下开展碳排放权交易试点工作的决定》，确立了碳排放总量控制、配额管理、碳排放权交易、碳排放报告和第三方核查等 5 项基本制度。2014年 6 月 30 日，北京市政府发布了《北京市碳排放权交易管理办法（试行）》，制定出台了配额核定方法、核查机构管理办法、交易规则及配套细则、场外交易实施细则、公开市场操作管理办法、行政处罚自由裁量权的规定，以及碳排放权抵消管理办法等 10 多项配套政策文件，形成了"1+1+N"较为系统完善的法规政策体系，为顺利推进试点建设和碳市场健康有序运行提供了法规政策保障。为丰富北京市碳排放权履约方式，规范重点排放单位使用经审定的碳减排量履行年度碳排放控制责任的行为，2014 年 9 月 1 日北京市发改委联合园林绿化局发布了《北京市碳排放权抵消管理办法（试行）》。

在节能与低碳标准方面，北京市自 2012 年开始实施百项节能低碳标准建设实施方案，并首次制定发布了 27 项能耗限额类标准，不仅规定了现有企业单位产品能耗限额的限定值，还明确了新建企业单位产品能耗限额的准入值，提出了企业单位产品能耗限额的先进值。其中，限定值和准入值是当前必须要遵照执行的规定，随着技术进步，先进值未来将逐步转换成准入值或限定值。2015 年 3 月，国务院办公厅印发了《关于加强节能标准化工作的意见》（国办发[2015]16 号），提出到 2020 年要建成指标先进、符合国情的节能标准体系，主要高耗能行业实现能耗限额标准全覆盖，80%以上的能效指标达到国际先进水平。在一系列政策措施地促进下，"十二五"以来，北京市低碳发展工作取得较好成效，以年均 1.75%能耗增长支撑了年均 7.7%的经济增长，万元 GDP 能耗仅为 0.32吨标准煤，在全国省级地区最低；同时，三产比重已经达到 77.9%。考虑到北京依靠调整产业结构和淘汰高耗能产业实现节能减排的空间已经非常有限，需要更加严格的标准来引领低碳发展。北京市发改委、质监局等单位联合发布《北京市推进节能低碳和循环经济标准化工作实施方案（2015～2022 年）》，对"十三五"至 2022 年冬奥会期间，北京市节能、低碳和循环经济等领域的标准制定与控制工作进行了全面部署，并确立了国内首个省级发布的节能低碳与循环经济标准体系。

此外，根据《北京市"十三五"时期节能降耗及应对气候变化规划》，为推动重点用能单位和排放单位持续强化节能减碳工作，北京市制定发布《北京市能效领跑者试点实施方案（2016～2020 年）》，在发电、供热、汽车制造、医药制造、交通、教育、医疗卫生、餐饮业、商场超市、宾馆饭店、党政机关、物业管理等 30 个重点行业/领域，分行业、分批次、分年度组织实施能效、碳排放"领跑者"试点行动。通过开展对标活动，打造一批"领跑者"标杆单位，指导落后企业开展达标改进行动，带动产业能效整体提升，控制重点领域碳排放。

本章附件 1 汇总了"十一五"至今北京市低碳发展相关政策性文件。

2）天津

以能源节约、温室气体减排和发展循环经济为主要内容，天津市的低碳发展政策主要包括行政监督考核、资金扶持鼓励、产业发展规划、碳排放权交易、试点示范项目等。

早在 1996 年，天津市人民政府就颁布了《天津市节能监督检测管理办法》，设立政府节能监测机构和行政主管部门，依法对全市用能单位的能源使用状况和社会用能产品的能耗指标进行检测和评价，并对节能监测工作实施监督管理。为满足新形势下低碳发展的需要，《关于修改〈天津市节能监督检测管理办法〉的决定》（天津市人民政府令[2004]第 82 号）在 2004 年 6 月 4 日天津市人民政府第二十八次常务会议上通过，自 2004 年 7月 1 日起开始施行。修订后的办法指定了天津市经济委员会作为天津市节能工作的行政主管部门，负责全市节能监督管理工作。监测的内容包括：按照国家及天津市颁布的能耗限额标准检测、评价用能单位的用能情况，对生产、销售的用能产品的能效标识进行检测、评价，检查有无在用的国家明令限期淘汰的耗能产品及设备，检测、评价余能资源的回收利用情况，检测、评价因技术改造或者其他原因致使主要耗能设备、生产工艺、能源消费结构发生了重大变化的用能单位的耗能情况等。

2001 年 5 月 23 日，天津市第十三届人民代表大会常务委员会第二十五次会议通过《天津市节约能源条例》，提出将采用资金补助、鼓励等方式，鼓励工业企业采用高效、节能的电动机、锅炉、窑炉、风机、泵类等设备，采用热电联产、余热余压余气利用、洁净煤以及先进的用能监测和控制等技术，采用合同能源管理方式实施节能改造项目等。

该条例已被修订并于 2012 年 5 月 9 日在天津市第十五届人民代表大会常务委员会第三十二次会议通过，新的条例扩大了法规调整范围，理顺了节能管理体制，健全了节能管理制度，完善了节能激励措施，强化了节能法律责任。2008 年，天津新技术产业园区管理委员会设立"节能减排专项资金"，支持高新区节能减排工作，具体包括：重点耗能设备或生产线进行节能技术改造，采用清洁能源或可再生能源（包括天然气、太阳能、风能或生物质能等）发电、照明、制冷制热，实施清洁生产审核和能源评估，以及节能示范建筑项目等。

2010 年 7 月，天津市被列入国家首批低碳城市试点。为积极推动低碳发展，天津市积极完成编制低碳发展规划、制定支持低碳发展的配套政策、加快建立以低碳排放为特征的产业体系、建立温室气体排放数据统计和管理体系、积极倡导低碳绿色生活方式和消费模式等具体任务，先后发布了《天津市应对气候变化和低碳经济发展"十二五"规划》《天津市"十二五"节能目标责任评价考核实施方案》《天津市公共机构节能办法》《天津市低碳城市试点工作实施方案》《天津市推进能源管理体系工作实施方案》等政策性文件，力争优化能源消费结构，提高能源利用效率，培育低碳生活方式。具体以产业低碳化发展为例，天津市以"扶优汰劣"为重点，积极加快产业结构调整，充分发挥节能评估审查的"关口"作用——对钢铁、有色、建材、石油石化、化工等高耗能行业新增产能实行能耗等量或减量置换，实现能耗总量动态平衡。并按照"淘汰一批、关停一批、迁建一批"的思路，加快淘汰 400 立方米以下小高炉、30 吨以下的转炉和电炉、4.3 米以下的小机焦、3 米以下的水泥磨机等落后产能。

2011 年 10 月，天津市被列入国家首批碳排放权交易试点。2013 年 2 月，《天津市碳排放权交易试点工作实施方案》发布，明确将天津市钢铁、化工、电力、热力、石化、油气开采等重点排放行业和民用建筑领域中 2009 年以来排放二氧化碳 2 万吨以上的企业或单位纳入试点初期市场范围，并根据天津市单位地区生产总值二氧化碳排放下降任务要求，综合考虑经济发展及行业发展阶段，确定市场范围 2013～2015 年各年度二氧化碳排放总量目标；进而根据各年度总量目标，综合考虑纳入企业历史排放水平、已采取的节能减碳措施及未来发展计划等，制定纳入企业 2013～2015 年各年度二氧化碳排放配额分配方案。每年向纳入企业免费发放本年度二氧化碳排放配额，并积极探索通过市场拍卖方式发放配额。2013 年 12 月 18 日，天津市发改委发布了 114 家纳入碳排放权交易试点的企业名单。2013 年 12 月 26 日，天津市碳排放权交易正式启动。

此外，为积极应对气候变化，推动低碳发展，天津市还积极开展示范试点工作。例如天津市滨海新区以打造全国领先的低碳新区为目标，要求各功能区制定出切实可行的节能减排方案，做绿色发展的领跑者。天津经济技术开发区作为中国首批循环经济试点园区，创造了闻名遐迩的"泰达模式"。据测算，天津开发区目前每年可供整合的二氧化碳减排量超过 50 万吨，年温室气体减排收入可达 500 万美元。天津港保税区在努力打造低碳经济示范区和生态宜居的新城区方面，也不断取得成效。2011 年 7 月，天津市发改委依托天津市环境保护科学研究院，在国内率先建立了低碳发展综合性研究机构"天津市低碳发展研究中心"；2012 年 10 月，国内首家"低碳环保技术超市"在天津滨海新区建成，对低碳产业、低碳园区建设、低碳能源开发利用、循环经济试点等成果进行展示，为企业展示、交流或购买节能环保技术及产品搭建了专业化对接平台。作为环保服务业试点，滨海新区发改委每年将拨出专项资金对低碳环保技术超市予以支持，低碳环保技术超市配备有工程技术人员，为咨询、洽谈企业提供专业讲解，根据企业规模、类型、地理位置等因素，做出最优决策。此外，技术人员还定期筛选、更新低费高效的节能环保技术，并对企业进行技术培训，定期开展新的节能技术推介。

本章附件 2 汇总了"十一五"至今天津市低碳发展相关政策性文件。

3）河北

从河北省经济情况来看，改革开放近 40 年来，尽管经济取得较快的发展，但产业结构还处于产业链低端，煤炭消费比重高，能源利用效率较低。河北省既要控制以煤为主的能源消费，又要保证经济发展，可谓面临低碳经济转型的迫切需要和巨大挑战。2006年 5 月 24 日，河北省第十届人民代表大会常务委员会第二十一次会议通过《河北省节约能源条例》，提出要"坚持能源节约与能源开发并举、把能源节约放在首位的方针，逐步建立并推行综合资源规划、电力需求侧管理、合同能源管理、能效标识管理、自愿协议等节能新机制。"随后，《河北省节能减排综合性实施方案》《河北省大气污染防治条例》《河北省机动车排气污染防治办法》《河北省环境治理监督检查和责任追究办法》《河北省环境监管实行网格化管理办法》《河北省排污许可证管理办法》和《河北省环境监测办法》等政策法规相继出台，为河北省低碳经济发展提供了法律保障。

2013 年，河北省委省政府印发《河北省大气污染防治行动计划实施方案》，制定了50 条大气污染治理措施，明确到 2013 年年底前全省供应符合国家第四阶段标准的车用汽油。到 2014 年底前，全省供应符合国家第四阶段标准的车用柴油，所有加油站、储油库、油罐车完成油气回收治理；到 2015 年底前，全省供应符合国家第五阶段标准的车用汽、柴油；到 2017 年底前，全省细颗粒物浓度要比 2012 年下降 25%以上，首都周边及大气污染较重的石家庄、唐山、保定、廊坊和定州、辛集细颗粒物浓度比 2012 年下降 33%，邢台、邯郸下降 30%，秦皇岛、沧州、衡水下降 25%以上，承德、张家口下降 20%以上；全省煤炭消费量比 2012 年净削减 4000 万吨；全省钢铁产能削减 6000 万吨；全部淘汰"黄标车"；全省完成 80%具备改造价值的老旧住宅供热计量及节能改造。具体措施包括：

（1）产业方面。

严把新建项目产业政策关，研究制定全省和各市符合当地功能定位、严于国家要求的产业准入目录，不再审批钢铁冶炼、水泥、电解铝、平板玻璃、船舶等产能严重过剩行业和炼焦、有色、电石、铁合金等新增产能项目，新、扩、改建项目实行产能等量或减量置换。

（2）能源方面。

逐步提高接受外输电比例，加大天然气、液化石油气、煤制天然气供应。禁止新建项目配套建设自备燃煤电站。耗煤建设项目实行煤炭减量替代。积极有序发展水电，开发利用地热能、风能、太阳能、生物质能，安全高效发展核电，逐步提高城市清洁能源使用比重。到 2017 年,现有工业企业的燃煤设施全部改用天然气或由周边电厂供汽供电，基本完成燃煤锅炉、窑炉、自备电站的天然气替代改造任务。

（3）企业方面。

提高节能环保准入门槛，对符合准入条件的企业实施动态管理。实行重点控制城市特别排放限值。石家庄、唐山、廊坊、保定市和定州、辛集市新建火电、钢铁、石化、水泥、有色、化工等企业以及燃煤锅炉项目，执行大气污染物特别排放限值，邢台、邯郸市在火电、钢铁、水泥行业参照重点控制城市进行管理。所有新、扩、改建项目，必须全部进行环境影响评价。严格控制生态脆弱或环境敏感地区建设"两高"行业项目。推进重污染企业搬迁改造，结合化解过剩产能、节能减排和企业兼并重组，有序推进位于城市主城区的钢铁、石化、化工、有色金属冶炼、水泥、平板玻璃等重污染企业环保搬迁改造，到 2017 年完成 123 家重污染企业搬迁。

（4）交通方面。

加强车辆环保监管，推广新能源汽车。石家庄市及京津周边城市严格限制机动车保有量增长速度，通过采取鼓励绿色出行、增加使用成本等措施，降低机动车使用强度。合理引导个体化交通需求，在重点拥堵区域和路段取消占道停车，交通高峰期实施小汽车分时段限行措施。实施不同区域、不同类别差别化停车收费。改善步行、自行车出行条件，开展公共自行车租赁服务试点工作。

（5）监督方面。

成立省大气污染防治工作领导小组，由省长任组长，有关分管副省长任副组长，省政府相关部门、各设区市和省直管县（市）政府主要负责人为领导小组成员。省环保厅每月公布各设区市和省直管县（市）环境空气质量排名情况，每月公布环境空气质量最差、最好的各 20 个县（市、区）名单。聘任万余名大气污染防治义务监督员，包括人大代表、政协委员、大学生、热心市民等。这些监督员既能举报企业污染（包括大气和水污染），还可以监督环保执法人员执法。发现污染事件后，监督员可以直接上报当地的环境监察部门。环保监督员举报的污染问题，各设区市环境监察部门必须受理。受理后，交由污染企业所在地的县（市、区）环保部门核实、处理，在一定期限内向市一级环境监察部门汇报处理结果。如果环保监督员趁机敲诈勒索污染企业，不向环保部门举报，将被立即解聘。

此外，为了促进清洁能源发展，河北省还积极实施新能源发电项目补贴政策。例如：对金太阳示范工程以外的屋顶分布式光伏发电项目，按照全电量提供 3 年每千瓦时 0.2 元的电价补贴；对余量上网电量，由省电网企业按照当地燃煤机组标杆上网电价结算，并随标杆上网电价的调整相应调整。对光伏扶贫项目，2017 年年底以前建成投产的自投产之日起可享受 3 年补贴，补贴标准提高到每千瓦时 0.2 元。此外，河北省政府还积极鼓励有条件的大型国企联合社会民间资本等共同出资设立光伏产业创业或股权投资基金，帮助企业申请发行债券和上市融资，省融资担保集团积极为光伏企业提供贷款担保服务。

本章附件 3 汇总了"十一五"至今河北省低碳发展相关政策性文件。

4）京津冀

京津冀位处环渤海地区的中心位置，是我国国民经济与社会发展的重要引擎和参与国际竞争合作的先导区域。无论是从经济发展、社会空间布局，还是生态环境方面，都对三地协同发展提出了迫切需求，是中共十八大以来的一个重大战略部署，其中低碳发展是重要抓手。

2015 年 12 月 30 日，国家发改委、环境保护部发布《京津冀协同发展生态环境保护规划》，从国家层面首次给出京津冀城市群 $PM_{2.5}$ 年均浓度红线（2017 年控制在 73 微克/立方米左右，2020 年控制在 64 微克/立方米左右）。并要求 2015～2020 年，京津冀城市群能源消费总量增长速度要显著低于全国平均增速，其中煤炭消费总量继续实现负增长，北京煤炭占能源消费比重下降到 10% 以下。2017 年底前，京津唐电网风电等可再生能源电力占电力消费总量比重达到 15%。

2017 年 3 月 29 日，国家发改委、环境保护部、财政部和能源局会同京津冀及周边地区大气污染防治协作小组及有关单位制定并发布《京津冀及周边地区 2017 年大气污染防治工作方案》，要求北京、天津、河北、山西、山东、河南省（市）按照方案要求，组织制定本地 2017 年达到空气质量目标细化方案，并将任务分解到乡镇、街道、社区，明确责任人和完成时限。中石油、中石化、中海油、国家电网公司要与各省（市）人民政府对接，统筹以气代煤、以电代煤工程的规划和实施工作，制订工作方案，加大气源、电源保障力度。中石油、中石化、中海油、华能、大唐、华电、国电、国电投、神华集团要梳理方案规定的治理任务和所涉及的企业名单，制定具体措施，明确完成时限。各相关部门要严格按照职责分工，指导有关地方政府落实方案任务要求，加大扶持力度，完善政策措施，充分调动地方和企业积极性，同时强化监督与管理。同时，环境保护部建立月调度、季考核机制，每月调度各地区、各部门工作进展情况，量化各项任务进度和完成比例，会同发改委、财政部、国家能源局定期上报国务院。方案所规定的具体任务和措施如表 5-2 所示。

表 5-2　《京津冀及周边地区 2017 年大气污染防治工作方案》主要任务汇总

任务	具体内容
产业结构调整	❖ 化解钢铁过剩产能，其中，廊坊和保定市是重中之重 ❖ 取缔违法"小散乱污"企业
冬季清洁取暖	❖ 每个城市完成 5 万～10 万户以气代煤或以电代煤工程，加大工业低品位余热、地热能等利用 ❖ 淘汰 10 蒸吨及以下燃煤锅炉以及茶炉大灶、经营性小煤炉，燃煤窑炉加快电炉、气炉改造进度 ❖ 新建用煤项目实行煤炭减量替代，20 万人口以上县城基本实现集中供热或清洁能源供热全覆盖，新增居民建筑采暖要以电力、天然气、地热能、空气能等采暖方式为主，不得配套建设燃煤锅炉
工业大气污染治理	❖ 所有钢铁、燃煤锅炉排放的二氧化硫、氮氧化物和颗粒物大气污染物执行特别排放限值，重点排污单位全面安装大气污染源自动监控设施，并与环保部门联网，实时监控污染物排放情况，依法查处超标排放行为 ❖ 完成重点行业（火电、钢铁、水泥行业等）排污许可证发放工作，各地结合污染排放特征和地方排放标准实施要求，在全国率先开展医药、农药、包装印刷、工业涂装等行业排污许可证核发工作 ❖ 率先实施全面达标排放行动计划，督促企业安装自动监控设施，建立企业排污台账，从严处罚违法排污行为 ❖ 实施挥发性有机物（VOC_S）综合治理，如配套改进生产工艺、建立完善管理制度等

续表

任务	具体内容
采暖季错峰生产	❖ 水泥（含粉磨站）、铸造（不含电炉、天然气炉）、砖瓦窑等行业，除承担居民供暖、协同处置城市垃圾和危险废物等保民生任务外，采暖季全部实施错峰生产，燃煤发电机组（含自备电厂）未达到超低排放的全部停产 ❖ 各地实施钢铁企业分类管理，按照污染排放绩效水平，制定错峰限停产方案。石家庄、唐山、邯郸等重点城市，采暖季钢铁产能限产 50%，以高炉生产能力计，采用企业实际用电量核实 ❖ 各地采暖季电解铝厂限产 30% 以上，以停产的电解槽数量计；氧化铝企业限产 30% 左右，以生产线计；碳素企业达不到特别排放限值的，全部停产，达到特别排放限值的，限产 50% 以上，以生产线计；涉及原料药生产的医药企业 VOCs 排放工序、生产过程中使用有机溶剂的农药企业 VOCs 排放工序，在采暖季原则上实施停产，由于民生等需求存在特殊情况确需生产的，需报省级政府批准
控制机动车排放	❖ 天津、河北及环渤海所有集疏港煤炭主要由铁路运输，禁止环渤海港口接收柴油货车运输的集疏港煤炭 ❖ 全面加强机动车排污监控，2017 年 12 月底前完成遥感监测设备国家、省、市三级联网；及时汇总分析排放情况，向社会公开超标严重的车型信息；建设国家、省、市三级机动车环境执法监管专业队伍，提高现场执法能力水平；环境保护部建立机动车污染控制实验室，提高管理政策制定的技术支撑能力 ❖ 实施重型柴油车在北京市六环路（含）管控措施，引导外埠过境重型柴油车绕行北京 ❖ 率先完成城市车用柴油和普通柴油并轨；2017 年 9 月底前，全部供应符合国六标准的车用汽柴油，禁止销售普通柴油；开展专项行动，严厉打击生产、销售假劣油品行为，取缔黑加油站点，追究违法者责任
提高城市管理水平	❖ 制定扬尘治理专项方案，实行网格化管理；明确网格街道保洁工作负责人，并公布名单 ❖ 全面禁止秸秆、枯枝落叶、垃圾等露天焚烧；北京、廊坊、保定市建成区全面禁止露天烧烤，室内烧烤必须配备油烟净化设备；制定烟花爆竹禁限放方案，明确烟花爆竹禁限放要求
强化重污染天气应对	❖ 完善区域空气质量预测预报会商机制，全面提高环境空气质量预测预报能力 ❖ 环境保护部指导各地修订重污染天气应急预案，统一预警分级标准、不同级别减排比例要求，实施区域应急联动，提前启动应急预案

注：“小散乱污”企业重点是有色金属熔炼加工、橡胶生产、制革、化工、陶瓷烧制、铸造、丝网加工、轧钢、耐火材料、碳素生产、石灰窑、砖瓦窑、水泥粉磨站、废塑料加工，以及涉及涂料、油墨、胶黏剂、有机溶剂等使用的印刷、家具等小型制造加工企业。

为保证以上工作任务得以顺利完成，方案还提出了一系列保障措施，包括：

（1）以各省（市）政府为责任主体，京津冀及周边地区大气污染防治协作小组协调推进，分解任务，落实责任；各有关部门严格按照职责分工落实任务要求；环境保护部每季度调度各地区和相关单位工作任务落实情况，会同发改委、财政部、国家能源局上报国务院，采暖季每月调度。

（2）加大中央大气污染防治专项资金支持力度，优化使用方式，向任务量较大的省份和城市倾斜；相关地方各级政府全面加大本级大气污染防治资金支持力度，重点用于燃煤锅炉替代、散煤治理、高排放车淘汰、工业污染治理等领域；各地根据本地区实际，研究对化工及汽车、集装箱、家具制造等工业涂装类 VOCs 排放征收排污费。

（3）出台一揽子经济激励政策，支持冬季清洁取暖工作；将民生供暖电能替代、燃气替代项目列入中央基建投资计划，优先支持清洁能源替代项目使用中央基建投资，给予替代项目部分设备投资支持；将电供暖电量统一打包通过电力交易平台，向低谷时段发电企业直接招标；居民"煤改气"气价按居民用气定价；发挥政策性和开发性金融机构引导作用，鼓励其加大对京津冀及周边地区产业升级、冬季清洁取暖和大气污染治理等领域的信贷投放，加大对节能环保项目的资金支持力度。

（4）国家电网公司与相关城市统筹"煤改电"工程的规划和实施，制订工作方案，相关地方省级、市级政府对配套电网工程给予补贴，承担配套输变电工程的征地拆迁前期工作和费用，统筹协调"煤改气"、"煤改电"用地指标，电网公司按照工业企业错峰生产要求，严格落实电力供应。

（5）增强大气环境管理决策的科技支撑，加大科研经费支持力度，加快国家大气污染健康综合监测网络建设与研究，充分利用研究成果及时准确为群众解疑释惑；统筹安排重污染天气信息发布内容、时机和形式，切实做好大气污染防治宣传报道和舆论引导工作；定期开展舆情分析研判，及时发布权威声音回应公众关注的热点问题；严格按照《大气污染防治法》规定，由环境保护部会同气象局建立会商机制，统一发布重污染天气预报预警信息。

（6）环境保护部对各地城市空气质量改善情况实施按月排名，按季度考核，北京、天津、廊坊、保定市以区县为单位参与排名，考核和排名结果交由干部主管部门，作为对领导班子和领导干部综合考核评价的重要依据；环境保护部等有关部门组织开展采暖季大气污染防治专项执法行动，按季度调度各地"小散乱污"企业整治情况，公布一批不能达标的企业名单，依法实施挂牌督办、限期整改，涉及环境犯罪的，依法移送公安机关。

二、京津冀地区低碳协同发展指数

在梳理京津冀地区低碳发展政策的基础上，本书构建了京津冀地区低碳协同发展指数。

1. 构建区域低碳协同发展指数

对区域低碳协同发展程度进行评价是有效促京津冀低碳发展的一个工具。目前国内外对于区域协同发展的研究可分为定性研究与定量研究两类：定性研究一般从资源禀赋和利用情况、经济发展与产业结构等某个具体角度切入，引出问题并提出政策建议；鉴于定性研究的主观与片面性，大部分研究倾向于使用定量的方法，比较有代表性的是通过测量区域系统现有状态与理想状态的差距来评价系统的协同发展程度。基于这类定量研究的思想，本书结合逼近理想解的 TOPSIS（technique for order preference by similarity to an ideal solution）方法、灰色关联理论和距离协同模型，构建区域协同发展程度的指数构建与评价方法，分析京津冀低碳协同发展程度，从而为京津冀低碳发展政策提供参考。具体的研究方法介绍如下。

1）区域协同发展系统的构成

所谓系统，就是由相互联系、相互作用的要素，以一定的结构组成的具有特定功能的整体。由大量要素组成的（复杂）系统中，要素与系统之间存在若干层次的子系统。系统协调就是以系统整体效益最大化为目标，系统内部各组成要素及系统间通过复杂、动态的交互作用而实现的和谐共生的发展关系。能源、环境和经济子系统中的各要素以及各子系统之间并不是孤立的，彼此之间存在着大量多重特性、连锁复杂的非线性相互作用关系，需要将相互联系、相互矛盾的能源子系统、经济子系统和环境子系统看作一个整体加以综合研究。

在低碳协同评价中，本书将区域低碳发展系统，划分为经济、资源、环境、效率四个子系统（图 5-1），这四个子系统间互为投入和产出、相互影响、相互作用。其中，"经济-效率-资源"和"经济-效率-环境"构成了区域内的两条发展主线，而经济子系统处于这两条主线的枢纽地位——经济子系统为其他子系统提供物质保证，经济子系统同时也受到其他子系统的影响与制约。经济、效率、资源和环境这四者相互协调、相互促进，从而保障整个区域系统的低碳协同发展。

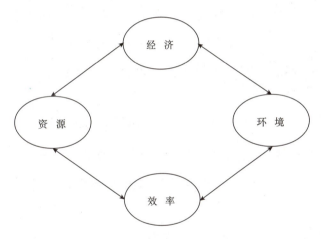

图 5-1　区域低碳协同发展系统的构成

2）指数构建的原则

为了全面、客观和科学地对低碳经济发展水平进行综合分析，区域低碳发展指标体系作为低碳发展水平综合分析与优化的基础起着至关重要的作用。与其他指标体系相似，在筛选和设定具体指标时应遵循以下原则。

（1）科学性与实用性原则：区域低碳协同发展指标体系应当科学、准确地体现低碳经济发展的实质与内涵，同时依据数据可获得的难易程度选取相应的指标；

（2）综合性与层次性原则：区域低碳协同发展需要考虑多方面因素，要求所建立的指标体系能够较为全面地反映低碳发展各个系统的现状；同时，每个系统中包括多个子系统，因此不同层次上选取的指标亦不相同；

（3）针对性与可比性原则：影响低碳发展的指标众多，建立的指标体系应能够基本反映低碳协同发展的主要方面和主要特点，即需要指标具有针对性；同时，筛选出的指标要有可比性，在反映低碳协同发展主要特征的同时具有普遍性和代表性；

（4）动态性与稳定性原则：由于低碳发展是非静止的，因而低碳协同发展指标体系的选取也应具备动态性用，以反映低碳发展的动态变化；指标的内容在一定时期内应保持相对稳定，以分析和研究低碳发展的趋势。

3）指数评价模型

本书所采用的方法本质是通过度量区域系统实际状态与理想状态之间的欧氏距离来评价区域系统的协同发展程度，具体思路是：首先，对区域内各个子系统的原始指标进行无量纲化处理；然后，引入最优规划向量与最劣方案向量，采用相对距离比指标衡量区域系统的发展度；进一步地，计算区域现实发展度与理想发展度间的距离，以此来衡量各子系统的协同度；最后，计算发展度与协同度的几何平均值得到协同发展度。其中，在确定理想发展度时不再假设任一子系统 i 以外的其他子系统与子系统 i 的关联因子为 1，而是运用各个子系统间的灰色关联度来确定子系统间的关联因子。

对于高优指标（即数值越大性能越好的指标），转换公式如下：

$$a_{ijt} = \left(x_{ijt} - \min_t x_{ijt} \right) \Big/ \left(\max_t x_{ijt} - \min_t x_{ijt} \right) \tag{5-1}$$

式中，x_{ijt} 为 t 时期子系统 i 的第 j 个指标；a_{ijt} 为归一化后的指标。对于低优指标（即数值越小性能越好的指标），转换公式如下：

$$a_{ijt} = \left(\max_t x_{ijt} - x_{ijt} \right) \Big/ \left(\max_t x_{ijt} - \min_t x_{ijt} \right) \tag{5-2}$$

对于中优指标（即数值越接近某个值，性能越好的指标），转换公式如下：

$$a_{ijt} = \left(\max_t \left| x_{ijt} - \mathrm{opt}.x_{ijt} \right| - \left| x_{ijt} - \mathrm{opt}.x \right| \right) \Big/ \max_t \left| x_{ijt} - \mathrm{opt}.x \right| \tag{5-3}$$

式中，$\mathrm{opt}.x$ 为理想规划值。

定义各个指标的理想规划值集合为正理想点 $A^+ = (a_{i1}^+, a_{i2}^+, \cdots, a_{im}^+)$，各个指标的最劣质集合为负理想点 $A^- = (a_{i1}^-, a_{i2}^-, \cdots, a_{im}^-)$，则各个子系统的实际指标值与其正理想点和负理想点的距离 D_{it}^+ 和 D_{it}^- 可分别表示为

$$D_{it}^+ = \sqrt{\sum_j (a_{ij}^+ - a_{ijt})^2} \tag{5-4}$$

$$D_{it}^- = \sqrt{\sum_j (a_{ij}^- - a_{ijt})^2} \tag{5-5}$$

式中，a_{ij}^+ 和 a_{ij}^- 分别表示 A^+ 和 A^- 向量的第 j 个值。那么，各个子系统的发展度则可表示为

$$d_{it} = D_{it}^- \big/ (D_{it}^- + D_{it}^+) \tag{5-6}$$

式中，d_{it} 在 0 和 1 之间取值，越接近 1 表示发展度越高，越接近 0 表示发展度越低。

进一步地，区域系统的综合发展度 d_t 便等于 t 时期第 i 个子系统的发展度 d_{it} 的加权平均值，权重 ϖ_i：

$$d_t = \sum_i \varpi_i d_{it} \tag{5-7}$$

　　传统的距离协同模型在确定理想发展度时通常假设子系统 i 以外的子系统与子系统 i 的关联因子为 1，即子系统达到理想状态时的发展度等于其他子系统的综合发展度。这一假设事实上并没有得到严格的论证，不一定能够完全适用于所有的区域系统。基于此，本研究运用各个子系统间的灰色关联度来确定子系统间的关联因子。基本思想是根据序列曲线的几何形状的相似度来判断其联系是否紧密，曲线越接近，则表明关联度越大，反之则越小。本研究以各个子系统的发展度指标值作为原始数据序列，计算各个子系统间的灰色综合关联度 β_{ij}。定义子系统 j 与子系统 i 的关联因子为 γ_{ij}：若子系统 j 的发展度曲线在 i 的上方，说明子系统 j 的发展状态领先于子系统 i，其对子系统 i 的拉动小于 1，此时可令 $\gamma_{ij} = \beta_{ij}$；反之，若子系统 j 的发展度曲线在 i 的下方，说明子系统 j 的发展状态滞后于子系统 i，其对子系统 i 的拉动作用大于 1，此时可令 $\gamma_{ij} = 1/\beta_{ij}$；此外，令子系统 i 与自身的关联因子为 1。关联因子的具体计算方法如下：

　　首先设初始序列 $\boldsymbol{X}_i = (d_{i1}, d_{i2}, \cdots, d_{it})$，计算其零化象：

$$\boldsymbol{X}_i^0 = (d_{i1} - d_{i1}, d_{i2} - d_{i1}, \cdots, d_{it} - d_{i1}) = (d_{i1}^0, d_{i2}^0, \cdots, d_{it}^0) \tag{5-8}$$

令

$$|s_i| = \left| \sum_{k=2}^{t-1} d_{it}^0 + \frac{1}{2} d_{it}^0 \right| \tag{5-9}$$

$$|s_i - s_j| = \left| \sum_{k=2}^{t-1} (d_{it}^0 - d_{jt}^0) + \frac{1}{2} (d_{it}^0 - d_{jt}^0) \right| \tag{5-10}$$

则子系统 i 与 j 之间的绝对关联度为

$$u_{ij} = \frac{1 + |s_i| + |s_j|}{1 + |s_i| + |s_j| + |s_i - s_j|} \tag{5-11}$$

式中，u_{ij} 介于 0 和 1 之间，数值越大表明关联度越高，反之则越低。

　　进一步地，将绝对关联度中的初始序列换为 $\boldsymbol{X}_i^* = \left(\dfrac{d_{i1}}{d_{i1}}, \dfrac{d_{i2}}{d_{i1}}, \cdots, \dfrac{d_{it}}{d_{i1}} \right)$，即可得到子系统 i 与 j 之间的相对关联度 v_{ij}，表示 i 与 j 之间变化速率的联系程度，其值介于 0 和 1 之间。值越大，表明两个子系统的变化速率越接近。

　　令

$$\beta_{ij} = \theta u_{ij} + (1 - \theta) v_{ij} \tag{5-12}$$

式中，取 θ 等于 0.5，即对绝对量和变化速率给予同等的关注。于是，便能计算得到各个子系统的理想发展度 d_{it}^* 及其协同度 C_{it}：

$$d_{it}^* = \sum_{j=1}^{k} \varpi_j \beta_{ij} d_{jt} \tag{5-13}$$

$$C_{it} = \frac{|d_{it}|}{|d_{it}| + |d_{it} - d_{it}^*|} \tag{5-14}$$

综上所述，整个区域系统的协同度 C_t 和综合协同发展度 CD_t 计算如下：

$$C_t = \sqrt[k]{\prod_i^k C_{it}}$$ （5-15）

$$CD_t = \sqrt{C_t d_t}$$ （5-16）

式中，k 表示子系统的个数。

2. 京津冀地区低碳协同发展指数

如前文所言，本研究将区域低碳协同发展的指标体系分为经济、资源、环境和效率4个子系统。

在4个子系统中，资源是低碳发展的重要基础，在一定程度上，低碳发展的目标是要使资源最大效率地转化为资本。本书从土地面积、采掘业从业人数、森林面积、人均水资源量、人均农作物播种面积、能源生产总量6个指标评价区域资源。

环境为低碳可持续发展提供助力，其很大程度上也取决于低碳发展是否取得成效。本书从能源消费总量、二氧化碳排放量、二氧化硫排放量、废水排放量、一般工业废弃物产生量和可吸入颗粒物 PM_{10} 年均浓度6个方面评价区域的环境。

生态环境治理已成为当前经济发展的制约，除了技术进步之外，效率改善的作用不容忽视，它是体现各地低碳发展的重要指标。本书从生活垃圾无害化处理率、单位 GDP 能耗、单位 GDP 电耗、单位 GDP 二氧化碳排放4个方面评价效率子系统。

经济是区域协同发展的核心，同时也为低碳发展提供物质基础，是衡量低碳协同发展的必要指标。本书从人均 GDP、人均地方财政一般预算收入、人均全社会固定资产投资总额、非农人口占总人口比重、第三产业比重和工业占比5个方面确定经济指标。

根据以上思路以及系统性、实用性和数据可得性等原则，并结合京津冀地区的实际情况构建出区域低碳协同发展评价指标体系。原始数据来源于中国经济数据库（CEIC），时间跨度为2005~2014年。对各子系统权重的计算一般采用专家赋值法，但这种方法主观性较强。因此，本书采用因子分析法提炼得到区域各子系统综合指标的时间序列，以及各个子系统在区域低碳协同发展总目标上的权重。

表 5-3 列示了京津冀地区低碳协同发展评价指标体系。

表 5-3　京津冀低碳协同发展评价指标体系

总目标	子系统	原始变量	单位
区域低碳协同发展	资源	土地面积	平方千米
		采掘业从业人数	万人
		森林面积	万公顷
		人均水资源量	立方米/人
		人均农作物播种面积	亩/人
		能源生产总量	万吨标煤

续表

总目标	子系统	原始变量	单位
区域低碳协同发展	环境	能源消费总量	万吨标煤
		二氧化碳排放量	万吨
		二氧化硫排放量	吨
		废水排放量	万吨
		一般工业废弃物产生量	万吨
		可吸入颗粒物 PM_{10} 年均浓度	微克/立方米
	效率	生活垃圾无害化处理率	%
		单位 GDP 能耗	吨标煤/万元
		单位 GDP 电耗	千瓦时/万元
		单位 GDP 二氧化碳排放	吨/万元
	经济	人均 GDP	万元/人
		人均地方财政一般预算收入	元/人
		人均全社会固定资产投资总额	元/人
		非农人口占总人口比重	%
		第三产业比重	%
		工业占比	%

基于指标计算得到京津冀地区的低碳协同发展各子系统发展度及综合发展度如表 5-4 所示。从各子系统发展情况来看，2006～2014 年，京津冀地区经济发展度呈现比较明显的上升趋势，效率发展度却呈现明显下降趋势，而资源发展度和环境发展度变化幅度较小且呈现一定的波动特征；平均而言，样本期间内，京津冀地区的效率发展度最高，经济发展度次之，然后依次是环境发展度与资源发展度，这与京津冀地区的发展特征一致。从综合指数来看，京津冀地区的低碳协同综合发展度从 2006 年 0.5240 上升到 2014 年 0.7575，涨幅近 45%。

表 5-4　京津冀低碳协同发展各子系统及其综合发展度

年份	资源发展度	环境发展度	效率发展度	经济发展度	综合发展度
2006	0.2912	0.3697	0.6213	0.3257	0.5240
2007	0.3175	0.3509	0.6699	0.3411	0.5517
2008	0.3564	0.3459	0.6010	0.3944	0.5122
2009	0.4655	0.3754	0.5553	0.4365	0.4380
2010	0.5798	0.4864	0.5672	0.5535	0.5059
2011	0.7225	0.6341	0.5336	0.6215	0.5287
2012	0.6853	0.6703	0.4471	0.6761	0.5585
2013	0.4834	0.7691	0.4028	0.7121	0.7336
2014	0.3647	0.5740	0.3660	0.6910	0.7575

进一步地,计算得到京津冀地区各子系统的协同度如表5-5所示。结果显示:2006～2014年,京津冀的低碳综合协同度均值为0.6395。其中,2006年京津冀的低碳综合协同度为0.4989,2014年京津冀的低碳综合协同度为0.7810。

表5-5　京津冀低碳协同发展各子系统及其综合协同度

年份	资源协同度	环境协同度	效率协同度	经济协同度	综合协同度
2006	0.8187	0.9464	0.7394	0.8839	0.4989
2007	0.8405	0.9232	0.7781	0.8045	0.6021
2008	0.9004	0.8558	0.7806	0.8193	0.6262
2009	0.9027	0.8663	0.7828	0.9614	0.6367
2010	0.7038	0.9691	0.7311	0.8856	0.6075
2011	0.6917	0.9173	0.7546	0.8583	0.6535
2012	0.6480	0.7925	0.7983	0.8234	0.6663
2013	0.6835	0.7974	0.9220	0.8108	0.6835
2014	0.8963	0.8885	0.7990	0.9649	0.7810
平均值	0.7873	0.8841	0.7873	0.8680	0.6395

综合来看,有3个特点。

特点之一:京津冀经济的整合水平日益提高。京津冀的经济协同度呈现明显的上升趋势,2014年京津冀的经济协同度为0.9649。

特点之二:资源子系统的协同度与效率协同度不高。三地在环境治理上协同发力,利用先进技术进行老旧产能装备改造。但随着京津冀人口的不断增多,三地处在水资源匮乏和水污染多发的状态,区域资源环境压力较大。

特点之三:京津冀地区低碳发展的综合协同度没有各个子系统内部的协同度平均值高。这反映区域内各子系统之间能够很好地促进区域低碳发展,但是在更好地协同方面还有较大的潜力,需要积极推进京津冀层面的低碳协同发展。

三、本章小结

环境的公共品属性及其外部性决定了在低碳发展的道路上,政府的作用不可或缺。自"十一五"开始,节能减排和低碳转型受到政府和公众越来越多的关注和重视,低碳理念已逐渐深入到企业的生产活动之中。目前我国促进低碳经济转型的方式仍以"行政命令式"为主,逐渐向"市场激励型"改革,并积极利用"公众参与"倡导低碳生活,监督企业减排。

京津冀对我国国民经济发展有着重要影响,也是亟须低碳转型的主要区域。为深入了解京津冀城市群的低碳发展情况,本章量化分析了京津冀地区的低碳协同发展情况。区域低碳协同发展的指标体系分为资源、环境、效率和经济4个子系统。研究结果显示,京津冀地区的低碳协同综合发展度从2006年0.5240上升到2014年0.7575,涨幅近45%;

分子系统内部看，协同度最高的子系统是环境子系统，其次是经济子系统，资源子系统和效率子系统呈现出同样的协同度。然而，京津冀地区低碳发展几个子系统之间的综合协同度水平并不是很高，可见区域内各系统之间能够很好地促进区域低碳发展，但是在更好地协同方面还有较大潜力。

附件1：北京市"十一五"至今低碳发展相关政策性文件汇总

印发时间	文件标题
2006 年 6 月 6 日	蓄冷空调补贴政策北京市实施需求侧管理项目客户须知
2006 年 6 月 20 日	北京市节能监察办法（北京市人民政府令第 174 号）
2006 年 9 月 23 日	北京市人民政府关于印发北京市"十一五"时期能源发展及节能规划的通知（京政发[2006]33 号）
2007 年 2 月 1 日	北京市发展和改革委员会关于印发北京市加强节能工作实施方案的通知（京发改[2007]154 号）
2007 年 2 月 7 日	北京市人民政府关于"十一五"期间北京市单位生产总值能源消耗降低指标计划的批复（京政函[2007]19 号）
2007 年 2 月 17 日	北京市固定资产投资项目节能评估和审查管理办法（试行）（京发改[2007]286 号）
2007 年 3 月 14 日	北京市发展和改革委员会节能评估中介机构管理办法（试行）（京发改[2007]343 号）
2007 年 6 月 25 日	北京市商务局印发《关于开展"零售业节能行动"实施方案》的通知（京商秩字[2007]18 号）
2008 年 3 月 19 日	北京市既有建筑节能改造项目管理办法（京建材[2008]367 号）
2008 年 11 月 17 日	关于调整本市非居民供热价格的通知（京发改[2008]1886 号）
2008 年 12 月 1 日	关于开展冬季公共建筑室内温度控制管理专项监察的通知（京发改[2008]1969 号）
2009 年 2 月 25 日	废弃电器电子产品回收处理管理条例（中华人民共和国国务院令第 551 号）
2009 年 4 月 1 日	加快发展循环经济建设资源节约型环境友好型城市 2009 年行动计划（京政办发[2009]20 号）
2009 年 6 月 2 日	北京市合同能源管理项目扶持办法（试行）（京发改[2009]1171 号）
2010 年 6 月 4 日	北京市节能减排奖励暂行办法（京发改[2010]810 号）
2011 年 3 月 2 日	关于开展本市资源综合利用企业检查的通知（京发改[2011]282 号）
2011 年 6 月 3 日	关于公布本市重点用能单位名单有关事项的通知（京发改[2011]856 号）
2011 年 7 月 19 日	北京市能源管理师试点管理办法（试行）（京发改[2011]1124 号）
2011 年 7 月 22 日	关于在本市煤炭领域继续深入开展"打非"专项行动的通知
2011 年 9 月 1 日	北京市重点用能单位能源利用状况报告和能源管理负责人备案管理办法（京发改[2011]1618 号）
2012 年 3 月 6 日	关于矿山备案企业公示的通知（京发改[2012]248 号）
2012 年 4 月 9 日	关于印发《北京市淘汰普通照明白炽灯行动计划（2011～2015 年）》的通知（京发改[2012]519 号）
2012 年 10 月 10 日	关于发布北京市固定资产投资项目节能评估文件编制机构推荐名单的通知（京发改[2012]1505 号）
2012 年 11 月 1 日	《北京市贯彻落实〈国家鼓励的资源综合利用认定管理办法〉实施细则》（2012 年修订）（京发改[2012]2024 号）
2013 年 11 月 22 日	关于印发北京市碳排放配额场外交易实施细则（试行）的通知（京发改规［2013］7 号）
2013 年 12 月 18 日	关于印发北京市进一步促进地热能开发及热泵系统利用实施意见的通知（京发改规[2013]10 号）
2014 年 5 月 6 日	北京市发展和改革委员会关于印发规范碳排放权交易行政处罚自由裁量权规定的通知（京发改规[2014]1 号）
2014 年 6 月 19 日	关于印发《北京市 2014 年节能低碳技术产品推荐目录》的通告

续表

印发时间	文件标题
2014 年 7 月 25 日	北京市分布式光伏发电项目管理暂行办法（京发改规[2014]4 号）
2014 年 9 月 28 日	关于推进在京万家企业和市级考核重点用能单位能源管理体系和碳排放管理体系建设工作的通知（京发改[2014]2184 号）
2014 年 12 月 9 日	关于进一步开放碳排放权交易市场加强碳资产管理有关工作的通告（京发改[2014]2656 号）
2014 年 12 月 12 日	关于开展 2015 年能效领跑者试点的通知（京发改[2014]2650 号）
2014 年 12 月 29 日	北京市发展和改革委员会关于进一步做好碳排放权交易试点有关工作的通知（京发改[2014]2794 号）
2015 年 1 月 20 日	北京市发展和改革委员会关于拨付 2014 年度北京市清洁生产审核费用补助资金的通知（京发改[2015]161 号）
2015 年 1 月 21 日	关于颁发 2014 年度北京市能源管理师证书和 2011 年度能源管理师证书有效期注册的通知（京发改[2015]160 号）
2015 年 1 月 23 日	关于举办 2015 北京市第三届节能环保低碳系列宣传活动的通知
2015 年 1 月 27 日	北京市发展和改革委员会北京市环境保护局关于 2015 年第二批 25 家单位通过清洁生产审核评估公示的通知（京发改[2015]198 号）
2015 年 2 月 15 日	北京市发展和改革委员会关于申报 2015 年能源自主创新和能源装备专项项目的通知（京发改[2015]382 号）
2015 年 3 月 19 日	关于印发 2015 年北京市能源工作要点的通知（京能办[2015]3 号）
2015 年 4 月 13 日	北京市发展和改革委员会关于发布本市第二批行业碳排放强度先进值的通知（京发改[2015]739 号）
2015 年 4 月 15 日	北京市公共机构节能节水工作联席会议关于印发北京市 2015 年公共机构节能减碳工作计划的通知（京公共节联[2015]1 号）
2015 年 4 月 17 日	北京市压减燃煤工作领导小组办公室关于印发北京市 2015 年压减燃煤和清洁能源建设工作计划的通知（京压煤办[2015]1 号）
2015 年 4 月 27 日	关于公布 2015 年"节能产品进超市"试点单位的通知（京发改[2015]832 号）
2015 年 5 月 4 日	北京市发展和改革委员会关于组织开展第二批 1.6 升及以下节能环保汽车推广工作的通知（京发改[2015]866 号）
2015 年 5 月 18 日	北京市发展和改革委员会北京市统计局关于公布 2015 年北京市重点用能单位名单的通知（京发改[2015]985 号）
2015 年 5 月 20 日	北京市发展和改革委员会关于公示北京市 2015 年节能低碳技术产品推荐目录的通知（京发改[2015]1001 号）
2015 年 5 月 26 日	北京市发展和改革委员会北京市财政局关于 2014 年第二批北京市用能单位能源审计报告审核结果的通知（京发改[2015]1100 号）
2015 年 5 月 27 日	北京市发展和改革委员会关于安排华电（北京）热电有限公司余热锅炉改造项目等 7 个节能技改项目节能量奖励资金的通知（京发改[2015]1083 号）
2015 年 5 月 28 日	北京市发展和改革委员会北京市财政局北京市统计局关于公布 2015 年度北京市能效领跑者单位名单的通知（京发改[2015]1094 号）
2015 年 6 月 8 日	北京市发展和改革委员会承德市人民政府关于进一步做好京承跨区域碳排放权交易试点有关工作的通知（京发改[2015]1248 号）
2015 年 6 月 15 日	北京市发展和改革委员会关于开展全市重点用能单位执行能源管理负责人备案和能源利用状况报告制度情况专项监察的通知（京发改[2015]1273 号）

续表

印发时间	文件标题
2015 年 6 月 16 日	北京市发展和改革委员会关于责令 2014 年重点排放单位限期开展二氧化碳排放履约工作的通知（京发改[2015]1296 号）
2015 年 8 月 20 日	北京市分布式光伏发电奖励资金管理办法（京财政[2015]1533 号）
2015 年 11 月 16 日	关于印发北京市用能单位能源审计实施方案（2015～2016 年）的通知（京发改[2015]2570 号）
2015 年 11 月 17 日	关于组织申报国家能效领跑者产品的通知（京发改[2015]2571 号）
2015 年 12 月 21 日	关于颁发 2015 年度北京市能源管理师证书和办理 2012 年度能源管理师证书有效期注册的通知
2015 年 12 月 24 日	关于做好 2016 年碳排放权交易试点有关工作的通知（京发改[2015]2866 号）
2016 年 1 月 4 日	关于开展 2016 年碳排放权交易第三方核查机构及核查员新增遴选及备案工作有关事项的通知（京发改[2016]3 号）
2016 年 1 月 18 日	关于印发北京经济技术开发区绿色低碳循环发展行动计划的通知（京发改[2016]94 号）
2016 年 1 月 25 日	关于安排北京市用能单位节能技改工程第五批节能量奖励资金的通知（京发改[2016]174 号）
2016 年 2 月 5 日	关于调整固定资产投资项目节能评估和审查管理权限的通知（京发改规[2016]5 号）
2016 年 2 月 13 日	关于开展 2016 年节能监察工作的通知（京发改[2016]259 号）
2016 年 2 月 13 日	关于开展 2016 年北京市执行单位产品能耗限额标准情况专项监察的通知（京发改[2016]255 号）
2016 年 2 月 23 日	关于对部分重点用能单位开展能源计量基础能力建设现场培训和上门服务的通知（京发改[2016]287 号）
2016 年 4 月 28 日	关于发布本市第三批行业碳排放强度先进值的通知（京发改[2016]715 号）
2016 年 5 月 10 日	关于征集工业领域电力需求侧管理推荐产品（技术）的通知
2016 年 6 月 1 日	关于对 2013～2015 年度北京市节能减排先进集体和先进个人进行表彰和考核奖励的决定（京发改[2016] 941 号）
2016 年 6 月 8 日	关于 2016 年全国节能宣传周和全国低碳日北京活动安排的通知（京发改[2016]981 号）
2016 年 6 月 14 日	关于北京市 2016 年节能低碳技术产品及示范案例推荐目录公示的通知（京发改[2016]1008 号）
2016 年 6 月 16 日	关于组织开展国家重点节能技术征集和更新工作的通知（京发改[2016]1033 号）
2016 年 6 月 22 日	关于开展全市重点用能单位执行能源管理负责人备案和能源利用状况报告制度情况专项监察的通知（京发改[2016]1064 号）
2016 年 7 月 19 日	关于北京市 2015～2016 年节能低碳和循环经济标准承担单位遴选结果公示的通知（京发改[2016]1227 号）
2016 年 8 月 12 日	关于废止北京市节能减碳领域推荐中介咨询机构有关文件的通知（京发改[2016]1401 号）
2016 年 8 月 15 日	关于组织申报"互联网+"智慧能源（能源互联网）示范项目的通知（京发改[2016]1370 号）
2016 年 8 月 16 日	关于印发北京市 2016 年公共机构节能减碳工作计划的通知
2016 年 9 月 1 日	关于废止北京市合同能源管理项目节能服务机构名单的通知（京发改[2016]1487 号）
2016 年 9 月 5 日	关于开展全市重点用能单位能源利用状况报告内容审核专项监察的通知（京发改[2016]1510 号）
2016 年 9 月 13 日	关于认真做好中秋节及国庆节期间煤矿生产管理工作的通知（京发改[2016]1564 号）
2016 年 9 月 14 日	北京市"十三五"时期绿色照明工程实施方案（京发改[2016]1586 号）
2016 年 9 月 14 日	北京市能效领跑者试点实施方案（2016～2020 年）（京发改[2016]1588 号）
2016 年 9 月 14 日	关于开展 2016 年能效领跑者试点的通知（京发改[2016]1589 号）
2016 年 9 月 18 日	关于公布 2016 年北京市重点排放单位及报告单位名单的通知

续表

印发时间	文件标题
2016 年 9 月 18 日	关于征集 2016 年北京市"节能产品进超市"活动单位的通知（京发改[2016]1587 号）
2016 年 9 月 26 日	关于重点排放单位 2016 年度二氧化碳排放配额核定事项的通知（京发改[2016]1639 号）
2016 年 11 月 15 日	关于北京市用能单位节能技改工程第六批节能量奖励资金项目公示的通知（京发改[2016]1943 号）
2017 年 2 月 14 日	关于征集 2017 年北京市公共机构数据中心节能低碳改造项目的通知（京发改[2017]175 号）

附件 2：天津市"十一五"至今低碳发展相关政策性文件汇总

印发时间	文件标题
2006 年 11 月 14 日	天津市建筑节能管理规定（津政令[2006]107 号）
2007 年 3 月 9 日	天津市固定资产投资项目合理用能评估和审查管理暂行办法（津政发[2007]015 号）
2008 年 1 月 25 日	天津市国家机关办公建筑和大型公共建筑节能监管体系建设实施方案（津政办发[2008]8 号）
2008 年 4 月 18 日	批转市经委市发展改革委市统计局拟定的天津市节能目标责任评价考核实施方案的通知（津政发[2008]42 号）
2008 年 12 月 15 日	关于进一步规范固定资产投资项目合理用能评估和审查工作的通知（津经环资[2008]88 号）
2009 年 4 月 12 日	天津新技术产业园区企业实施节能减排鼓励办法（试行）（津园区管发[2009]9 号）
2009 年 7 月 8 日	天津市贯彻落实《公共机构节能条例》的实施意见（津政发[2009]31 号）
2010 年 2 月 8 日	关于贯彻落实国家抑制部分行业产能过剩和重复建设引导产业健康发展若干意见的实施方案（津政发[2010]4 号）
2010 年 3 月 19 日	天津市应对气候变化方案（津政发[2010]14 号）
2010 年 3 月 19 日	天津市浅层地热能资源开发利用试点工作方案（津政发[2010]13 号）
2010 年 7 月 13 日	天津市 2010 年节能降耗预警调控方案的通知（津政办发[2010]72 号）
2011 年 4 月 27 日	天津市"十二五"节能目标责任评价考核实施方案（津政办函[2011]87 号）
2011 年 12 月 2 日	天津市公共机构节能办法（津政令第 44 号）
2012 年 3 月 19 日	关于印发天津市低碳城市试点工作实施方案的通知
2013 年 2 月 5 日	天津市人民政府办公厅关于印发天津市碳排放权交易试点工作实施方案的通知（津政办发[2013]12 号）
2013 年 9 月 27 日	市经济和信息化委关于印发天津市推进能源管理体系工作实施方案的通知（津经信节能[2013]41 号）
2013 年 12 月 18 日	市发展改革委关于发布天津市碳排放权交易试点纳入企业名单的通知
2016 年 6 月 2 日	关于转发 2016 年全国节能宣传周和全国低碳日活动安排的通知（津工信节能[2016]17 号）
2016 年 6 月 3 日	关于进一步完善天津市节能形势分析制度的通知（津工信节能[2016]18 号）
2016 年 6 月 3 日	市工业和信息化委关于 2015 年天津市用能单位能源审计情况的通报（津工信节能[2016]19 号）
2016 年 6 月 14 日	关于天津市强制性清洁生产审核企业公布企业相关信息的通知（津工信稽[2016]9 号）
2016 年 6 月 16 日	转发工业和信息化部办公厅国家发展和改革委办公厅关于开展钢铁行业能耗专项检查的通知（津工信节能[2016]20 号）
2016 年 6 月 20 日	转发国家发展改革委办公厅关于组织开展国家重点节能技术征集和更新工作的通知（津工信节能[2016]21 号）

续表

印发时间	文件标题
2016 年 6 月 20 日	转发工业和信息化部办公厅关于开展 2016 年节能机电设备（产品）推荐及"能效之星"产品评价工作的通知（津工信节能[2016]22 号）
2016 年 6 月 27 日	关于下达 2016 年度天津市重点用能工业企业能源审计计划的通知（津工信节能[2016]23 号）
2016 年 6 月 27 日	关于组织申报《天津市先进实用节能技术、产品推广目录（第四批）》的通知（津工信节能[2016]24 号）
2016 年 7 月 4 日	关于开展在津万家企业能源管理体系建设效果评价的通知（津工信节能[2016]25 号）
2016 年 7 月 6 日	关于开展 2016 年度公共机构夏季室内空调温度控制管理专项检查的通知（津机管发[2016]27 号）
2016 年 7 月 22 日	关于公布 2015 年天津市重点用能单位名单的通知（津工信节能[2016]26 号）
2016 年 9 月 22 日	关于 2015 年各区节能目标责任评价考核情况的通报
2016 年 9 月 29 日	关于在津万家企业 2015 年度节能目标责任评价考核结果的公告
2016 年 10 月 11 日	关于对我市中心城区工业企业烟囱使用情况进行排查的通知（津工信节能[2016]33 号）
2016 年 12 月 28 日	关于公示《天津市先进实用节能技术、产品推广目录（第四批）》的通知

附件 3：河北省"十一五"至今低碳发展相关政策性文件汇总

印发时间	文件标题
2006 年 3 月 30 日	河北省人民政府办公厅转发省发展改革委关于鼓励发展节能环保型小排量汽车意见的通知（冀政办函[2006]23 号）
2006 年 5 月 24 日	河北省节约能源条例（河北省第十届人民代表大会常务委员会公告第 57 号）
2006 年 11 月 6 日	河北省人民政府关于加强节能工作的决定（冀政[2006]90 号）
2007 年 8 月 14 日	河北省节能减排综合性实施方案（冀政[2007]82 号）
2007 年 9 月 17 日	河北省建设厅关于推广应用节电节水新技术产品的通知（冀建科[2007]499 号）
2007 年 9 月 25 日	河北省民用建筑节能管理实施办法（冀建法[2007]511 号）
2008 年 2 月 14 日	河北省节能监察办法（河北省人民政府令[2008]第 7 号）
2009 年 7 月 30 日	河北省民用建筑节能条例（河北省第十一届人民代表大会常务委员会公告（第 17 号））
2009 年 11 月 18 日	河北省公共机构节能办法（河北省人民政府令[2009]第 10 号）
2011 年 7 月 15 日	关于印发《河北省能源管理师制度试点工作方案》的通知（冀发改环资[2011]1174 号）
2011 年 8 月 9 日	《河北省能源管理师管理试行办法》和《河北省能源管理师培训考试实施细则》（冀发改环资[2011]1469 号）
2013 年 9 月 12 日	《河北省大气污染防治行动计划实施方案》
2013 年 12 月 27 日	《河北省关于进一步促进光伏产业健康发展的指导意见》（冀政[2013]83 号）
2014 年 12 月 8 日	河北省科学技术厅关于印发《关于加强节能减排科技创新工作的实施意见》的通知（冀科社[2014]10 号）
2015 年 5 月 27 日	关于摸底燃煤锅炉改造项目的紧急通知（河北省发改委 2015）
2015 年 12 月 1 日	河北省物价局关于光伏发电项目有关电价补贴政策的通知（冀价管[2015]252 号）
2016 年 4 月 12 日	关于征选河北省重点企业温室气体排放报告核查机构的通知（冀发改环资[2016]449 号）

续表

印发时间	文件标题
2016 年 8 月 25 日	关于公布河北省碳排放核查机构（第二批）的通知（冀发改环资[2016]1134 号）
2016 年 8 月 31 日	关于下达 2016 年炼铁水泥平板玻璃行业淘汰落后和化解过剩产能计划（第二批）的通知（冀淘汰办[2016]6 号）
2016 年 9 月 30 日	关于下达 2016 年炼铁水泥平板玻璃行业淘汰落后和化解过剩产能计划（第三批）的通知（冀淘汰办[2016]8 号）
2016 年 11 月 6 日	关于下达 2016 年焦炭行业淘汰落后产能计划的通知（冀淘汰办[2016]9 号）
2016 年 11 月 11 日	关于下达 2016 年水泥行业淘汰落后产能计划（第四批）的通知（冀淘汰办[2016]10 号）
2016 年 11 月 24 日	关于增列和调整 2016 年淘汰落后和过剩产能计划的通知（冀淘汰办[2016]12 号）

第6章 京津冀地区低碳发展与科技创新的耦合协调度评价

 本章简介

低碳发展作为一种新型的发展模式，为我国经济社会发展提供了一条新的、更加有效的途径，但低碳发展需要观念、资金、技术等方面的创新提供支持。科技创新是实现低碳发展必不可少的支撑基础。本章首先分析科技创新的作用机理，测评京津冀地区科技创新能力，然后进一步分析京津冀地区低碳发展与科技的耦合关系。深入讨论了应对科技革命、建立现代能源体系的战略对策。

一、科技创新的定义与作用机理

1. 科技的定义

"科技"一词包含着"科学"和"技术"两个概念。从词源学的角度看，"科学"是一个外来词，英文为 science，是从拉丁文的 scio 和 scientia 演化而来，含义是指"知识"或"学问"。日本明治维新时期著名学者福泽瑜吉（Fukuzawa Yoshi）首次把 science 翻译成"科学"，严复在翻译西方著作的时候也用这两个字，此后科学的提法开始在中国风行。科学是科学家通过实验、理论和计算等研究方法对自然、社会、思维不断加深认识而形成的系统知识。

"技术"一词则起源于古希腊语 techne。技术是指能应用于产品和服务的开发与生产的理论与实践知识、技巧与手艺的总和。技术具有以下四个特点：

其一，技术具有复杂性。技术之所以能成为技术，技术应用之所以能产生独特价值，很重要的一点是因为技术是复杂的，不是很容易就能弄懂的，不是很快就能了解和掌握的，不是很容易就能成功应用的。技术只能被少数人深入、正确地了解和掌握，只有很少的人能开发和应用技术。如果技术成为广泛获知的东西，就很难为企业带来独特的价值。

其二，技术具有缄默性。技术可以体现在人员、材料、认知与物理过程、工厂设备和工具中。技术的缄默性是指技术中的关键部分可能是隐性的而不是显性的，很难以操作手册、规范与程序、配方、经验规则或其他明确的方式来表示和说明。如手艺和经验通常大部分都存在于有关人员的头脑中但不能明确表达，是以技术诀窍为特征的技术秘密。因此，隐性知识和技术，如某种技能，是不能用语言解释或用文字表达的，只能被演示证明是存在的，学习这种技能的唯一方法是领悟与练习。同时，隐性知识和技术是高度个人化的知识和技术，有自身的特殊含义，很难规范化，也很难传递给他人。

其三，技术的研究开发具有路径依赖性。技术研究开发通常是路径依赖的，具有组织性和经验性，有一定的发展轨迹。这种技术发展轨迹的体现是技术规范。企业选择解决什么样的技术问题，基于什么样的已有知识和技术、使用什么样的技术方案解决问题，往往是按照一定的技术规范进行的，这使得技术的发展形成一定的轨迹。与此相关，对一个特定的企业而言，新产品、新工艺的开发是建筑在其已有技术基础和过去成功经验基础之上的。

其四，技术的发展具有不可逆性。技术的发展表现出了明显的不可逆性。这不仅是因为技术创新需要专门投资和形成专用资产，还因为技术发展有一定的轨迹。过时的技术哪怕很有价格优势，也不可能再有竞争力。例如，机械计算器不可能再替代电子计算器。

科技创新是科技工具、管理与实践的创新发展。一方面，它要不断地探索新规律、创造新办法；另一方面，与应用相联系。科技创新离不开科技在经济、社会生活的具体应用，而这种应用最终体现在技术进步上。

技术进步有狭义技术进步和广义技术进步之分。狭义的技术进步是指硬技术进步，即采用新设备和改造旧设备、采用新工艺和改造旧工艺、采用新的原材料和能源、生产新产品和改造传统产品等；广义的技术进步，用生产函数 $Y=F(K, L, t)$ 定义，其中 K 和 L 分别代表资本和劳动的投入，Y 代表产出，t 代表时间，科技进步就是函数中 Y 随时 t 变化的过程。如果产出的增加大于劳动和资本投入的增加，就认为发生了技术进步。因此，广义的技术进步除了"硬"技术进步外，还包括劳动者素质的提高，资源的重新配置和规模节约，管理水平的提高，以及周边环境的变化对经济发展有影响的因素变化。

经济学家罗伯特·索洛（Robert Solow）发现仅用传统所理解的资本、土地、劳动力等要素难以解释经济增长原因，即会出现"索洛余值"（Solow's residuals），索洛把这一余值归因于技术进步。技术进步使劳动力和资本的效率提高，即技术进步使资本和劳动这两种生产要素任一给定投入量所生产的产品数量比以前增加，或者说，生产等量产品所需要的投入量比以前减少。如图 6-1 所示，技术进步使劳均生产函数 F_0 向上移动到 F_1。

图 6-1 表明，由于技术进步，即使资本/劳动比率（K/L）保持不变（如 K_1），劳均产出（Y/L）也能不断增加（从 A 点上升到 B 点）。或者，由于技术进步，要获得同样的劳均产出（如 y），资本/劳动比率可由 K_1 减少到 K_2。如果从经济发展的动态过程来看，技术进步提高了资源配置的效率，从而使生产可能性边界向外扩展（图 6-2）。

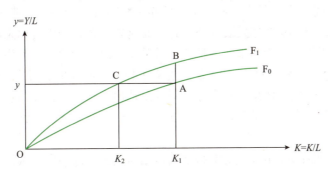

图 6-1　技术进步与经济增长的关系

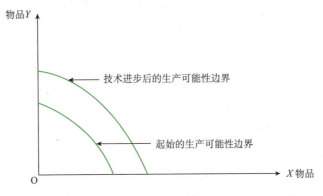

图 6-2　科技进步与生产可能性边界的扩展

2. 科技对经济作用机理

科技对经济的作用机理有二：

（1）科技通过渗透机理促进经济增长。

科技渗透到劳动资料、劳动对象、劳动力等生产力要素中，提高了生产要素的质量，优化了配置方式和配合比例。从本质上来说，生产力的每一个要素在很大程度上是物化了的科学技术，生产力要素的变化正是社会生产宏观比例即结构变化的重要基础——生产力水平提高了，资源转向条件结构变动才能实现。

（2）科技通过扩散机理促进产业发展。

低端产业发展的特点是只能产生一个产品、一项技术；而高端产业是开拓一个新的技术领域，产生一批新产品，并作为一种技术储备存在。科技在这里的作用，不仅实现核心技术的突破，而且实现与此相关的一批技术，实现可持续的技术创新，进而产生一批产品，培育出一批企业，形成若干新兴产业。

3. 创新的定义

创新一词最早来自于拉丁语"Novus"，是指"新"的意思，意味着新事物或者新思想的出现。创新概念，首先是由美籍奥地利著名经济学家约瑟夫·阿罗斯·熊彼特（Joseph Alois Schumpeter）在 1912 年发表的代表作《经济发展理论》中提出来的。他认为，创新是指企业家将"生产要素和生产条件的一种从未有过的新组合引入生产系统并获得超额利润的过程"。按此概念理解，技术创新着重于技术发明成果的商业化过程，是把发明或其他科技成果引入生产体系，利用那些原理制造出市场需要的商品，从而使生产系统产生震荡效应，是一个经济学概念。发明创造只是一种新概念或新设想，或者至多是试验品的产生。

然而，到 20 世纪 50 年代，由于科学技术迅速发展，人们重新认识了技术创新对经济、社会发展的巨大作用。索罗（Solow）于 1951 年在《资本化过程中的创新：对熊彼特理论的评价》文中指出：技术的变化，包括现有知识被投入实际应用所带来的具体的技术安排、技术组合方面的变化，可称之为创新；创新发源于精神活动，如概念、构想及对尚未出现的新产品、新事物的发展计划等。索罗首次提出技术创新成立的两个条件：一是新思想来源；二是以后阶段的实现发展。这一"两步论"被认为是技术创新概念界定研究上的一个里程碑。美国经济学家华尔特·罗斯托（Walt Rostow）1960 年在《经济成长的阶段》中，将"创新"的概念发展为"技术创新"，同时又把"技术创新"提高到"创新"的主导地位。显而易见，技术创新在创新中占有重要的地位，但技术创新不是创新的全部，创新应该包括技术创新。

我国学者刘则渊（1999）认为，"国家创新体系"中的"创新"（innovation）是同"发明"（invention）相对应的一个概念。熊彼特最先从经济学意义上将 invention 与 innovation 加以区别和界定，认为虽然二者都属于技术创造活动，但前者产生的新技术仍属于知识形态，并不一定会影响经济过程；而后者指发明成果或技术知识被企业家采纳，首次应用到生产中并获得商业上价值的活动。

4. 创新的分类

达夫特（Daft，1978）将创新划分为技术创新与管理创新。技术创新是企业组织主要的生产活动过程，为新产品或新服务执行新的概念，将新的要素引入到产品服务的营运中，包括流程创新与产品创新；技术创新是和企业组织的基础生产活动相联系的，适用于产品、服务或者生产流程中。管理创新是指新的政策、组织结构及管理程序上的改变，包括组织结构和管理流程两个部分。一般来说，技术创新和管理创新是通过新产品或服务来反映的。

贝兹（Betz，1993）根据创新的客体将创新分为产品创新、工艺创新、服务创新。产品创新是指引进和开发新的或改良的产品或服务，通过这些过程使这些新产品或服务能在市场上获得成功；工艺创新是改善或彻底变革制造方法、工具、服务配送方式等；服务创新是指在服务中引入新技术，并将服务导入市场。

Damanpour 和 Evan（1989）将技术创新分为产品创新、过程创新、服务创新。产品创新是将新形态的技术产品导入市场；过程创新是将新技术的生产过程导入公司或市场；服务创新是将以技术为基础的服务导入市场。

霍尔特（Holt，1988）将创新分为五种形态：技术创新、管理创新、组织创新、金融创新、营销创新。技术创新是使用已有新的技术或创造新的技术，其结果可以是产品创新或是过程创新；管理创新是使用新的管理方法或系统；组织创新是采用新的组织架构，建立新的人际互动形态；金融创新是保障或运用资金的新方法；营销创新是产品或服务的新方法。

伯格尔曼（Burgelman）、Naidigue 和费尔瑞特（Wheelwright，2001）对以往文献进行整合后将创新分为三类：①渐进式创新——校正、改善和提高现有产品、服务以及生产销售系统等；②突破式创新——产品、服务或生产销售系统全新出现；③结构式创新——调整部分产品组合系统。

5. 技术创新的定义

尽管熊彼特（Schumpeter）首次提出了创新概念和理论，甚至列举了创新的一些具体表现形式，但并没有直接对技术创新给出严格的定义。在熊彼特之后，国外的许多经济学家和研究机构对技术创新的定义进行了不同的表述，现简要归纳如下。

1）国外学者的定义

伊诺思（Enos）1962 年在《石油加工业中的发明与创新》中，从行为集合的角度认为，"技术创新是几种行为综合的结果，这些行为包括发明的选择、资本投入保证、组织建立、制订计划、招用工人和开辟市场等"。弗里曼（Freeman）1973 年在《工业创新中的成功与失败研究》中认为，技术创新是新产品的市场实现和新技术工艺与装备的商业化应用全过程。厄特巴克（Utterback）在 1974 年发表的《产业创新与技术扩散》中认为，"与发明或技术样品相区别，创新就是技术的实际采用或首次应用"。缪尔赛（Mueser）在 20 世纪 80 年代中期对技术创新概念作了系统的分析。他认为，"技术创新是以其构思新颖性和成功实现为特征的、有意义的非连续性事件"。1985 年，缪赛尔对 300 余篇有关技术创新文献进行了研究，发现"约有 3／4 的论文在技术创新界定上接近以下表述：当一种新思想和非连续的技术活动经过一段时间后，发展到实际和成功应用的程序，就是技术创新"。在此基础上，缪赛尔对技术创新作了重新定义，即"技术创新是以其构思新颖性和成功实现为特征的有意义的非连续性事件"（Mueser，1985）。

2）国内学者的定义

20 世纪 80 年代以来，我国的学者也开展了技术创新方面的研究，根据各自对"技术创新"的理解，也给出了不同的技术创新定义。许庆瑞、吴晓波（1991）的定义是：技术创新泛指一种新思想的形成，到得以利用并生产了满足市场用户需要产品的整个过程；广义而论，它不仅包括技术创新成果本身，而且包括成果的推广、扩散和应用过程。傅家骥（1998）的定义是：技术创新是企业家抓住市场的潜在盈利机会，以获取商业利益为目标，重新组织生产条件和要素，建立起效能更强、效率更高和费用更低的生产经营系统，从而推出新的产品、新的生产（工艺）方法，开辟新的市场、获得新的原材料或半成品供给来源或建立企业的新的组织，它是包括科技、组织、商业和金融等一系列活动的综合过程。

3）机构或组织的定义

美国国会图书馆研究部认为，"技术创新是一个从新产品或新工艺商业化到市场应用的完整过程，它包括设想的产生、研究开发、商业化生产到扩散等一系列的活动"。美国国家科学基金会（National Science Foundation of U.S.A）在报告《1976 年：科学指示器》中认为，技术创新"是将新的或改进的产品、过程或服务引入市场"，明确地将模仿和不需要引入新技术知识的改进作为最终层次上的两类创新而划入技术创新定义范围中。

1999 年，我国颁发了《中共中央、国务院关于加强技术创新，发展高科技，实现产业化的决定》。该文件对技术创新的定义是：技术创新是指企业应用创新的知识和新技术、新工艺，采用新的生产方式和经营管理模式，提高产品质量，开发生产新的产品，提供新的服务，占据市场并实现市场价值。

综上所述，对于技术创新的理解上有四个共同点：概念——技术创新不只是一个科技概念，也是经济学研究的范畴；内容——技术创新主要有产品创新和工艺创新两种类型；过程——技术创新是一个系统工程，需要一定的时间和过程，是商业活动；结果——技术创新强调技术的新颖性和成功的实现性，并且必须创造价值。

二、 低碳科技创新的属性

本书认为，低碳科技创新具有 3 个属性：

1. 低碳科技创新具有准公共性与外部性

低碳科技创新具有准公共性。之所以具有准公共性，因为低碳科技创新很重要的一部分是属于非营利性公共服务的科技创新，属于社会性投入，社会效益与生态效益显著，经济效益不明显，其价值主要体现在社会效益与生态效益上，其技术扩散需要政府主导，承担这些技术开发的科研院所、高校和研发机构不能单纯以经济效益最大化为追求目标。与一般的科技创新相比，低碳科技创新基础性、原理性、知识性更强，应用更广泛，非竞争性和非排他性更强，更具有准公共性。

外部性的概念是剑桥学派两位奠基者亨利·西奇威克（Henry Sidgwick）和阿尔弗雷德·马歇尔（Alfred Marshall）率先提出的。外部性是指一个经济主体行为对另一个经济主体的福利所产生的效应。外部性分为正外部性和负外部性，正外部性是指一个经济主体的经济行为使其他经济主体的福利增加，负外部性是指一个经济主体的经济行为使其他经济主体的福利降低。低碳科技创新是具有较强外部性。如果没有有效的知识产权及其保护措施，知识的市场化交易、知识的生产就会大大受到抑制。

低碳科技创新之所以具有外部性，是因为低碳科技具有溢出效应。低碳科技的研发首次使用成本是巨大的，但是以后使用的边际成本趋近于零。知识一旦被创造出来，就几乎能被免费使用，这对"搭便车"行为产生强烈的激励。科技成果容易无报酬扩散，使有些机构不劳而获，而且消费者只需支出与研究成本相比很低的成本即可获取效用，这必将降低研究开发主体的创新冲动。正如经济学家肯尼斯·阿洛（Kenneth Alon）所指出的那样，"当由投资产生的知识被不情愿地扩散到竞争者那里时，一个企业从事研发投入的激励将减少"。究其原因在于，低碳技术创新收益中的社会效益和生态效益部分无法通过市场得到实现，造成技术创新总收益不能完全归于创新主体所有，出现部分创新收益的外部化现象，即创新单位收益小于社会效益。正是由于科技的投资者不能得到研究与开发活动全部收益，导致外溢的不完全私人独占性，而边际投资的社会收益可能比私人收益高，社会对社会研究与开发投资的需求大大超过私人需求，政府就必须在考虑社会效益与生态效益的基础上，对低碳研发活动的外溢性提供税收优惠等方面的刺激来降低研究与开发成本。低碳科技创新投入产出的表达非常复杂，牵涉到一系列的技术创新活动，尤其是研发阶段更需要高额的资金投入，短期内势必会增加企业的研发成本。研发成果确实对整个社会节能减排有利，容易被其他企业或机构直接采用，无法阻止他人的"搭便车"行为，企业将很难从中获益。

具体分析如下：低碳科技创新的创新收益内部化很困难，私人的边际成本就大于社会的边际成本，L_1 代表私人边际成本，L_2 代表社会边际成本，从图 6-3 中可以看出，$L_1 < L_2$。

低碳科技创新具有正的外部性，产生了经济剩余。下面运用经济学中经济剩余理论分析。所谓经济剩余，是指市场条件下生产者和消费者在商品供给与需求实现均衡状态时，获得市场成本的节约，它分为生产者剩余和消费者剩余。

如图 6-4 所示，P 和 Q 轴分别代表低碳科技产品的价格和生产量，曲线 D 是需求曲线，曲线 S 是供给曲线，当低碳科技产品的供给与需求达到均衡时，曲线 D 与曲线 S 相交于点 A，A 点所对应的价格 P_0，即为均衡价格。AP_0 为均衡价格曲线，消费者剩余就是需求曲线和均衡价格曲线之间的面积 BAP_0，而生产者剩余是均衡价格直线和供给曲线之间的面积 OAP_0，两块面积变化决定着因供给曲线与需求曲线移动给消费者或生产者带来的损益。

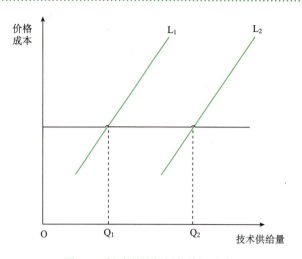

图 6-3　低碳科技创新的边际成本

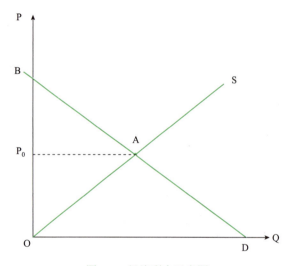

图 6-4　经济剩余示意图

应用剩余理论,本书提出,低碳科技创新的技术大致可以分为两类:第Ⅰ类型是面向公共需求的低碳科技产品及服务。这类低碳科技产品及服务,会使供给曲线向右移动,由 OS_0 移动到 OS_1,造成价格下跌,从 P_0 降为 P_1(图 6-5),使消费者剩余增加,由原来的 BP_0A,增加至 BP_1C。但对于生产者而言,消费者剩余增加不明显,AOP_0 与 COP_1 之间变化不明显,这类低碳科技需求弹性小,收益不大。在这种情况下,企业不愿意投资此类低碳科技。

第Ⅱ类型是面向基本需求的低碳科技产品及服务,需求弹性比较大。如果选择这些低碳科技成果,会提高生产效率及产品的质量和数量,使供给曲线向右移动,由 OS_1 移至 OS_2,使生产者剩余及消费者剩余都明显增加。如图 6-6 所示,当供给曲线向右移动时,均衡价格则由 P_3 降为 P_4,生产者剩余由 EP_3O,增加到 FP_4O,消费者剩余由 DEP_3 增加到 FDP_4,并且生产者剩余增加量大于消费者剩余增加量。在这种情况下,企业由于引进低碳科技会带来更大的收益，所以积极性非常高，并且愿意支付一定的科研经费和科技服务费。

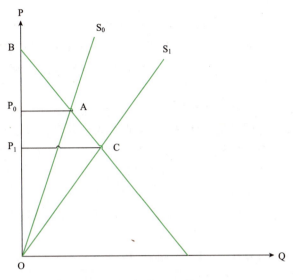

图 6-5　低碳科技的第 Ⅰ 类型

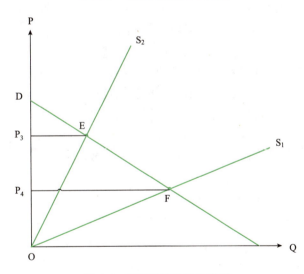

图 6-6　低碳科技的第 Ⅱ 类型

　　综上分析，低碳科技的准公共性，不仅使生产者经济剩余增加，而且使得消费者剩余增加。针对低碳科技的不同类别要区别对待：对于第 Ⅰ 类型低碳科技由政府主导，包括提供解决低碳问题的公共科学产品和重大关键技术，这类低碳科技属于"纯公共品"，因此主体以研究机构、大学为主；对于第 Ⅱ 类型低碳科技由企业主导，有助于低碳产业提升的科技，这类低碳科技属于准公共品，主体以企业为主，政府主要依靠税收、专利等政策鼓励。

2. 低碳科技创新具有不确定性

低碳科技创新的不确定性表现在三个方面：

第一，低碳科技要利用先进科技手段进行原始创新、集成创新和引进消化吸收再创新，形成与人类生存、发展和生活质量密切相关的科技成果，往往要经过长时间地不断试验、探索，才能形成较为成熟的产品，其间创新主体将经历无数失败的考验。低碳科技创新产品几乎没有替代品，要求的设备、原材料和管理方式都高于传统产业。其高风险表现在两个方面：其一，体现在复杂多变的市场环境。譬如，宏观经济的外部大环境发生变动，这些构成系统性风险，任何新兴企业都无法避免。其二，新兴企业低碳科技创新不仅要面临市场风险、技术风险，同时财务风险、管理风险直接威胁到企业的生存。不确定性所产生的风险都集中反映在创新的投入损失上，创新投入损失可以看做创新风险的一个定量指标。对创新投入的损失则可用"创新投入量"与"创新失败可能性"这两个指标的乘积做出定量评价。测度创新风险性程度水平的公式如下：

$$创新风险 = 创新投入 \times 创新失败可能性$$

由此，提出创新动力公式（6-1）与创新动力公式（6-2）：

$$创新动力 = 创新收益 \times 创新成功率 \tag{6-1}$$

$$创新动力 = 1 / （创新投入 \times 创新失败可能性） \tag{6-2}$$

公式（6-2）表明，创新活动投入越高或者创新失败可能性越大，人们对此创新的担心程度就越高。反之，企业投入创新的内在动力就越大。

无论在传统创新还是低碳科技创新活动中，创新决策者会同时考虑到创新的收益与创新的投入这两个决定因素。通常情况下，创新的预计收益与创新投入的比值须大于等于 1，也就是说人们觉得此项创新活动是有利可图的，才会产生参与创新活动的动机。如果创新预期收益与创新收入的比值小于 1，则无论创新成功概率有多高，创新动力将趋近于 0。表现在具体的创新行为上，则是企业暂停或终止此项创新活动，将损失降到可以控制的最低水平。由此，创新动力公式（6-3）：

$$创新动力 = （创新所产生的收益 \times 对创新成功期望）/ （创新投入 \times 创新失败可能性） \tag{6-3}$$

公式（6-3）表明，提高创新的目标收益，往往会导致创新活动成功概率的降低，失败可能性随之增加；反之，减少创新的预期收益可以增加创新的成功概率，降低创新失败的可能性。加大创新的投入，可以降低创新失败的可能性，提高创新成功率；降低创新的投入会导致创新失败可能性的增加，创新的成功率也随之降低。参与到低碳科技创新的企业对创新成功率的预期也会影响企业对创新活动的决策。

第二，低碳科技的成果转化应用，需要解决资金问题。由于创新科技成果转化存在不确定性，以谨慎为主要经营原则的商业银行不愿意提供资金，其他面向大众的大规模筹资渠道也因市场前景不确定而无法开启，政府也存在投资额度不够的问题。这样造成低碳科技资金筹集困难。为弥补市场失灵，政府有必要介入低碳科技的发展，采取鼓励性的财政税收政策降低融资成本，以鼓励研发机构投资低碳科技产品。

第三，低碳科技创新技术交易的市场环境尚未形成。对于国外低碳经济发展较快的国家，已经可以开展低碳技术交易。但总体而言，保障低碳技术交易的整体市场环境尚未完善，保障机制、激励机制、监管机制都有待建立。

3. 低碳科技创新存在"市场失灵"

"市场失灵"是指以市场为基础配置资源的市场调节不能解决市场缺陷而严重阻碍生产力发展导致市场失败的经济现象。低碳科技市场存在"市场失灵"。目前，低碳科技企业研发机构、高校、科研院所、科技中介等是低碳科技市场中的供给者；低碳科技企业与消费者是低碳科技市场上的需求者。低碳科技创新要兼顾社会效益、生态效益和经济效益，科技供给方对技术创新收益的期望很高，而技术购买方关注的是实用、便宜的技术。供需双方利益目标等的差距，制约了市场机制在配置低碳科技资源中的基础作用，低碳科技市场中存在"市场失灵"。

还有，低碳科技创新自身的特点决定了人力资本在其发展中处于基础和首要位置。政府提供税收优惠等支持是人力资本形成的必要条件，人力资本的外部效应大小决定了对劳动所得的课税是正的还是负的，如果这种效应非常大，政府就应该对人力资本投资给予补贴、投资或税收优惠。政府可用财税政策开发低碳科技的人力资本。

三、低碳科技创新的特征

本书提出低碳科技创新的"三要素、多元化"特征。所谓"三要素"是指技术支撑、政策符合度与综合效益三个要素；所谓"多元化"是指：需求层次——既有市场需求牵引，又有公共需求；主体层次——企业研发机构、政府、公益类科研机构、高校、科技中介多个主体；目标层次——低碳科技的发展涉及不同个体与群体的利益分配、价值取向与伦理诉求，必然深刻关注局部与整体、当下与长远的各种利害关系的互动、选择与权衡，追求科技、政策与应用效益的协同（图6-7）。

1. 低碳科技创新的"三要素"

要素之一：技术支撑。低碳科技关注的是，是否能够有效地解决低碳领域存在的技术问题，是否有直接应用价值，其技术对社会、经济的支撑如何。因此，低碳科技一定是有较好生态效益和社会效益的技术。对于低碳科技而言，关键是能够切实、有效地解决环境问题的技术需求，强调的是技术对环境的有效支撑。要义有四：第一，低碳科技能有效解决生态环境问题，降低碳排放；第二，低碳科技能够面向市场，通过提供先进生产力带动制度创新、组织创新、工艺创新和产品创新，满足经济增长"质"的需要；第三，低碳科技创新要面向现实需求，注重适用科学技术的研究和推广，尽快满足产业的需要；第四，低碳科技能够缩短知识创新到产业化的周期，满足跨越发展的需要——关注技术的有效性。

要素之二：政策符合度。政府出于改善环境的目的，必将大力推动低碳技术的研发与技术转移。低碳科技其采用的技术必须要符合国家的相关政策规定。有些特殊领域或特殊产品的投入是政府,尤其是能够使生态环境受益但经济效益不显著的公共品的研发,需要政府投入。

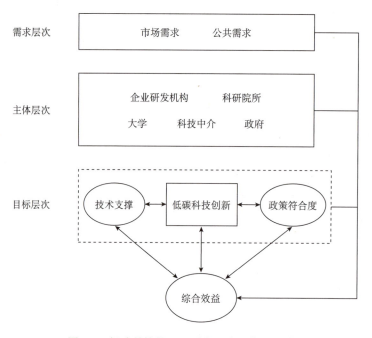

图 6-7　低碳科技的"三要素、多元化"的模型

　　要素之三:综合效益。低碳科技产生的主要是社会效益和生态效益。传统技术创新以满足部分消费者的私人需求为主,以追求经济效益为主要目标,较少考虑社会的和谐发展;在以支持社会持续、和谐发展为主旨、生态效益为主、经济效益为辅方面,在既能提供物质产品,又能提供服务方面,在是否追求经济利益和社会利益方面,低碳科技创新是一种新型的创新过程,具有准公共品性质。从政府层面来说,我国的科技政策正在从单纯的科技经济政策转向更为全面的公共科技政策。政府重视低碳科技,就是为了充分发挥具有公共品性质的创新成果在生态效益层面扩散,加快低碳科技的成果应用。

2. 低碳科技创新的多元化特点

　　(1) 需求的多元化。

　　传统技术创新的主要动力来源于市场需求的拉动,企业进行技术创新是为了满足市场需求、抢占市场机遇,从而获得竞争优势。而低碳科技创新的动力主要来源有两个:一是市场需求牵引——市场需求对技术创新产生重大影响,直接决定企业技术创新的方向,同时,企业资金实力以及研究开发能力也是影响技术创新的重要要素;二是政府为了促进社会低碳发展,需要更好地满足民众的环境需求,为民众提供更好的科技公共品和公共服务。

　　(2) 主体的多元化。

　　传统技术创新的主体是企业,毫无疑问,企业主要享受创新的收益,这一点在技术领域已经得到广泛的认同。低碳科技的创新主体主要是企业，但在某些环节领域也需要政府、公益类科研院所、高校、科技中介等多主体，而且受益者也是包括企业、政府、社会民众等在内的多主体。尤其是低碳产品中的某些公共品和服务，其具有较强的非营利性和公益性特征，对整个社会产生正的外部性，但营利性机构往往不愿意进入。因此，政府需要在低碳科技的发展中，尤其是在创新链条的研究开发环节起到引导、推动、组织的主导作用。政府可以直接管理公益类科研院所进行研究开发，或者委托营利性机构进行生产，然后购买社会公益类产品提供给大众。公益类科研机构作为政府管理的科研院所，是政府职能的延续，是低碳科技创新的执行主体之一。在发达国家，政府是公共科技的组织者，一般情况下，公共科研机构是公共科研创新的主体，政府支持的非营利性科研机构是重要补充。虽然，由于部分低碳产品属于公共品，企业的作用有所弱化，但作为国家创新体系中最主要的创新主体，企业在低碳科技的创新中尤其是在创新链条的生产环节仍处于核心主体地位。高校在低碳科技创新中的主要任务是从事低碳教育或从事基础性研究，承担政府或企业委托的科研任务。科技中介作为科技成果转化的桥梁和纽带，主要作用是从事低碳科技成果的扩散，使大众能够及时、广泛、便捷、充分地享受到低碳科技成果带来的恩惠。

（3）目标的多元化。

与一般的科技创新相比较，低碳科技的发展必然要更多地涉及不同个体与群体的利益分配、价值取向与伦理诉求，必然要深刻关注局部与整体、当下与长远的各种利害关系的互动、选择与权衡。众所周知，科学技术的发展对人类生活水平和生活质量的提高发挥了巨大作用，满足了人类不断增长变化的需要。然而，人的欲望是无限的，科技进步在为人类欲望的膨胀提供可能的同时也使科技的异化现象日益严重。在利益的驱动下，经济生活中诸多问题如资源消耗殆尽、环境污染加剧等社会问题都与科学技术相关，导致人们开始质疑科技本身并认为科技本身就存在负面效应。事实上科技本身只是工具，既无意识也无善恶之分，正如德国哲学家雅斯贝尔斯（Jaspers Karl）所说："科技在本质上既非善也非恶，而实际可以用于为善也可以用于为恶。技术本身不包含观点，既无完善观念也无毁灭似的恶魔观念，完善观念和毁灭观念有别的起源于，只有人赋予技术以意义。"萨克塞（Sachsse，1972）也认为："由于技术只是方法，只是工具，技术行为的目的问题总是存在于技术之外。"可见，缓解或解决科技的负面效应在于人的活动，通过树立正确的价值观使人类的行为在利用科技手段去促进经济和社会发展进步的同时，也关注到节能降耗、环境保护等社会问题，实现人与经济、社会、自然的协调发展。因此，科学技术作为对人类生活最有影响的工具，其作用结果主要在于人类自身的行为。而要使其成为造福人类的工具就需要赋予科技正确的价值导向，柴夫柴瓦兹（Chivchi Vaz，1988）就表示："单靠技术是无法挽救我们的。但是，如果技术从属于更高层次、更重要的价值观念，它们将是有帮助的。正如我所说的，技术不仅仅是工具，关键是可以用它们来提高向善、公益、自由和正义等道德价值观。这是等待我们去完成的最重要的任务。"生态科技与公众的个人与群体的利益休戚相关，相关的创新活动应优先考量社会、经济与环境的协同。

综上所述，低碳科技创新具有"三要素、多元化"的特征。

四、区域科技创新指数：建构与评价

京津冀地区的企业目前大多仍集中在"低技术、高耗能、高污染"的劳动密集型和资源密集型产业上，过分依赖资源与能源的投入，导致资源与能源消费剧增，生态环境不断恶化，使得传统的粗放型增长方式难以为继，必须走低碳发展之路。而低碳经济的实现在于提高能源使用率、改善能源结构，这可以通过区域科技创新得以实现。

事实上，低碳发展与科技创新是相辅相成的关系：一方面，低碳发展对科技创新提出了更多更高的要求，成为推动以京津冀为代表的区域科技创新的重要动力；另一方面，科技创新也推动着低碳经济发展。所以京津冀城市群发展低碳经济，必须注意培养区域科技创新能力。然而，与低碳发展一样，科技创新不能直观地观察到，是基于一系列相关变量的指标体系。本书对京津冀的科技创新能力进行评价分析。

区域科技创新能力的指标体系可以分为创新资源能力、知识创造能力、企业创新能力、绩效创新能力、创新环境能力5个子系统。创新资源能力是指区域获取创新需要的各种投入，包括人力、物力、财力各方面的能力；知识创造能力是区域具有的创造新知识、在组织中扩散新知识的能力；企业创新能力是指企业能够系统地完成与创新有关的各项活动的能力，在技术上，将科学的概念转化成为用户开发的新产品，并能有效地管理这一过程，获得一定的财务回报；绩效创新能力是指实施区域采用创新战略后价值增加的能力；创新环境能力是指区域内的创新主体和集体效率以及创新行为所产生的协同作用。

之所以选取创新资源能力、知识创造能力、企业创新能力、绩效创新能力、创新环境能力5个子系统，因为每年发布一次的"国家创新指数"就是从创新资源、知识创造、企业创新、绩效创新、创新环境5个方面构建的指标体系。区域科技创新指数应与国家创新指数相一致。

根据各子系统特征，结合数据可获得性，本书创新资源能力子系统采用大专以上学历人口比重、R&D人员全时当量、R&D经费占地区生产总值的比例、人力资本4个指标确定；知识创造能力子系统采用SCI论文数、发明专利申请量、发明专利占全部授权专利的比重和万人技术合同成交额4个指标评价；企业创新能力子系统采用企业R&D经费占主营业务收入比例、企业新产品销售占主营业务收入比例、高新技术产业占主营业务收入比例和知识密集型服务业占服务业比例4个指标；绩效创新能力子系统采用人均劳动生产率、综合能耗产出率和城市恩格尔系数3个指标；创新环境能力采用互联网普及率、移动电话普及率、实际外商直接投资占GDP的比例、教育和科技经费占财政支出的比例4个指标。

表6-1列示了指标体系建立情况。同样的，采用因子分析方法，可以得到京津冀地区科技创新各个子系统的权重矩阵，如表6-1所示。

表 6-1　京津冀科技创新能力评价指标体系

总目标	子系统	原始变量	单位
区域科技创新	创新资源能力	大专以上学历人口比重	%
		R&D 人员全时当量	万/人年
		R&D 经费占地区生产总值的比例	%
		人力资本	亿元
	知识创造能力	SCI 论文数	篇
		发明专利申请量	件
		发明专利占全部授权专利的比重	%
		万人技术合同成交额	元/万人
	企业创新能力	企业 R&D 经费占主营业务收入比例	%
		企业新产品销售占主营业务收入比例	%
		高新技术产业占主营业务收入比例	%
		知识密集型服务业占服务业比例	%
	绩效创新能力	人均劳动生产率	万元/人
		综合能耗产出率	万元/吨标煤
		城市恩格尔系数	%
		互联网普及率	%
		移动电话普及率	部/万人
	创新环境能力	实际外商直接投资占 GDP 的比例	%
		教育和科技经费占财政支出的比例	%

　　本书评价了 2006～2014 年京津冀地区的综合创新度（表 6-2）。结果表明，京津冀地区科技创新各子系统的创新度及其综合创新度在 2006 至 2014 年间都取得了较大的进步。其中，创新资源发展度从 0.095 增长至 1，增长幅度约 9.5 倍；知识创造发展度从 0.29 增长至 0.76，增长幅度达 1.6 倍；企业创新发展度从 0.44 增长至 0.53，增长幅度达 21%；创新绩效发展度从 0.37 增长至 0.59，增长幅度达 60%；创新环境发展度从 0.38 增长至 0.76，增长幅度约 1 倍；综合创新发展度从 0.31 增长至 0.73，增长幅度达 1.3 倍。平均而言，创新环境发展度的水平最高，其次是创新绩效发展度；相比较而言，京津冀地区的企业创新发展度尚有较大进步空间。

表 6-2　京津冀科技创新系统及其综合创新度

年份	创新资源	知识创造	企业创新	创新绩效	创新环境	综合创新
2006	0.0953	0.2887	0.4404	0.3653	0.3782	0.3136
2007	0.1257	0.3032	0.4668	0.4408	0.5025	0.3678
2008	0.2267	0.4373	0.2240	0.4985	0.5340	0.3841
2009	0.3427	0.4167	0.2536	0.5044	0.5963	0.4227
2010	0.4712	0.4549	0.3087	0.5423	0.5373	0.4629
2011	0.5918	0.6011	0.3594	0.6139	0.5898	0.5512
2012	0.6777	0.5759	0.4229	0.6578	0.6072	0.5883
2013	0.7527	0.6009	0.4956	0.6216	0.6346	0.6211
2014	1.0000	0.7558	0.5346	0.5858	0.7643	0.7281
平均值	0.4760	0.4927	0.3896	0.5367	0.5716	0.4933

与之相对应地，表 6-3 列示了京津冀地区科技创新各子系及其综合协同度。可以看到，较之表 6-2 中的创新发展度，各子系统内部以及子系统间在协同方面都呈现出更高的程度，这与京津冀地区的低碳协发展情况类似。在各子系统内部，除了创新资源呈现明显的上升趋势外，知识创造、企业创新、创新绩效和创新环境四个子系统内部的协同度都呈现出在波动中小幅上升的特征。平均而言，协同度最高的是创新环境子系统，其次是企业创新子系统，尽管这两个子系统的科技创新发展度并不是很高。创新绩效度和知识创新度内部也表现出较高的协同能力，与其较高程度的创新发展度呈现比较协调一致的步调。几个子系统之间的综合创新度也呈现出明显上升趋势，上升幅度接近50%。

表 6-3　京津冀科技协同创新各子系统及其综合协同度

年份	创新资源	知识创造	企业创新	创新绩效	创新环境	综合创新
2006	0.1376	0.8329	0.6748	0.7347	0.7924	0.4992
2007	0.4351	0.9177	0.6740	0.7783	0.7562	0.5116
2008	0.4834	0.9792	0.6956	0.7680	0.7172	0.5551
2009	0.7951	0.8133	0.8843	0.7504	0.7242	0.5800
2010	0.9358	0.8901	0.9126	0.7779	0.7180	0.5870
2011	0.7988	0.8834	0.9907	0.7808	0.7850	0.6088
2012	0.7764	0.8216	0.9891	0.8039	0.8236	0.6482
2013	0.7492	0.8797	0.9282	0.7978	0.8393	0.6856
2014	0.7318	0.8814	0.8600	0.8512	0.8416	0.7415
平均值	0.6492	0.8777	0.8455	0.7825	0.7775	0.6019

五、京津冀地区低碳发展与科技创新的耦合协调度分析

上文分析了京津冀的低碳发展与科技创新发展水平。然而，这两个系统之间是否存在相互影响？影响力有多大？尚需进一步的研究与分析。基于此，本节采用耦合模型来定量分析京津冀的低碳发展与科技创新的耦合演变。

1. 模型介绍

耦合源自于物理学概念，是指两个（或两个以上）系统或运动形式通过各种相互作用而彼此影响的现象，耦合度即描述系统或要素相互影响的程度。从协同学的角度看，耦合作用及其协调程度决定了系统在达到临界区域时走向何种序与结构，即决定了系统由无序走向有序的趋势。系统在相变点处的内部变量可分为快、慢弛豫变量两类，慢弛豫变量是决定系统相变进程的根本变量，即系统的序参量。系统由无序走向有序机理的关键在于系统内部序参量之间的协同作用，它左右着系统相变的特征与规律，耦合度正是反映这种协同作用的度量。由此，可以把区域低碳发展与科技创新两个系统通过各自的耦合元素产生相互彼此影响的程度定义为低碳发展-科技创新耦合度。具体计算方法介绍如下：

1）功效函数

定义变量 Z_i 代表区域低碳发展-科技创新系统的第 i 个序参量，其中 $i = 1, 2, \cdots, m$。Z_{ij} 为第 i 个序参量的第 j 个指标 $(j = 1, 2, \cdots, n)$，其值为 Y_{ij}。η_{ij} 和 μ_{ij} 是系统稳定临界点上序参量的上、下限值。于是，低碳发展-科技创新系统对系统有序的功效系数见公式（6-4）：

$$Z_{ij} = \begin{cases} (Y_{ij} - \mu_{ij})/(\eta_{ij} - \mu_{ij}) & Z_{ij}\text{具有正功效} \\ (\eta_{ij} - Y_{ij})/(\eta_{ij} - \mu_{ij}) & Z_{ij}\text{具有负功效} \end{cases} \qquad (6\text{-}4)$$

式中，Z_{ij} 为变量 Y_{ij} 对系统的功效贡献大小，反映了各指标达到目标的满意程度，$0 \leqslant Z_{ij} \leqslant 1$，$Z_{ij}$ 趋近 0 表示最不满意，趋近 1 表示最为满意。

由于低碳发展与科技创新处于两个不同而又相互作用的子系统，对子系统内各个序参量的有序程度的总贡献可以通过集成方法来实现。在实际部门中，一般采用几何平均法和线性加权和法，即

$$Z_i = \sum_{j-1}^{n} \lambda_{ij} z_{ij}, \qquad \sum_{j-1}^{n} \lambda_{ij} = 1 \qquad (6\text{-}5)$$

式中，Z_i 为子系统对总系统有序度的贡献；λ_{ij} 为各个序参量的指标权重。显然，在本书中，$i = 1, 2$，Z_1 和 Z_2 分别代表低碳发展与科技创新，其各指标的权重及其序列值在上一节中采用因子分析法已求出。

2）耦合度函数

借鉴物理学中的容量耦合概念以及容量耦合系数模型，可得到区域低碳发展与科技

创新的耦合度函数，即

$$T = 2\sqrt{\frac{Z_1 Z_2}{(Z_1 + Z_2)(Z_1 + Z_2)}} \qquad (6\text{-}6)$$

显然，耦合度值 $T \in [0,1]$。当 $T = 1$ 时，耦合度最大，表明区域低碳发展与科技创新两个系统之间达到良性共振耦合，系统将趋向新的有序结构；当 $T = 0$ 时，耦合度极小，表明区域低碳发展与科技创新之间处于无关状态，系统将向无序发展。根据经验，当 $0 \leqslant T \leqslant 0.3$ 时，表明区域低碳发展与科技创新之间处于较低水平的耦合阶段；当 $0.3 \leqslant T \leqslant 0.5$ 时，表明区域低碳发展与科技创新之间处于颉颃阶段；当 $0.5 \leqslant T \leqslant 0.8$ 时，表明区域低碳发展与科技创新之间进入磨合阶段，此时科技创新与低碳发展之间开始良性耦合；当 $0.8 \leqslant T \leqslant 1$ 时，表明区域低碳发展与科技创新之间相互促进，共同步入较高水平的耦合阶段。当然，由于政策及其他不确定因素的影响，二者的耦合度有可能出现退化。

3）耦合协调度

耦合度作为反映区域低碳发展与科技创新耦合程度的重要指标，它对判别区域低碳发展与科技创新耦合作用的强度以及作用的时序区间、预警二者发展秩序等具有很重要的意义。但是，耦合度在一些情况下很难反映出区域低碳发展与科技创新的整体"功效"与"协同"效应，特别是在多个区域对比研究的情况下，耦合度计算的上下限一般取自各个地区的基准年数和发展规划数，单纯依靠耦合度判别有可能产生误导，因为每个地区的低碳发展与科技创新都有其交错、动态和不平衡的特性。为此，需要进一步构造低碳发展与科技创新耦合协调度模型，目的是评判不同区域低碳发展与科技创新交互耦合的协调程度，其计算方法为

$$\begin{cases} R = \sqrt{TP} \\ P = aZ_1 + bZ_2 \end{cases} \qquad (6\text{-}7)$$

式中，T 为耦合度；P 为区域低碳发展与科技创新的综合调和指数，反映了低碳发展与科技创新的整体协同效应或贡献；a 和 b 为待定系数；R 为耦合协调度。

一般在实际应用中，令 $P \in (0,1)$，从而可以保证 $R \in (0,1)$，以便于使用说明。同样的，也可以根据经验分析对耦合协调度 R 进行分类。一般认为：当 $0 < R \leqslant 0.3$ 时，为低度协调的耦合；当 $0.3 < R \leqslant 0.5$ 时，为中度协调的耦合；当 $0.5 < R \leqslant 0.8$ 时，为高度协调的耦合；当 $0.8 < R \leqslant 1$ 时，为极度协调耦合。

2. 计算结果与分析

为了探求京津冀的低碳发展与科技创新对二者耦合协调度的影响，项目设计了 3 种不同低碳发展与科技创新所贡献份额（低碳发展贡献份额 1/2，科技创新贡献份额 1/2；低碳发展贡献份额 1/3，科技创新贡献份额 2/3；低碳发展贡献份额 2/3，科技创新贡献份额 1/3）的情景，基于这 3 种不同的情景，计算得到 2006~2014 年京津冀的低碳发展与科技创新耦合协调度变化情况（表 6-4）。

表 6-4　2006～2014 年京津冀不同耦合类型下低碳发展与科技创新的耦合协调度

年份	情形一 ($a=1/2$, $b=1/2$)	情形二 ($a=1/3$, $b=2/3$)	情形三 ($a=2/3$, $b=1/3$)
2006	0.7450	0.7550	0.7348
2007	0.7678	0.7755	0.7601
2008	0.7796	0.7856	0.7735
2009	0.7728	0.7750	0.7706
2010	0.7942	0.7989	0.7895
2011	0.8107	0.8125	0.8088
2012	0.8274	0.8272	0.8276
2013	0.8723	0.8761	0.8686
2014	0.8800	0.8848	0.8752

注：表中 a 代表低碳发展贡献份额；b 代表科技创新贡献份额。

　　结果发现，从耦合协调度分析，京津冀地区的低碳-科技耦合协调度处于较高水平且受不同贡献份额设置的影响较小，三种情形下都呈现从高度逐渐过渡到极度协调耦合状态。三种情景 2014 年京津冀低碳与科技的耦合协调度均值为 0.88。

　　基于以上的分析，京津冀地区在低碳发展与科技创新方面取得了较大的进步。但是，受资源、经济和产业锁定效应等因素所限，京津冀地区在低碳发展水平与科技创新能力方面需要提升的空间仍然很大。研究结果表明，京津冀地区在知识创新和创新环境方面具有较大优势。因此，京津冀地区应积极发挥其优势，在知识创造方面继续领跑。同时，注意加强加快新能源产业发展，实施分布式能源供给战略，尽可能降低对国家电网的依赖，向本地化、低碳化、分散化能源供应转变，努力推动其低碳发展水平与科技创新能力共同进步，相互促进。

　　为向分散化能源供应转变，京津冀地区应主力面向科技革命，建立适应于新工业革命的现代能源体系。在这方面，北京应抓住机遇，迎头赶上。

【专栏6-1】

适应于新工业革命的北京现代能源体系

　　里夫金认为工业革命是新能源技术和新信息通信技术相耦合而诱发；麦基里认为新材料技术、数字化制造技术、智能制造技术及互联网技术将带来第三次工业革命。本书依据这些研究成果，把新工业革命聚焦到能源变革、智能制造、智能社会变革三个领域，进而把能源变革、智能制造、智能社会变革对需求的促进划分为三个阶段，这样的划分能有助于推进新工业革命的进程。

新工业革命对需求的三阶段促进模型

　　本书首次把能源变革、智能制造、智能社会变革对需求的促进划分为三个阶段（图6-8）：

　　——物理集中阶段：物理集中阶段主要是通过物理上的重新组织来提供新的应用需求；

　　——化学反应阶段：化学反应阶段主要是通过化学上的横向组织来提供新的应用需求；

　　——基因突变阶段：基因突破阶段主要是通过生产与生活方式的彻底革新提供新的应用需求。

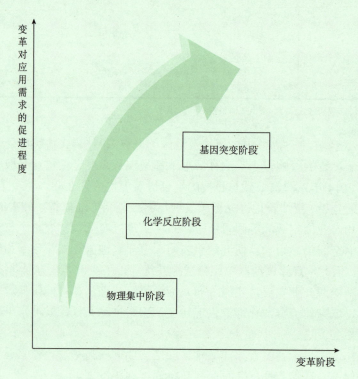

图 6-8　新工业革命对应用需求的三阶段促进模型

能源变革对应用需求的三阶段促进模型

　　能源变革对应用需求的三阶段促进模型（图 6-9）。

　　——物理集中阶段：首先是寻找可再生能源，如太阳能、电力、热力、液体燃料产品。但目前在不考虑常规能源外部环境成本的情况下，除太阳能热水器外，绝大多数利用可再生能源生产的电力、热力、液体燃料产品的成本均高于常规能源产品，缺乏市场竞争力，尚不具备自主商业化发展能力，限制了市场容量的扩大。因此，需要加强对可再生能源发展的战略性、长期性和艰巨性认识，进一步推广和普及市场。

　　随着信息和网络技术的快速发展，在供应链实体间实现合作已经成为对客户个性化、多样化的需求做出快速反应和提高供应链整体效率的最重要因素。当前，合作代理逐渐被应用在支持分布式决策和调解企业中各部门之间的冲突等方面。分散式生产通过代理间的协作来执行不同的任务以达到完成各代理的共同计划的目的，从系统发展的角度出发，代理提供了一个标准的建模框架。

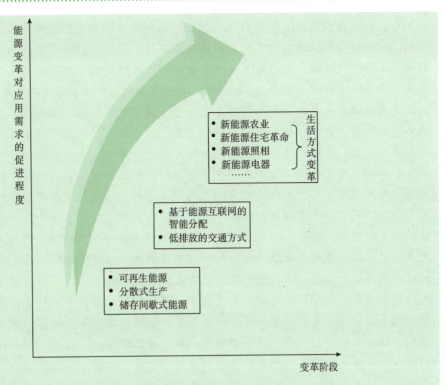

图 6-9　能源变革对应用需求的三阶段促进模型

间歇式能源是另一个受到关注的问题。虽然风电、太阳能等可再生能源已实现了跨越式发展，但因其为间歇式能源，容易影响电网运行安全，上网难成为了制约这些行业发展的瓶颈。现有电池、蓄电池等各种储存间歇式能源的办法，都还存在一定的困难。能源的普遍利用，开发高效电池、低成本电池至关重要，如欧洲已经投入了 80 亿欧元促成氢存储的研究和实现。另外，抽水蓄能电站是间接储存电能的一种方式，建设抽水蓄能电站可保证风电、太阳能资源实现规模开发，并顺利接入电网，是现代大电网不可缺少的重要组成部分。

——化学反应阶段：在这一阶段主要改革能源分配的模式。今天世界 23% 的人得不到供电，25% 的人只能得到部分供电。如果每座大楼、每座房屋都变成能源生产来源的话，只需要一个通信网络就能分配这些能源——互联网就提供了这一可能性。随着互联网分配格局的形成，规模经济得以出现，组织方式随之发生变化，成本也将降低。

——基因突变阶段：基因突破阶段主要是通过生产与生活方式的彻底革新提供新的应用需求。一是把新能源与农业结合起来，发展新能源农业。对生态环境产生严重污染的农业有机废弃物，如畜禽粪便，秸秆等，成为开发生物质能的重要来源。二是发展新能源建筑。将太阳能光伏电池板与建筑物屋顶及外立面相结合，以达到充分利用太阳能的功效。目前，新能源建筑在以德国为代表的欧洲使用率已达到 80%，美国也有 67% 左右，我国以太阳能光伏技术为代表的新能源产业已经发展到非晶硅薄膜太阳能电池。三是发展新能源交通。甲醇汽车技术在上个世纪发展就基本成熟，具备实用能力；乙醇在汽油机上使用的技术也已经比较成熟；生物柴油的应用仍然处于起步阶段，用油料植物提炼的工艺问题已经基本解决，建立绿色能源基地和生物柴油产业的尝试工作已经开始；目前最具有工业前景的工艺路线为合成气一步法合成二甲醚，从而产生了一大批醇类燃料汽车、混合动力汽车、电动汽车、燃气汽车等新能源汽车。四是发展新能源电器。如太阳能热水器、空气能热泵热水器、水源热泵热水器等，空调热水机组更是能源综合利用的新一代产品。现有常见的新能源电器已经广泛使用，比如太阳能灯、太阳能灶、太阳能充电器、太阳能热水器、空气热能泵热水器等。

新能源、智能制造、智能社会变革更深刻的影响在于，必将推动中国社会的复合转型。中国历经了几千年自给自足的自然经济时代，农业文明的路径依赖和思维惯性长期存在，因此对外来的冲击回应不力。随着技术的飞跃发展和产业革命的推进，产业结构不断调整。改革开放30多年来，中国的社会经济虽然取得了飞速发展，但是与发达国家相比，还存在着很多短板和矛盾亟待解决——现代科技革命反应不快、产业经济升级不快、政府管理创新不足、社会正向演进不强。那么，新能源、智能制造、智能社会变革提供了联动突破、交互进步、修补短板、解决矛盾的重要机遇——有助于推动中国社会的复合转型——从计划经济向市场经济的真正转型；从农业社会向知识社会的真正转型；从封闭社会向开放社会的真正转型；从立体、科层社会向扁平、网络社会的真正转型；从产业追随向产业创新的真正转型；从线性经济向循环经济的真正转型。这些不正是新能源、智能制造、智能社会变革的题中之意吗？

北京能源转型：适应新工业革命的三大趋势

如前分析，第三次工业革命为北京解决能源结构问题提供了新思路。第三次工业革命首要解决的是人类社会可持续发展的生产生活能源与动力问题。目前的经济与社会发展模式、生活消费方式所依赖的化石能源已经逐步步入枯竭期，需要进行转型以开发可替代的再生性能源，使人类社会实现可持续发展——这是第三次工业革命的核心问题。

第三次工业革命下能源发展呈现绿色化、智能化和服务化三大趋势。

绿色化趋势： 通过应用新技术，优化能源生产流程，使整个产品生命周期对环境的影响和资源消耗大大减少。第三次工业革命不仅催生可再生能源和新能源产业，也将为传统产业的转型和发展注入新的动力。新技术、新工艺将大量应用于煤炭产业，大幅提升煤炭产业的技术含量和生产效率，激活煤炭产业改造升级的内生动力。煤炭企业可寻找机会进入风能、太阳能、生物质能、核能和可燃冰能源开发，逐步实现煤炭产业向清洁、绿色、低碳和可持续新兴能源转变。这样的产业升级，符合第三次工业革命的发展方向。

智能化趋势： 能源体系借助于信息网络，逐步实现能源生产的自动检测、自动处理，提高能源利用效率。随着化石能源的枯竭，大规模、大批量、标准化生产方式不可持续，必然需要新的生产组织方式。自然界的太阳、风、有机物是分散分布的，而且社会能源的消费也是分散的，所以，替代化石能源的生产就需要采取"分散生产、分散使用、社会调节余缺"的方式。其中分散生产可以是一家公司进行分散生产，也可以是家庭或机构自己生产供给，余则卖少就买；社会调节需要一个中心，这就是能源互联网。如果每座大楼、每座房屋都将变成能源生产来源的话，只需要一个通信网络就能分配这些能源——互联网就提供了这一可能性。

服务化趋势： 能源供应更加适应新工业革命时代消费者个性化、多样化、分散化的需求，可以提供更具针对性的服务。未来的能源服务通过用能设备联网、整体化与多元化供能、全方位能耗监测、用能分析等手段，改进服务质量，提高安全性和方便性。譬如，家庭和个人可以自己投资能源生产设备，这是过去从来没有的，这就需要通过能源服务商与家庭和个人之间的实时双向互动来实现。

在这三大趋势下，第三次工业革命为北京能源产业转型指明了方向。北京市重视新能源产业的发展，新能源集聚区主要是在八达岭新能源产业基地和位于北京市延庆区的八达岭经济开发区，占地面积约为 2.5 平方公里，重点定位发展风能、太阳能等新能源产业，目前已汇聚了中材科技、中国节能投资集团、英利（中国）绿色能源、中科院电工所等一批新能源领域的企业和研发机构。新能源产业在北京的发展还有利于缓解大气污染严重的问题。新能源产业在要素投入中，智力投入比重高、排放少，属于资源集约型和环境友好型产业，这些特点特别适合北京解决大气污染严重的问题。

构建适应于新工业革命的北京能源体系

本书提出，新工业革命下，北京能源体系的战略思路是以能源结构调整为主旨，适应绿色化趋势、智能化趋势和服务化趋势的"三大趋势"，构建北京能源"四个体系"，即北京能源技术体系、北京能源互联网创新体系、北京能源供应体系和北京能源消费体系（图 6-10）。

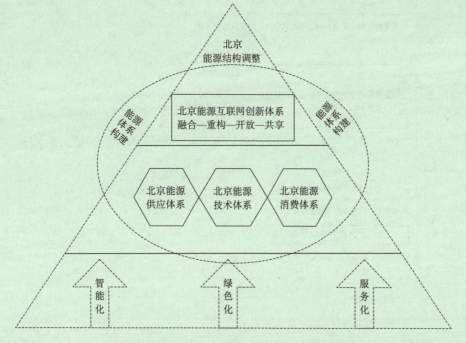

图 6-10　北京能源体系的战略架构

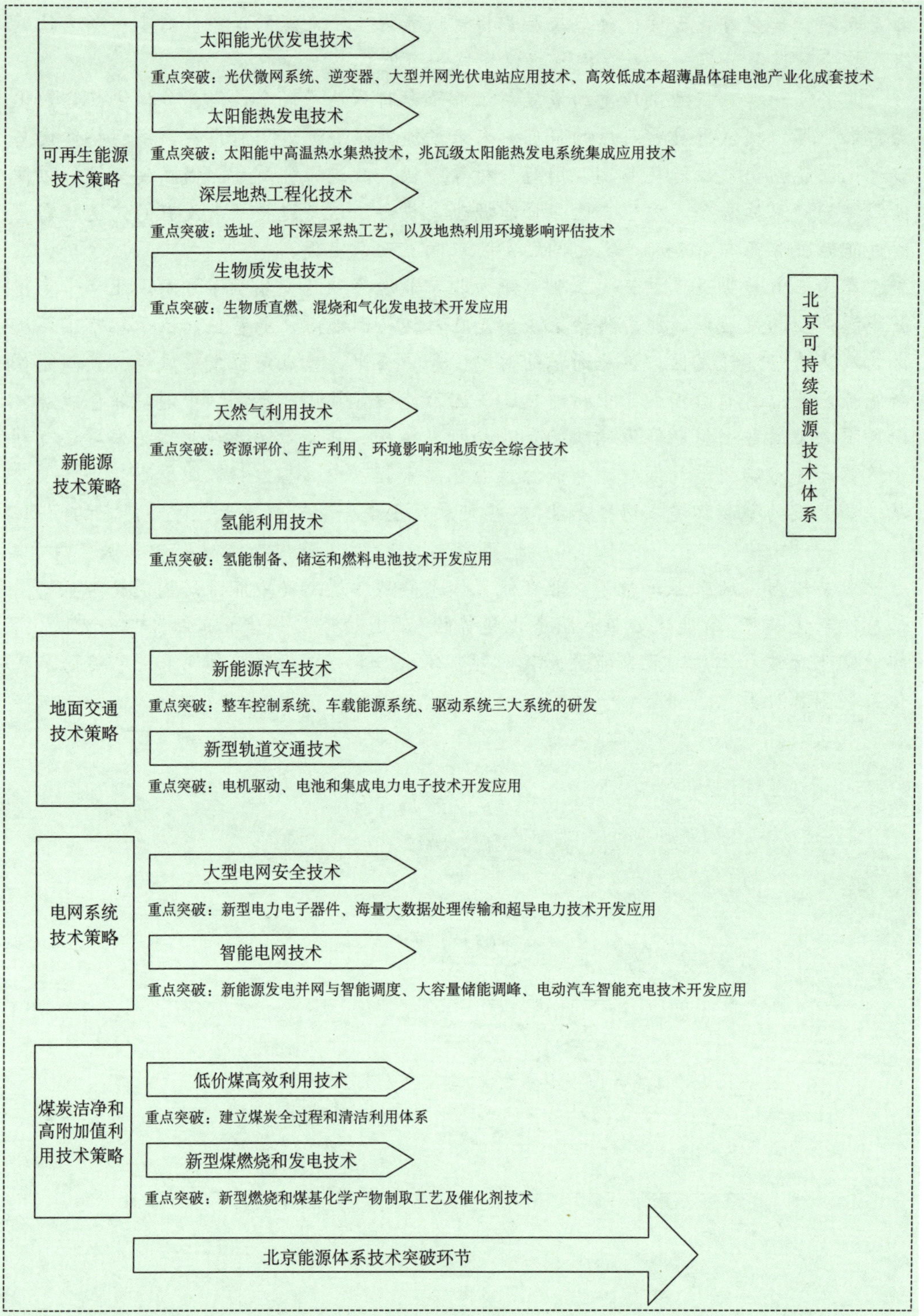

可再生能源技术策略

太阳能光伏发电技术

重点突破：光伏微网系统、逆变器、大型并网光伏电站应用技术、高效低成本超薄晶体硅电池产业化成套技术

太阳能热发电技术

重点突破：太阳能中高温热水集热技术，兆瓦级太阳能热发电系统集成应用技术

深层地热工程化技术

重点突破：选址、地下深层采热工艺，以及地热利用环境影响评估技术

生物质发电技术

重点突破：生物质直燃、混烧和气化发电技术开发应用

新能源技术策略

天然气利用技术

重点突破：资源评价、生产利用、环境影响和地质安全综合技术

氢能利用技术

重点突破：氢能制备、储运和燃料电池技术开发应用

地面交通技术策略

新能源汽车技术

重点突破：整车控制系统、车载能源系统、驱动系统三大系统的研发

新型轨道交通技术

重点突破：电机驱动、电池和集成电力电子技术开发应用

电网系统技术策略

大型电网安全技术

重点突破：新型电力电子器件、海量大数据处理传输和超导电力技术开发应用

智能电网技术

重点突破：新能源发电并网与智能调度、大容量储能调峰、电动汽车智能充电技术开发应用

煤炭洁净和高附加值利用技术策略

低价煤高效利用技术

重点突破：建立煤炭全过程和清洁利用体系

新型煤燃烧和发电技术

重点突破：新型燃烧和煤基化学产物制取工艺及催化剂技术

北京能源体系技术突破环节

北京可持续能源技术体系

图 6-11 北京可持续发展能源技术体系

（1）构建北京能源技术体系。

北京能源技术体系包括：可再生能源技术策略，包括太阳能光伏发电技术、太阳能热发电技术、深层地热工程化技术、生物质发电技术 4 大技术及其重点突破环节；新能源技术策略，包括天然气利用技术和氢能利用技术两大关键技术及其重点突破环节；地面交通技术策略，包括新能源汽车技术、新型轨道交通技术两大关键技术及其重点突破环节；电网系统技术策略，包括大型电网安全技术、智能电网技术两大关键技术及其重点突破环节；煤炭洁净和高附加值利用技术策略，包括低价煤高效利用技术、新型煤燃烧和发电技术两大关键技术及其重点突破环节（图 6-11）。

（2）构建北京能源互联网创新体系。

个人和家庭以建筑物为主体利用可再生能源，使得无数微小的能源生产单元遍布世界各地，这就需要连接建筑物且具有高度稳定性和可靠性的电网，并将其连通原有的电网。互联网技术提供了支撑，它把个体、组织或体系的数据传输到云平台，通过机器学习与硬件支撑，进行数据分析，反馈到个体、组织或体系的过程。这样，自助生产能源的人们可以通过网络以无缝对接和对等的方式分享剩余的能源。机理如图6-12 所示。

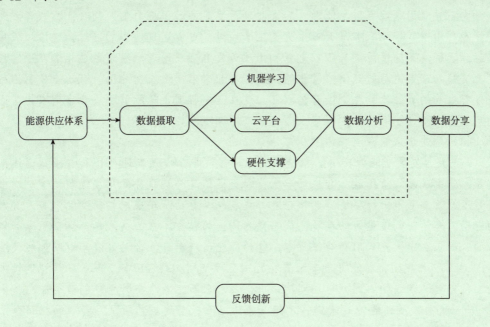

图 6-12　能源互联网的创新

能源互联网创新体系的意义在于，通过互联网创新很快地反馈供给与需求的关系，从而不断调整能源体系的供给行为，其对于社会经济发展的价值巨大。以北京新奥集团为例，他们开发的"泛能网"技术输入多种化石能源、可再生能源、环境势能等，输出气、电、冷、热等多品位能源，能源利用效率由传统热电分产的 40%～60% 提高到 85% 以上。因此，北京能源体系应将能源网与互联网结合起来，建设能源互联网创新体系。建议北京成立首都能源互联网前瞻性技术中心，该前瞻性技术中心着重应用，以新能源、云计算、大数据管理的整合管理等为主要研究方向，建成能源互联网技术创新平台。

（3）构建北京能源供应体系。

——重点保障天然气供应。北京是典型的能源输入型城市，能源供应的主要特点是对能源保障方面的要求显著高于其他地区。从品种分析，四种主要能源品种中，煤炭、电力、成品油供应稳定，天然气供应偏紧。为实现节能减排的目标，天然气作为清洁能源处于紧缺状态，北京的天然气主要来自陕甘宁长庆气田、华北油田、大港油田、塔里木气田和青海油田，其中长庆气田仅由一条输管线往北京供气，挑战了运输的可靠性。因此，北京应加大对天然气的利用程度，实现天然气的基础设施建设，大力开展系统优化，充分发展各种先进技术的综合利用，通过管理调控、热电冷联供等一系列综合措施，降低供热系统的能源消耗量，从而提高天然气的利用效率。

——加大新能源和可再生能源供应力度。目前，北京市新能源和可再生能源占能源消费总量的3%，比例偏低，"十三五"期间应增加到15%左右。北京市蕴藏着丰富的可再生资源，如地热资源和风能、太阳能等。北京市在官厅和密云水库周边地区分布着风能，目前已在延庆县康庄附近建成一个示范性的小规模风能发电场。北京市可以考虑充分利用这些可再生能源，加大对可再生能源的供应力度；同时，积极开发新型能源利用模式。北京市每天产生大量生活垃圾，可以通过适当的选址，建设垃圾发电站，既解决了环境污染又可以充分利用垃圾发电，而通过垃圾发电也能够在一定程度上缓解北京市清洁能源供应紧张的现状。在北京市周边农村地区，可以充分利用稻秆等有机物的资源优势，制造有机沼气，这在一定程度上既能够解决北京市农村居民的生活用能，也能够在一定程度上缓解北京市环境污染的压力。

（4）构建北京能源消费体系。

——大力发展新能源交通。推进新能源环保汽车、慢性交通系统和智能交通体系建设，分别从无污染排放、非机动车出行和交通信息终端服务的角度缓解城市交通拥挤程度、改善城市出行环境。北京应着力发展包括电动汽车在内的新能源汽车，努力为电动汽车消费创造更好的环境，提供更为周全的服务。在公共汽车、环卫用车等领域的政府采购中率先采用新能源汽车，包括纯电动汽车、混合动力汽车以及天然气汽车，"十三五"期间将新能源汽车配置指标由2万辆增加到3万辆。在基础设施建设方面，将充电站建设纳入到城市规划建设中，为未来新能源汽车的推广创造条件。

——大力发展新能源建筑。将太阳能光伏电池板与建筑物屋顶及外立面相结合，以达到充分利用太阳能的功效。以德国为代表的欧洲使用率已达到80%，美国也有67%左右。北京应以公共建筑和居民住宅为重点、大专院校校区为试点创建绿色示范项目，推动新能源建筑在全社会范围内的推广。

——大力发展新能源电器。广泛推广能源综合利用的新一代产品，如太阳能热水器、空气能热泵热水器、水源热泵热水器等，空调热水机组等。虽然新能源电器造价较高，但不污染环境、易安装，但可以有效减少建设电缆、管道，便捷地满足生活需要。

北京能源体系的建立，既任重道远，亦迫在眉睫，需要从四个体系上构建并完善。

本书把能源变革、智能制造、智能社会变革对需求的促进划分为 3 个阶段：物理集中阶段；化学反应阶段；基因突变阶段。这样的划分有助于推进新工业革命的进程。本章进一步构建了适应于新工业革命的北京现代能源体系：以能源结构调整为主旨，适应绿色化趋势、智能化趋势和服务化趋势的"三大趋势"，构建北京能源技术体系、北京能源互联网创新体系、北京能源供应体系和北京能源消费体系。

六、本章小结

本章分析了科技创新机理，总结了低碳科技创新的特征，进一步建立京津冀科技创新能力评价指标体系。采用耦合模型来定量分析了京津冀低碳发展与科技创新的耦合演变。研究结果表明，在科技协同方面，京津冀地区科技协同创新各子系统的创新度及其综合创新度在 2006~2014 年都取得了较大的进步；在各子系统内部，除了创新资源呈现明显的上升趋势外，知识创造、企业创新、创新绩效和创新环境四个子系统内部的协同度都呈现出波动中小幅上升的特征；几个子系统之间的综合创新度也呈现出明显上升趋势，上升幅度接近 50%。京津冀地区的低碳-科技耦合协调度处于较高水平。

本章还讨论了科技革命的新需求，北京应抓住机遇，构建适应于新工业革命的现代能源体系。

第 **7** 章　京津冀地区低碳发展的经济技术选择决策

 本章简介

　　在低碳发展的视角下，我们关心京津冀地区是否产生了节能、减排类的技术进步，或者说节能、减排的技术进步方向如何？只有相关规制措施最终促进了相关技术进步向节能、减排的方向发展，才能说其真正地产生了内生性的效果，才能长期、持续地促进国民经济向绿色低碳方向发展，而不是短期的限电等行为。这种技术进步层面的变化，是一种内生性的变化，是相对稳固的，有着长期的生命力，最终将促使京津冀地区转向低碳增长的内涵式发展之路。

一、京津冀地区低碳发展的技术进步方向

1. 理论背景与文献述评

古典经济增长理论和内生经济增长理论都证实,在劳动和资本两要素的分析框架下,技术进步是长期经济增长的动力源泉。考虑能源的节约及污染排放控制约束,技术进步仍然是经济增长的重要动力因素。换言之,技术进步是低碳发展的重要推动力。技术进步通常的方式有三种:自主创新、技术引进和引进基础上的模仿创新。

首先,在自主创新方面,我国取得了一定的成绩,纵向比较进步很大,但横向比较仍存在较大差距。尽管自主创新的科学技术成果对经济增长的作用还不够突出,效果亦不够理想,但其对我国科技实力、综合国力、经济增长最终将产生了非常重要的作用。

其次,作为后发国家,我国通过国际贸易、吸引外商直接投资、国际技术交流、技术专利购买等渠道模仿、学习国外先进技术。这是推进我国技术进步的重要方面,也是后发优势的具体体现。但是,在吸收外来技术时,由于人力资本积累与本国引资结构提升相对滞后,出现了人力资本投资相对落后所导致的技术吸收能力不足等问题;另一方面,随着我国经济和科技发展,越来越多的先进技术接近于国际前沿,仅依赖技术引进对技术进步的作用有衰减效应。

再次,在开放经济系统中,国际技术外溢、扩散作用已经成为我国经济增长的重要外部推动力,同时外商直接投资通过技术示范效应、竞争效应、产业关联链效应、人员培训效应等作用在技术扩散渠道中扮演了重要的角色。

上述三种技术进步方式对我国低碳领域的技术进步都产生了重要影响。近年来在《中国制造 2025》《工业绿色发展规划(2016~2020)》等文件中涉及大量与低碳发展直接相关的技术攻关领域,自主创新的重要性越来越明显。

图 7-1 描绘了技术进步影响低碳发展的路径。技术进步推动低碳发展的过程可归结为:技术效应、规模效应及其引发的经济增长。其中,技术效应体现了技术进步对低碳发展的直接作用;而规模效应和经济增长则体现技术进步对低碳发展的间接作用。

技术效应:①技术进步推动了能源技术革命,表现为技术替代。例如,历史上第一次工业革命导致煤炭替代生物质能,第二次工业革命使能源消费的主要品种过渡为石油,第三次工业革命则使电能成为主要能源消费品种。当前技术进步对低碳发展的技术效应主要表现为通过技术替代使低碳的能源(如天然气和氢燃料)和新能源替代高碳的煤炭、石油能源,从而推动低碳发展。②受要素市场价格和市场规模的影响,技术进步通常会使得某一种投入要素的边际产出大幅度的增加,从而达到该种要素投入比例更多下降的目的,表现为投入要素之间的替代效应(即要素比例关系的重组),学者们称之为技术进步的偏向性。偏向性技术进步是否有助于节能和低碳发展取决于技术进步的偏向性以及能源要素和其他投入要素间的替代互补关系。③在技术效应的作用下,单个或几个企业率先进行低碳技术创新使其获得高效益和竞争优势,使得其他企业纷纷效仿,引起了低

碳技术的扩散。显然，技术扩散最大化地发挥了技术进步外部性的效应，有助于推动低碳发展。

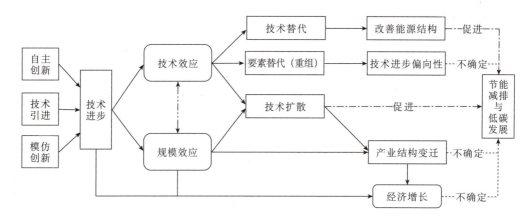

图 7-1 技术进步影响低碳发展的路径

规模效应：①为最大化发挥技术效应，常常可观察到产业集聚现象，即同类型企业呈集中分布，这有助于充分发挥技术进步在企业间的溢出。尤其是，低碳技术创新的知识溢出使得产业内及产业间拥有共同的技术基础，模糊或消除了企业或产业间的生产边界，从而引起整个社会经济增长方式和经济结构发生改变。②除产业集聚外，在产业内部，因不同产业间技术进步率和扩散程度上的差异，产业结构会发生改变，使经济增长的主导产业发生变化。主导产业的变迁决定了产业结构变迁对低碳发展的作用方向。如果主导产业转向高能耗、高排放产业，如钢铁、水泥等重化工业，则产业结构变迁无助于低碳发展；如果新兴低碳产业如信息、电子等呈现出相对竞争优势，生产要素向这些产业转移，则产业结构变迁将推动低碳发展。

经济增长：技术进步将推动经济增长，但是经济增长和能源消费、碳排放的关系既受制于经济发展阶段，也受制于经济增速。例如，大部分研究证实经济增长和碳排放的关系存在环境库兹涅茨曲线特征，即碳排放随经济增长呈先上升而后下降的趋势。此外，我国节能减排的政策效果在经济上行时表现的相对较差。理论上，由于能源是经济增长的重要投入要素，技术进步驱使经济增长将增加能源消费，从而对低碳发展产生不利影响；然而，技术进步也可能弱化经济增长和能源消费的依存关系，使经济增长和碳排放脱钩，从而推动低碳发展。

从上述分析可以看到，技术进步对低碳发展的作用比较复杂。无论是技术效应还是规模效应，能源价格都起着至关重要的"连接/桥梁"作用。从技术进步推动经济增长的角度看，技术进步在促进节能的同时，亦因促进经济增长而产生能耗的"反弹效应"，而降低"反弹效应"的重要手段是能源价格政策。可见，能源价格是研究技术进步对低碳发展作用的关键切入点，对应的重要理论基础是"诱导性"技术进步理论。

根据 Hicks（1932）提出的"诱导性"技术进步理论可知，要素价格所反映出的要素的稀缺性会诱发节约该要素的技术创新，从而形成偏向该要素的技术进步。那么，如何通过技术进步引导节能减排，进而实现低碳发展，理应成为相关研究的重点。特别是当技术进步偏向于在增长中更少地使用能源时，技术进步就既能实现减排，又能促进增长。从这个意义上来讲，技术进步的能源要素偏向性是实现低碳发展的关键。

技术进步的偏向性可溯源至 Hicks（1932），他按照技术进步对要素边际产出贡献的不同，定义了资本节约型技术进步、劳动节约型技术进步和中性技术进步 3 种类型。Acemoglu（2002）则对技术进步的偏向性进行了分类界定，将其分为要素增进型与要素偏向型两种。前者指技术进步可以改变某种要素的边际生产率；后者指技术进步可以改变要素间边际替代率。21 世纪初，国外学者开始研究能源和环境因素对于技术进步产生的影响问题。Jaffe 等（2002）在生产要素中引入能源因素，从理论分析上得出了较高价格的能源会引起相应的技术创新，从而影响技术进步的方向。Popp（2002；2004）运用美国 1970~1994 年专利引用等需求侧的数据估计了能源的诱致性技术进步，结果表明能源价格与知识的供给对于能源技术创新有显著的正影响，而环境规制不仅能让企业远离污染活动，而且长远看还能通过技术进步减少控制污染的成本。Kander 和 Schon（2007）通过研究资本、能源之间的关系，发现长期来看资本、能源比例跟能源价格与资本价格的比例正相关，长期增长的资本能源比率依赖于能源偏向性技术进步。Karanfil 和 Yasser（2010）通过估计一个超越对数成本份额系统方程，将能源要素纳入偏向型技术进步测算的框架，发现能源偏向型技术进步对能源价格非常敏感。整体上看，发达国家的经验证据表明，资本与能源之间是替补的关系，可以通过提高能源价格的方法，倒逼生产中的技术创新，从而形成诱导性的技术进步，即让技术进步最终偏向于能源的节约。

国内针对技术进步偏向性的研究大多是在增长框架内探讨资本、劳动要素的偏向性，多数学者证实中国总体和省际层面上技术进步是偏向于资本的。近年来，随着环境问题日益被重视，国内部分研究提出了测算能源偏向型技术进步的实证模型和方法。王班班和齐绍洲（2014）利用我国工业 1999~2010 年的行业数据进行回归后发现，工业的有偏技术的要素替代效应是技术进步影响能源强度的主要渠道。陈晓玲等（2015）从要素替代弹性和有偏技术进步视角分析我国 1994~2008 年的工业能源强度，结果表明，由于多数行业内资本和能源表现为互补关系，因此整体上工业技术进步是资本、能源偏向型技术进步。何小钢和王自力（2015）采用超越对数成本函数与 Kalrman 滤波的测度模型测算了中国 33 个行业的能源偏向型技术进步，研究发现，总体上，行业技术进步偏向于能源消耗，高能耗特征明显。其中市场化滞后、资本密集型的行业受到市场规模效应影响而呈现出能源消耗型技术进步；技术与设备轻型化行业受能源价格影响，表现为能源节约型技术进步；技术创新特性与投资周期差异导致能源偏向型技术进步表现出较为明显的行业异质性特征。

综上所述，低碳型的经济增长不仅需要从节能技术上入手，而且应该从能源与其他生产要素的替代关系上入手，使我国在技术进步上产生非能源类的技术进步偏向性。在减排方面，我国的能源禀赋中以煤炭为代表的化石能源相对丰富，而化石能源相对污染排放比较严重，因而随着能源技术效率的提高，单位增长的能耗会相应的下降，相应的，单位增长的污染排放也会降低。然而，现阶段我国能源价格偏低，属于准公共物品，而环境属于公共物品，产权不明晰。因此，根据诱导性技术进步理论，技术进步会偏向能源的使用及污染物排放。

2. 模型设定

本章的研究对象是京津冀、长三角和珠三角城市群，设各地区生产函数为

$$Y = Af(X_i, t) \tag{7-1}$$

式中，Y 为产出；A 为初始的技术水平；X_i 为投入变量；t 为时间趋势，用以衡量技术进步；$f(.)$ 为生产函数，应满足连续、严格递增和严格拟凹性。在低碳发展视角下，设 $X_i = (X_K, X_L, X_E, X_S, X_W, X_C) \in \mathbb{R}_6^+$，其中 K、L、E、S、W 和 C 分别代表资本、劳动、能源消费（以电力消耗表示）、二氧化硫排放、废水排放和二氧化碳排放。显然，（7-1）式是基于增长理论框架，把能源消耗（以电力消耗表示）和污染物排放作为与传统要素资本和劳动并列的投入要素引入生产函数中，来估算各地区的生产率，并进行绿色增长核算，以分析能源和环境对各地区可持续发展的影响。

现有研究将环境要素纳入生产过程的处理方式主要分为两种：一种是作为类似于资本和劳动一样的生产性投入（Koop，1998；Ramanathan，2005），另一种则将环境污染作为非期望产出，与期望产出（如 GDP）结合，并利用方向性距离函数等非参数分析方法开展相关经验研究（Watanabe et al.，2007；王兵等，2010；Fan et al.，2015）。尽管上述两种方式对环境要素的处理均具有一定的合理性，但是后者是基于非参数化的数据包络分析（DEA）方法，因而只能测算全要素生产效率及其分解指标，却不能像参数化的随机前沿分析（SFA）方法那样考察要素间的替代弹性及生产技术进步的绿色偏向程度。

由于良好的自然环境质量可以通过快速大量地吸纳降解环境污染物而为社会经济生产活动提供必要的生态资本服务，以有利于经济产出水平的提高；而生态资本的过度使用（即环境污染过度排放）使其经济功能明显减退，从而负向作用于经济生产活动，约束产出水平的增加，使人类社会步入非持续发展状态。即使当人类意识到自然环境作为经济活动的基本生态资本的重要性而采取必要保护措施时，经济单位也会付出必要的减排成本而使其生产期望产出的投入水平相对降低，从而使经济产出活动受到环境负外部性的约束。

出于以上考虑，本章中模型（7-1）与大多数采用 SFA 方法的文献一样（Vaninsky，2010；Zhou et al.，2012b；Wang et al.，2013c；陈诗一，2009；李胜文等，2010；朱承亮等，2011；匡远凤和彭代彦，2012；杨振兵等，2016），将环境要素作为生产性投入，并将最重要的温室气体——二氧化碳排放作为环境要素的代理变量。从某种意义上讲，以碳排放为代表的环境污染因为可以直接影响作为社会生态成本的环境质量而可以被视为生产活动的一种特殊投入被考虑在生产函数之内，而我们只能对其加以控制，以尽量减少环境负外部性，降低社会总体的外部成本。这样的设定同时符合"投入更少，产出更多"的经济资源优化配置理念和"排放更少、增长更快"的可持续发展理念，从而具有一定的合理性。正如陈诗一（2009）所指出的，无论是否存在环境规制，社会生产系统均会受到过度污染排放的约束性影响而付出必要的成本，因此完全可将环境污染视为一种特殊的生产投入。当然，这种设定也基于 SFA 生产函数单一产出特性的限制，以及 DEA 方法无法计算要素替代弹性和技术进步偏向的局限。

对模型 (7-1) 中生产函数的设定，常见的有 C-D 生产函数、CES 生产函数和超越对数生产函数 3 种。其中 C-D 生产函数假定劳动产出弹性和资本产出弹性均是固定不变的，这就意味着技术进步是中性的而忽视了技术进步的偏向性。因此，在测算技术进步偏向时，CES 生产函数得到了较为广泛的应用（Arrow et al.，1961；戴天仕和徐现祥，2010；雷钦礼，2013）。然而，相对于 CES 生产函数而言，超越对数生产函数不但放松了技术进步中性的严格假设，而且其可变的要素产出弹性可以反映投入要素之间的替代效应和交互作用，更能反映现实情况（章上峰，2011）。同时，超越对数生产函数还可以加入时间因素而反映不同投入要素技术进步的差异性，因而能够揭示经济系统的更多内在特征，而且其形式较为灵活，能够有效避免由于生产函数误设而带来的偏差（涂正革和肖耿，2005）。因此，本章采用更具技术优势的如下超越对数函数形式：

$$\ln Y_{it} = \alpha_0 + \alpha_K \ln K_{it} + \alpha_L \ln L_{it} + \alpha_E \ln E_{it} + \alpha_C \ln C_{it} + \alpha_t t + \alpha_{tK} t \times \ln K_{it}$$

$$+ \alpha_{tL} t \times \ln L_{it} + \alpha_{tE} t \times \ln E_{it} + \alpha_{tC} t \times \ln C_{it} + \frac{1}{2} \alpha_{KL} \ln K_{it} \times \ln L_{it}$$

$$+ \frac{1}{2} \alpha_{KE} \ln K_{it} \times \ln E_{it} + \frac{1}{2} \alpha_{KC} \ln K_{it} \times \ln C_{it} + \frac{1}{2} \alpha_{LE} \ln L_{it} \times \ln E_{it} \qquad (7\text{-}2)$$

$$+ \frac{1}{2} \alpha_{LC} \ln L_{it} \times \ln C_{it} + \frac{1}{2} \alpha_{EC} \ln E_{it} \times \ln C_{it} + \frac{1}{2} \alpha_{KK} (\ln K_{it})^2$$

$$+ \frac{1}{2} \alpha_{LL} (\ln L_{it})^2 + \frac{1}{2} \alpha_{EE} (\ln E_{it})^2 + \frac{1}{2} \alpha_{CC} (\ln C_{it})^2 + \frac{1}{2} \alpha_{tt} t^2 + v_{it} - u_{it}$$

式中，Y 为地区生产总值；i 为城市；t 为年份；K、L、E、C 分别为资本投入、劳动力投入、以电力消费表示的能源投入、以二氧化碳放量表示的环境投入。

现实中生产者很难达到生产函数的前沿水平，其主要受随机噪声和技术无效率这两个因素的影响。v 为随机误差项，为不可控的影响因素，反映具有随机性的系统非效率，且有 $v_i \sim iidN(0, \sigma_v^2)$。$u$ 为技术损失误差项，用以计算技术非效率。在面板数据建模中，通常假设技术效率具有时变性。本章采用文献中常用的 Battesc 和 Coelli（1992）对生产无效率项的设定，即 $u_{it} = u_i \exp[-\eta(t - T)]$，且有 $u_i \sim N^+(\mu, \sigma_u^2)$，其中参数 η 表示技术效率指数 u_{it} 的变化率。由于 v 是一个白噪声，期望值为零，因此生产者的环境技术效率（technical efficiency，TE）可由样本中生产者产出的期望与随机前沿的期望比值来确定（Kumbhakar and Lovell，2000），即

$$\text{TE}_{it} = \frac{E\left[f(\boldsymbol{x}_{it}, \boldsymbol{\beta}) \exp(v_{it} - u_{it})\right]}{E\left[f(\boldsymbol{x}_{it}, \boldsymbol{\beta}) \exp(v_{it} - u_{it}) \mid u_{it} = 0\right]} = \exp(-u_{it}) \qquad (7\text{-}3)$$

显然，式（7-3）反映的技术效率刻画了在考虑能源和环境投入及其与其他要素之间替代关系，以及时间因素等条件下的实际生产过程的有效程度，本书将其作为低碳生产技术效率的度量指标。

由于上述随机前沿模型的设定违反了最小二乘法（OLS）的经典假设，因此不能采用 OLS 进行模型的参数估计。但根据 Battese 和 Coelli（1992）的建议，可以令 $\gamma = \sigma_u^2 / (\sigma_u^2 + \sigma_v^2)$（$0 \leqslant \gamma \leqslant 1$）。其中 γ 表示随机扰动项中技术无效所占比重，可以利用极大似然法对其进行估计，同时还可以根据 γ 的值判断总方差中生产无效率方差所占

的比重。γ 接近于 1 时，则说明误差主要来源于 u，即生产单位的实际产出与前沿产出之间的差距主要由技术无效所引起。因此，γ 的估计值可以作为检验模型设定是否合理的一项依据。

根据技术进步要素偏向的定义，Diamond（1965）提出了技术进步偏向指数的计算方法：

$$\text{DBias}_{nq} = \frac{F_{nt}}{F_n} - \frac{F_{qt}}{F_q} \tag{7-4}$$

式中，F_{jt} 表示由技术进步所带来的要素 j（要素投入 $n,q \propto j$）边际产出的增量[①]，所以 Diamond 技术进步要素偏向指数（DBias_{nq}）的含义为由技术进步所带来的要素投入 n 的边际产出增长率和要素投入 q 边际产出增长率之差，若 $\text{DBias}_{nq} > 0$，则技术进步引起的 n 边际产出增长率大于 q 边际产出增长率，称为技术进步偏向 n。相反，$\text{DBias}_{nq} < 0$ 表明技术进步引起的 q 边际产出增长率大于 n 边际产出增长率，技术进步偏向于 q。当然，$\text{DBias}_{nq} = 0$ 则表示为中性技术进步。

由（7-4）式，进一步得到更为具体的技术进步偏向指数的计算思路：

$$\text{DBias}_{nq} = \frac{\partial \text{MP}_n / \partial t}{\text{MP}_n} - \frac{\partial \text{MP}_q / \partial t}{\text{MP}_q} \tag{7-5}$$

式中，MP_n 与 MP_q 分别为要素投入 n 与要素投入 q 的边际生产率，要素投入 n 与要素投入 q 分别为环境生产过程的四种要素投入：K、L、E、C。这样我们可以分别求得环境生产技术进步的任意两种要素的偏向指数。

为求解偏向性，首先求解各要素的边际生产率，分别为

$$\begin{aligned} \text{MP}_K &= \frac{\partial Y}{\partial K} = \frac{Y}{K}\frac{\partial \ln Y}{\partial \ln K} = \frac{Y}{K}\varepsilon_K \\ &= \frac{Y}{K}\left(\alpha_K + \alpha_{tK}t + \frac{1}{2}\alpha_{KL}\ln L + \frac{1}{2}\alpha_{KE}\ln E + \frac{1}{2}\alpha_{KC}\ln C + \alpha_{KK}\ln K \right) \end{aligned} \tag{7-6}$$

$$\begin{aligned} \text{MP}_L &= \frac{\partial Y}{\partial L} = \frac{Y}{L}\frac{\partial \ln Y}{\partial \ln L} = \frac{Y}{L}\varepsilon_L \\ &= \frac{Y}{L}\left(\alpha_L + \alpha_{tL}t + \frac{1}{2}\alpha_{KL}\ln K + \frac{1}{2}\alpha_{LE}\ln E + \frac{1}{2}\alpha_{LC}\ln C + \alpha_{LL}\ln L \right) \end{aligned} \tag{7-7}$$

$$\begin{aligned} \text{MP}_E &= \frac{\partial Y}{\partial E} = \frac{Y}{E}\frac{\partial \ln Y}{\partial \ln E} = \frac{Y}{E}\varepsilon_E \\ &= \frac{Y}{E}\left(\alpha_E + \alpha_{tE}t + \frac{1}{2}\alpha_{KE}\ln K + \frac{1}{2}\alpha_{LE}\ln L + \frac{1}{2}\alpha_{EC}\ln C + \alpha_{EE}\ln L \right) \end{aligned} \tag{7-8}$$

[①] 技术进步要素偏向指的是技术进步过程中要素边际产出变化的速率，重在突出要素边际产出的变化，并非潜在的最优产出水平，反映的是要素边际产出增长率的差异。

$$\mathrm{MP}_C = \frac{\partial Y}{\partial C} = \frac{Y}{C}\frac{\partial \ln Y}{\partial \ln C} = \frac{Y}{C}\varepsilon_C$$

$$= \frac{Y}{C}\left(\alpha_C + \alpha_{tC}t + \frac{1}{2}\alpha_{KC}\ln K + \frac{1}{2}\alpha_{LC}\ln L + \frac{1}{2}\alpha_{EC}\ln E + \alpha_{CC}\ln C\right) \tag{7-9}$$

本章关注的是研究对象中能源、环境要素的相对偏向，即 Dbias_{EK}、Dbias_{EL}、Dbias_{EC}、Dbias_{CK}、Dbias_{CL} 和 Dbias_{CE}。以 Dbias_{EK} 为例，要素投入 E 和要素投入 K 的生产技术进步的要素偏向指数可根据式（7-5）～式（7-9）计算：

$$\mathrm{DBias}_{EK} = \frac{\partial \mathrm{MP}_E / \partial t}{\mathrm{MP}_E} - \frac{\partial \mathrm{MP}_K / \partial t}{\mathrm{MP}_K} = \frac{\alpha_{tE}}{\varepsilon_E} - \frac{\alpha_{tK}}{\varepsilon_K} \tag{7-10}$$

式中，MP_E 和 MP_K 分别为能源和资本的边际生产率；ε_E 和 ε_K 分别为能源和资本的产出弹性。具体而言，若 $\mathrm{DBias}_{EK} > 0$，则技术进步引起的能源边际产出增长率大于资本边际产出增长率，称为技术进步偏向能源；相反，$\mathrm{DBias}_{EK} < 0$ 表明技术进步引起的资本边际产出增长率大于能源边际产出增长率，技术进步偏向于资本。当然，$\mathrm{DBias}_{EK} = 0$ 则表示为中性技术进步。此外，显然有 $\mathrm{DBias}_{EC} = -\mathrm{DBias}_{CE}$。根据利润最大化条件，两种要素的边际生产率之比等于要素相对价格。若技术进步偏向于能源（$\mathrm{DBias}_{EK} > 0$），即技术进步提高能源相对资本的边际生产率，在均衡时能源的相对价格也将提高，如果能源与资本是替代关系，则能源的相对投入也将降低，此时技术进步偏向于能源也就意味着技术进步呈相对节能的特征；反之，如果能源与资本是互补关系，而能源价格呈上涨趋势，此时技术进步偏向于能源则表现为绝对节能的特征。由此可见，要素之间的替代或互补关系直接影响了对技术进步性质的判断。

针对超越对数生产函数式（7-2），郝枫（2015）详细推导了其要素替代弹性的计算公式。按照定义，要素替代弹性是给定产出不变时，要素结构相对变化与要素边际替代率相对变化的比值。以要素投入 n 与 q 为例，要素替代弹性公式如下：

$$\sigma_{nq} = \frac{\mathrm{d}\ln(n/q)}{\mathrm{d}\ln(\mathrm{MP}_n/\mathrm{MP}_q)} = \frac{\mathrm{d}\ln(q/n)}{\mathrm{d}\ln(\mathrm{MP}_q/\mathrm{MP}_n)} = \sigma_{qn} \tag{7-11}$$

任意两种要素投入 n 与 q 的边际替代率 φ 为

$$\varphi = -\frac{\mathrm{d}X_q}{\mathrm{d}X_n} = \frac{\mathrm{MP}_n}{\mathrm{MP}_q} = \frac{X_q}{X_n}\frac{\varepsilon_n}{\varepsilon_q} \tag{7-12}$$

根据郝枫（2015）的研究方法，要素直接替代弹性具有对称性，通过将（7-12）式求微分并逐步化简，可以求得最终的要素替代弹性计算公式：

$$\sigma_{nq} = \left[1 + 2\left(\alpha_{nq} - \frac{\varepsilon_q}{\varepsilon_n}\alpha_{nn} - \frac{\varepsilon_n}{\varepsilon_q}\alpha_{qq}\right)(\varepsilon_n + \varepsilon_q)^{-1}\right]^{-1} \tag{7-13}$$

由此，我们可以计算出任意两种要素的替代弹性：当 $\sigma_{nq} > 0$ 时，二者为替代关系；当 $\sigma_{nq} < 0$ 时，二者为互补关系。与要素的偏向性相对应，就替代弹性而言，本章重点讨论 σ_{EK}、σ_{EL}、$\sigma_{EC}(=\sigma_{CE})$、$\sigma_{CK}$ 和 σ_{CL}。

3. 数据说明

为保证数据的完整性和统计口径的一致性,本章选取 2005～2014 年京津冀、长三角、珠三角共 50 个城市的面板数据作为研究样本[①]。本研究中的投入产出数据来自《中国城市统计年鉴》《中国区域统计年鉴》《长江三角洲城市年鉴》《珠江三角洲城市群年鉴》,以及各地区的统计年鉴和统计公报、CEIC 数据库和国泰君安数据库。含有价格因素的变量全部平减为 2005 年不变价格序列。具体投入产出数据指标说明如下:

(1)资本投入(K)。以资本存量作为资本投入的代理指标,并用永续盘存法进行估算,单位为亿元。初始资本存量采用基期资本存量(2005 年)的 10 倍计算;各地级市样本期间的固定资产投资来源于国泰君安数据库;由于缺乏地级市层面的固定资产投资价格指数,采用 CPI 将固定资产投资折算为 2005 年不变价;折旧率采用张军等(2004)的方法估算。

(2)劳动投入(L)。直接采用《中国区域统计年鉴》、各地区地区统计年鉴公布的就业人数表示,单位为万人。

(3)电力投入(E)。由于中国能源消费数据存在一定程度低估,而电表自动记录的电力消费数据更加准确,而且电力消费与能源消费存在很高的相关性(林伯强,2003)。借鉴秦炳涛(2014)的研究成果,采用地级市电力消费数据作为衡量能源消费的指标。

(4)地区生产总值(Y)。以 2005 年不变价度量的地区生产总值代表合意产出,单位为亿元。

(5)二氧化碳排放(C)。文献中对 CO_2 排放量一般采用《2006 年 IPCC 国家温室气体清单指南》中的计算方法进行估算。然而,对研究对象中的地级市层面,很难获得各类能源的实物消耗量数据,这给测算工作带来了难度。幸运的是,中国政府自 2005 年将能源强度的下降率(单位 GDP 的能源消费量)纳入国民经济的约束性指标,各地级市会公布以 2005 年为基期的能源强度值或能源强度下降率,据此可测算得到能源消费总量。根据标准煤与 CO_2 的排放量的简单转换系数得到各地级市的 CO_2 排放量(胡鞍钢等,2008)。比较分析发现,本书的简便计算方法与根据 IPCC(2006)对数据较全的地级市(如张家口市、唐山市)的测算结果差异在 5%以内,由此说明测算结果是合理的。

表 7-1 给出了各变量的统计描述。

表 7-1　各变量的统计描述

变量	个数	均值	标准差	最小值	最大值
K	500	8200.471	8425.323	756.100	41493.965
L	500	347.402	228.326	42.080	1365.630

---

① 京津冀城市群的概念由京津唐工业基地的概念发展而来,包括北京、天津两大直辖市以及河北省的保定、廊坊、唐山、秦皇岛、石家庄、张家口、承德、沧州共 10 个城市;根据 2016 年 5 月国务院批准的《长江三角洲城市群发展规划》,长三角城市群包括:上海,江苏省的南京、无锡、常州、苏州、南通、盐城、扬州、镇江、泰州,浙江省的杭州、宁波、嘉兴、湖州、绍兴、金华、舟山、台州,安徽省的合肥、芜湖、马鞍山、铜陵、安庆、滁州、池州、宣城等 26 市;珠江三角洲城市群包括广州、深圳、珠海、佛山、东莞、中山、江门、肇庆、惠州,以及新扩容的清远、云浮、阳江、河源、汕尾,共 14 个城市。

续表

变量	个数	均值	标准差	最小值	最大值
E	500	244.916	266.509	5.499	1410.610
Y	500	2856.726	3345.216	110.180	21069.500
C	500	5330.086	5581.864	241.616	27854.515

4. 结果与讨论

1）模型设定检验

在对技术进步偏向进行测算前，我们首先需要对随机前沿模型设定的合理性进行检验，主要包括以下几部分：

① 随机前沿生产函数是否有效。

$H_0: \gamma = 0$，如果此原假设成立，则 $\sigma_U^2 = 0$，模型中不存在 u_{it}，表明所有生产点已经位于生产前沿曲线上，无需采用随机前沿分析；如果拒绝原假设，则意味着明显存在技术的无效率使用，有必要采用随机前沿分析。

② 随机前沿生产函数设定形式检验。

$H_0: \alpha_t = \alpha_{tK} = \alpha_{tL} = \alpha_{tE} = \alpha_{tC} = \alpha_{KL} = \alpha_{KE} = \alpha_{KC} = \alpha_{LE} = \alpha_{LC} = \alpha_{EC} = \alpha_{KK} = \alpha_{LL} = \alpha_{EE} = \alpha_{CC} = \alpha_{tt} = 0$，如果此原假设成立，则前沿生产函数应为 C-D 函数形式；反之，则说明应该采用超越对数生产函数。

③ 前沿生产函数中是否存在技术进步因素。

$H_0: \alpha_t = \alpha_{tK} = \alpha_{tL} = \alpha_{tE} = \alpha_{tC} = 0$，如果此原假设成立，即前沿生产函数不存在技术进步；反之，则存在技术进步，此时还需检验是否为中性技术进步，即 $H_0: \alpha_{tK} = \alpha_{tL} = \alpha_{tE} = \alpha_{tC} = 0$ 是否成立。

④ 技术非效率特征信息检验。

$H_0: \mu = 0$，即 u_{it} 服从半正态分布，否则 u_{it} 服从截断正态分布；

$H_0: \eta = 0$，即技术无效率不具有时变性，否则技术无效率具有时变性；

$H_0: \mu = \eta = 0$，即均值 μ 服从半正态分布，且技术无效率是非时变的。

我们将所有假设都采用广义似然率统计量 $LR = -2\ln\left[L(H_0)/L(H_1)\right]$ 进行检验，其中 $L(H_0)$、$L(H_1)$ 分别是原假设 H_0 和备择假设 H_1 前沿模型的对数似然函数值。在原假设的"约束条件成立"的条件下，$LR \propto \chi^2(m)$，其中 m 表示约束条件个数。如果 $LR > \chi_\alpha^2(m)$，则拒绝原假设；否则，"不拒绝"原假设。

针对 $H_0: \gamma = 0$ 的检验结果可知，γ 值为 0.992 且在 1% 的水平上显著，说明原假设不成立，技术无效率情况明显存在，有必要采用随机前沿分析方法。第②项与第③项检验结果如表 7-2 示，其中第②项检验结果显示拒绝原假设，说明 C-D 生产函数无法准确表达生产函数的意义，采用超越对数生产函数更为合理。第③项检验的结果使我们相信，三大城市群的生产过程中存在技术进步，而且是非中性的。而第④项检验的结果则显示

（表 7-2），均值 μ 服从截断正态分布，且技术无效率具有时变性。总体而言，我们采用基于超越对数生产函数的随机前沿模型是合理的。

表 7-2 模型设定检验结果

检验内容	LR 统计值
$H_0 : \alpha_t = \alpha_{tK} = \alpha_{tL} = \alpha_{tE} = \cdots = \alpha_{tt} = 0$	928.31***
$H_0 : \alpha_t = \alpha_{tK} = \alpha_{tL} = \alpha_{tE} = \alpha_{tC} = 0$	769.96***
$H_0 : \alpha_{tK} = \alpha_{tL} = \alpha_{tE} = \alpha_{tC} = 0$	257.51***

注：***表示 1% 的显著性水平。

2）模型的估计结果

模型（7-2）式的参数估计结果如表 7-3 所示。由表可以看到，绝大多数参数是显著的，且很多是在 1% 的水平上显著，说明模型具有很强的解释力。从模型整体的诊断性指标和生产无效率的检验结果来看，极大似然估计值和单侧 LR 检验值同样表明模型的解释力较为理想。总体方差 $\sigma^2 = \sigma_v^2 + \sigma_u^2$ 反映了生产波动情况受到随机因素和无效率因素的影响，其值为 0.273，表明误差项和无效率项存在一定的波动幅度。γ 值为 0.992 且在 1% 的水平上显著，说明组合误差项的变异主要来自于技术非效率，随机误差项带来的影响很小。因此，选用随机前沿模型比一般的模型能够更好地刻画各地级市生产中的技术效率及其变化情况。

表 7-3 超越对数生产函数参数估计结果

变量	估计系数	标准误差	t 值	变量	估计系数	标准误差	t 值
α_0	6.613***	1.262	5.238	α_{KE}	−0.192***	0.030	−6.341
α_K	−0.553**	0.250	−2.211	α_{KC}	0.033	0.036	0.909
α_L	−0.189	0.250	−0.757	α_{LE}	−0.066**	0.029	−2.282
α_E	0.926***	0.207	4.470	α_{LC}	0.048*	0.027	1.798
α_C	−0.124	0.239	−0.520	α_{EC}	0.056	0.041	1.384
α_t	0.143***	0.022	6.519	α_{KK}	0.230***	0.043	5.393
α_{tK}	−0.003	0.003	−1.053	α_{LL}	0.111***	0.041	2.741
α_{tL}	0.005	0.004	1.288	α_{EE}	0.156***	0.040	3.881
α_{tE}	0.011***	0.004	3.031	α_{CC}	−0.072	0.057	−1.260
α_{tC}	−0.011***	0.004	−2.854	α_{tt}	−0.010***	0.001	−10.414
α_{KL}	−0.058***	0.022	−2.626				
σ^2	0.273***	0.017	15.945	μ	1.040***	0.088	11.788
γ	0.992***	0.001	907.466	η	0.009***	0.002	4.013
对数似然函数（log likelihood function）值				632.5919			
LR 检验值				34.546***			

注：***、**和*分别表示 1%、5%、10% 的显著性水平。

3）要素的产出弹性

要素产出弹性的计算结果报告见表 7-4。由表可见，从要素产出弹性的大小来看，资本产出弹性最高，电力投入次之，劳动与环境投入的产出弹性相对较小，且三大城市群的特征基本一致。资本的产出弹性最高，意味着单位资本增加带来产出增长最快，这说明三大城市群的经济增长主要由投资引起的资本存量增加驱动，这一研究结论与现有针对全国的研究结论相同（杨莉莉等，2014）。电力作为基础能源产品，是经济活动必不可少的中间投入和终端消费，资本的使用也需要电力驱动。因此，电力的产出弹性也相对较大。环境的产出弹性相对较低，部分年份为负，说明依靠环境投入促进经济增长的作用是有限的。尤其是，为正的环境产出弹性意味着促进经济增长的同时必然会增加二氧化碳排放，强制性的节能减排目标实施（如"能源强度约束政策"和"二氧化碳排放强度约束政策"）会对经济增长产生较大冲击，这使得地方政府主动减排的动力更低，导致环境污染严重。上述分析也说明促进环境友好型生产方式、实现绿色低碳增长的必要性。

表 7-4　2005～2014 年三大城市群的要素产出弹性

年份	全样本				京津冀城市群			
	资本	劳动	电力	碳排放	资本	劳动	电力	碳排放
2005	0.455	0.058	0.182	0.066	0.460	0.017	0.096	0.188
2006	0.559	0.139	0.067	−0.015	0.573	0.179	−0.004	0.034
2007	0.268	0.016	0.282	0.098	0.383	0.023	0.192	0.145
2008	0.152	0.023	0.375	0.069	0.071	0.076	0.434	0.063
2009	0.389	0.029	0.163	0.080	0.319	0.031	0.219	0.027
2010	0.432	−0.018	0.193	0.112	0.493	−0.024	0.130	0.120
2011	0.408	0.005	0.180	0.090	0.430	0.031	0.126	0.099
2012	0.376	−0.009	0.218	0.096	0.419	−0.011	0.179	0.129
2013	0.460	0.011	0.173	0.027	0.499	−0.072	0.132	0.013
2014	0.432	0.088	0.158	−0.018	0.356	−0.029	0.387	−0.092
2005～2014	0.393	0.034	0.199	0.060	0.400	0.022	0.189	0.073
年份	长三角城市群				珠三角城市群			
	资本	劳动	电力	碳排放	资本	劳动	电力	碳排放
2005	0.433	0.077	0.239	0.002	0.492	0.052	0.138	0.099
2006	0.624	0.134	0.030	−0.032	0.428	0.120	0.186	−0.019
2007	0.296	0.024	0.230	0.090	0.135	−0.004	0.442	0.079
2008	0.064	0.007	0.489	0.055	0.373	0.016	0.119	0.099
2009	0.380	0.026	0.208	0.077	0.454	0.034	0.040	0.125
2010	0.411	−0.005	0.206	0.111	0.428	−0.037	0.212	0.106
2011	0.395	0.000	0.204	0.094	0.415	−0.004	0.176	0.077
2012	0.350	−0.002	0.242	0.084	0.395	−0.020	0.203	0.093
2013	0.471	0.013	0.212	−0.005	0.411	0.065	0.130	0.095
2014	0.459	0.091	0.119	−0.014	0.435	0.164	0.067	0.026
2005～2014	0.388	0.036	0.218	0.046	0.397	0.039	0.171	0.078

4）要素的替代弹性

考察电力、二氧化碳排放与其他投入要素的替代弹性。表 7-5 的计算结果表明，电力和资本、劳动是互补关系。因此，国家强制性节能（电）降耗等能源政策的实施也会抑制其他投入要素的增长，从而对经济增长产生不利影响，这可视为低碳增长的必然代价；反之，国家采取投资刺激政策、增加资本积累促进经济增长时，必然会增加对能源与环境等要素投入的需求，也意味着二氧化碳排放量增多，从而不利于低碳增长。

表 7-5　2005～2014 年低碳生产过程的要素替代弹性

年份	σ_{EK}	σ_{EL}	σ_{EC}	σ_{CK}	σ_{CL}
2005	−0.829	−0.274	−0.034	0.251	0.036
2006	−0.347	−0.339	−1.218	−0.178	−0.221
2007	−0.133	−0.113	−0.111	0.362	−0.229
2008	−0.146	−0.131	0.261	0.880	1.379
2009	−0.688	−0.128	−0.173	0.362	0.570
2010	−0.919	0.051	0.641	0.519	0.020
2011	−0.838	−0.036	0.694	0.441	−0.102
2012	−0.947	0.026	0.609	0.472	−0.001
2013	−0.844	−0.046	0.177	0.053	−0.327
2014	−0.753	−0.237	−0.488	−0.167	0.071
2005～2014	−0.644	−0.123	0.036	0.300	0.119

值得注意的是，电力和二氧化碳排放的关系并不稳定，呈现出从互补关系为主转为替代关系为主的趋势，原因在于发电结构的改善和优化。电力消费和电力生产（发电）具有实时平衡的关系，因此，电力消费侧的特征亦反映电力生产侧的特征。近年来，中国政府大力推进风电、太阳能等清洁能源发电，实现发电结构的优化，由此导致电力消费（生产）对煤炭依赖度下降。由于煤炭消费是二氧化碳排放的主要排放源，降低火力发电意味着单位发电量/电力消费量引发的二氧化碳排放量的减少，亦即发电结构的优化弱化了电力与二氧化碳排放的依存关系，从而表现出电力和二氧化碳排放逐渐呈替代关系。此外，经济"新常态"下，工业尤其是耗电重工业的受到较大冲击，亦可能使电力消费结构发生改变，使同等电力消费所对应的二氧化碳排放量显著下降，由此也使两者的关系发生改变。

表 7-5 还表明，二氧化碳排放与资本和劳动是替代关系，这意味着生产过程中增加资本和劳动投入，尽管会增加电力消费量（互补关系），但因电力环节逐渐清洁、低碳化反而会降低环境损害。这一关系说明相比降低能耗的能源政策，降低二氧化碳排放的环境政策不仅可以降低温室气体排放，而且还可以增加对资本的使用和劳动的雇佣水平，其对经济增长的负面效应相对有限（由前述，二氧化碳排放的产出弹性也较小）。

分城市群看（表 7-6），京津冀城市群和珠三角城市群的特征和前述特征相一致，但长三角城市群的二氧化碳排放与资本呈替代关系，与劳动呈互补关系。这可能与长三角劳动密集型产业占比大有关。劳动成本的上升，一方面会导致劳动成本相对昂贵，从而环境投入替代劳动，表现为二氧化碳排放量上升；但另一方面，劳动成本的上升导致企业边际成本上升，产出下降，从而二氧化碳排放量也下降。劳动与二氧化碳排放之间最终表现出来的是替代效应还是互补效应，取决于上述两个方面的大小关系。对于长三角地区，劳动密集型产业占比较大，劳动的产出效应可能占主导相应，从而表现出劳动和二氧化碳排放量的互补关系。

表 7-6　三大城市群低碳生产技术的要素替代弹性

城市		σ_{EK}	σ_{EL}	σ_{EC}	σ_{CK}	σ_{CL}
京津冀城市群	北京市	−0.374	−0.064	−0.278	0.525	−0.051
	天津市	−0.460	−0.059	0.329	0.334	0.805
	石家庄市	−0.527	−0.066	1.000	0.288	−0.020
	唐山市	−0.593	−0.092	−0.385	0.484	0.164
	秦皇岛市	−0.661	−0.113	−0.803	0.990	0.077
	保定市	−0.700	−0.076	0.165	0.117	0.068
	张家口市	−0.785	−0.089	−1.483	0.070	0.038
	承德市	−0.813	−0.109	0.820	2.756	0.014
	沧州市	−0.827	−0.054	1.277	0.119	−0.005
	廊坊市	−0.758	−0.081	0.667	0.259	−0.046
	京津冀城市群	**−0.650**	**−0.080**	**0.131**	**0.594**	**0.104**
长三角城市群	上海市	−0.503	−0.085	0.203	0.677	−0.007
	南京市	−0.660	−0.190	0.332	0.633	0.023
	无锡市	−0.701	0.164	0.248	0.347	0.101
	常州市	−0.696	−0.132	0.170	0.280	−1.634
	苏州市	−0.719	−0.109	−0.485	0.240	−1.332
	南通市	−0.846	−0.109	0.201	−0.128	−0.392
	盐城市	−0.415	−0.083	0.406	0.154	−0.020
	扬州市	−0.495	−0.128	0.301	0.142	−0.118
	镇江市	−0.582	−0.140	0.236	0.108	−0.199
	泰州市	−0.645	−0.199	−0.080	0.079	−3.392
	杭州市	−0.667	−0.203	1.632	0.034	0.089
	宁波市	−0.796	−0.171	0.148	0.119	−0.304
	嘉兴市	−0.866	−0.197	0.145	0.058	0.054
	湖州市	−0.901	−0.173	0.126	0.044	0.181
	绍兴市	−0.935	−0.138	0.104	0.011	−0.091
	金华市	−0.930	−0.239	0.141	0.053	0.008

续表

城市		σ_{EK}	σ_{EL}	σ_{EC}	σ_{CK}	σ_{CL}
长三角城市群	舟山市	−0.351	−0.046	−0.506	0.424	0.008
	台州市	−0.464	−0.011	0.507	0.407	−0.008
	合肥市	−0.550	−0.038	0.345	0.251	−0.058
	芜湖市	−0.597	−0.049	0.358	0.212	−0.089
	马鞍山市	−0.661	−0.066	0.143	0.129	−0.104
	铜陵市	−0.809	−0.133	−1.961	0.189	−0.842
	安庆市	−0.840	−0.180	0.376	0.152	−0.083
	滁州市	−0.872	−0.187	−0.357	0.115	−0.056
	池州市	−0.934	−0.139	−0.088	0.137	−0.076
	宣城市	−0.952	−0.144	0.027	0.134	−0.587
	长三角城市群	**−0.707**	**−0.133**	**0.103**	**0.192**	**−0.343**
珠三角城市群	广州市	−0.277	−0.100	0.568	0.432	−0.123
	深圳市	−0.387	−0.113	0.843	0.389	−0.194
	珠海市	−0.485	−0.117	0.446	0.443	−0.265
	佛山市	−0.515	−0.127	0.388	0.408	0.059
	河源市	−0.551	−0.128	0.319	0.366	7.078
	惠州市	−0.669	−0.201	0.272	0.354	0.367
	汕尾市	−0.716	−0.210	0.218	0.322	0.480
	东莞市	−0.715	−0.186	0.200	0.313	0.652
	中山市	−0.725	−0.181	0.145	0.302	0.877
	江门市	−0.779	−0.339	0.316	0.207	−0.035
	阳江市	−0.202	0.047	−1.969	−0.068	0.092
	肇庆市	−0.358	−0.035	−0.082	0.212	0.086
	清远市	−0.459	−0.083	0.288	0.223	0.059
	云浮市	−0.493	−0.110	0.224	0.133	0.024
	珠三角城市群	**−0.523**	**−0.135**	**0.155**	**0.288**	**0.654**

5）生产技术的偏向性

通过式（7-5）～式（7-10），可计算得到任意两种生产投入的低碳技术进步要素偏向指数，测算结果见表 7-7。从整体上看，2005～2014 年，京津冀、长三角、珠三角三大城市群的技术水平整体上偏向于电力能源，即技术进步可提高电力的相对边际生产率，在均衡条件下电力的相对价格也要提高。由于电力整体上和资本、劳动是互补关系，因此电价的提高在产生节电效应的同时也会节约资本和劳动投入，换言之，技术进步具有绝对节电效应。

此外，技术进步偏向电力能源对 CO_2 排放的影响受电力与 CO_2 排放关系的影响。当电力与 CO_2 排放呈互补关系时，电力相对价格的提高在降低电力相对消费的同时也会相应地降低 CO_2 排放量，从而表现出绝对的节电和减排效应；而当电力和 CO_2 排放呈替代关系时，电力相对价格的提高降低了电力相对消费，但同时也增加 CO_2 排放的相对投入，此时技术进步表现出相对的节电效应和高碳效应。

此外，表 7-7 也显示，三大城市群的生产技术倾向于使用环境要素（碳排放）。本章在建模时承认经济生产中的环境污染因素，将 CO_2 排放纳入到生产函数中，从而使得污染排放的负外部性内部化。因此，上述分析意味着 2005 年以来强化能源强度约束政策在控制电力投入方面取得了一定的成功，但是 CO_2 排放并没有下降。换言之，表 7-7 显示城市群的经济增长很大程度上是基于温室气体 CO_2 排放的基础上的，这在环境约束日益显著地今天是无法持续的，也不符合绿色发展的要求。

表 7-7　2005～2014 年低碳生产技术的要素偏向

年份	$Dbias_{EK}$	$Dbias_{EL}$	$Dbias_{EC}$	$Dbias_{CK}$	$Dbias_{CL}$	$Dbias_{CE}$	整体偏向
2005	0.101	−0.063	0.786	−0.686	−0.849	−0.786	L
2006	−0.002	−0.048	−0.351	0.349	0.303	0.351	C
2007	0.152	0.110	−0.052	0.205	0.162	0.052	C
2008	0.025	0.102	0.315	−0.290	−0.213	−0.315	E
2009	0.055	−0.003	0.233	−0.178	−0.236	−0.233	L
2010	0.076	0.656	0.169	−0.093	0.487	−0.169	E
2011	0.082	−0.323	0.212	−0.131	−0.535	−0.212	L
2012	0.063	0.058	0.178	−0.115	−0.121	−0.178	E
2013	0.225	0.182	0.627	−0.402	−0.445	−0.627	E
2014	−0.035	0.006	−0.655	0.620	0.661	0.655	C
2005～2014	0.074	0.068	0.146	−0.072	−0.079	−0.146	E

根据 Acemoglu（2002）的研究，生产技术要素的偏向决定于"价格效应"与"规模效应"，前者指技术进步可能倾向于提高相对昂贵且比较稀缺的生产要素的边际生产率，使生产技术会偏向于稀缺要素；后者指技术进步偏向于提高更为丰裕的生产要素的边际生产率，即技术偏向于相对便宜的生产要素。在 4 种要素投入中，CO_2 排放不但具有公共物品的特征（具有非竞争性和非排他性），而且其价格成本极低，尤其在政府环境规制强度较弱的情况下，环境要素的使用成本几乎是零。因此，具有鲜明"价格特征"的环境投入，在"规模效应"的作用下体现为生产技术进步过程中偏好使用的要素；为了降低成本扩大规模获取垄断势力，技术进步偏向于价格成本较低的环境投入。2005～2014 年三大城市群低碳生产技术的要素偏向见表 7-8。

表 7-8　2005～2014 年三大城市群低碳生产技术的要素偏向

京津冀城市群							
年份	$Dbias_{EK}$	$Dbias_{EL}$	$Dbias_{EC}$	$Dbias_{CK}$	$Dbias_{CL}$	$Dbias_{CE}$	整体偏向
2005	0.133	−0.251	0.183	−0.050	−0.433	−0.183	L
2006	0.009	−0.026	−0.049	0.058	0.023	0.049	C
2007	0.067	−0.046	0.134	−0.067	−0.180	−0.134	L
2008	0.082	−0.046	0.244	−0.162	−0.290	−0.244	L
2009	0.069	−0.033	0.638	−0.569	−0.671	−0.638	L
2010	0.095	0.382	0.179	−0.084	0.203	−0.179	E
2011	0.137	−0.044	0.240	−0.103	−0.284	−0.240	L
2012	0.076	0.733	0.153	−0.076	0.580	−0.153	E
2013	0.105	0.171	2.236	−2.130	−2.065	−2.236	E
2014	0.038	0.235	−0.098	0.135	0.332	0.098	C
2005～2014	0.081	0.108	0.386	−0.305	−0.278	−0.386	E
长三角城市群							
年份	$Dbias_{EK}$	$Dbias_{EL}$	$Dbias_{EC}$	$Dbias_{CK}$	$Dbias_{CL}$	$Dbias_{CE}$	整体偏向
2005	0.077	−0.005	1.309	−1.232	−1.314	−1.309	L
2006	−0.020	−0.068	−0.401	0.381	0.333	0.401	C
2007	0.311	0.209	0.203	0.108	0.007	−0.203	E
2008	−0.119	0.101	0.318	−0.438	−0.218	−0.318	K
2009	0.064	0.006	0.142	−0.078	−0.136	−0.142	E
2010	0.077	1.006	0.172	−0.095	0.834	−0.172	E
2011	0.065	−0.422	0.202	−0.137	−0.624	−0.202	L
2012	0.057	−0.381	0.190	−0.133	−0.571	−0.190	L
2013	0.118	0.082	0.014	0.105	0.068	−0.014	E
2014	0.038	0.063	−1.112	1.150	1.175	1.112	C
2005～2014	0.067	0.059	0.104	−0.037	−0.045	−0.104	E
珠三角城市群							
年份	$Dbias_{EK}$	$Dbias_{EL}$	$Dbias_{EC}$	$Dbias_{CK}$	$Dbias_{CL}$	$Dbias_{CE}$	整体偏向
2005	0.121	−0.035	0.247	−0.127	−0.283	−0.247	L
2006	0.024	−0.028	−0.474	0.498	0.446	0.474	C
2007	−0.081	0.037	−0.658	0.577	0.695	0.658	C
2008	0.253	0.210	0.361	−0.108	−0.151	−0.361	E
2009	0.029	0.003	0.114	−0.086	−0.112	−0.114	E
2010	0.061	0.203	0.156	−0.095	0.048	−0.156	E
2011	0.073	−0.337	0.211	−0.138	−0.548	−0.211	L
2012	0.067	0.391	0.176	−0.109	0.214	−0.176	E
2013	0.508	0.376	0.618	−0.110	−0.241	−0.618	E
2014	−0.221	−0.263	−0.204	−0.017	−0.059	0.204	L
2005～2014	0.083	0.056	0.055	0.029	0.001	−0.055	E

由表 7-8 可见，分城市群看，除个别年份外，京津冀城市群、长三角城市群和珠三角城市群低碳生产技术的要素偏向与全样本的分析结论是一致的。整体而言，由于能源的边际产出增长率快速增长，三大城市群低碳生产技术是偏向能源的。上述结论与样本期间我国对节能降耗高度重视的背景是相吻合的。

从城市层面看，电力能源是技术进步进程中偏向程度最高的生产要素（表 7-9、表 7-10）。在 50 座城市中，共有 19 座城市的技术进步偏向电力；其次是环境和劳动投入，各有 11 座城市偏向环境或劳动。分城市群看，京津冀 10 座城市中，有 8 座城市技术进步偏向电力能源，显示京津冀的技术进步是一种节电型的技术进步。天津表现为劳动偏向性技术进步，而唐山的技术进步偏向资本。作为我国重要的钢铁生产基地，唐山的钢铁产量约占河北省总产量的一半左右、占全国的 1/7 强、占世界的 5% 以上。2013～2016 年，唐山钢铁的去产能任务占河北的 2/3，全国的 1/2。唐山偏好资本的技术进步方式尽管有助于资本的集约化使用，但因资本的边际产出增长率快速增长，从而无益于产能过剩治理。长三角城市群中，南京、常州等 6 座城市的技术进步偏向电力能源，上海、苏州等 8 座城市的技术进步偏向二氧化碳排放。珠三角城市群中，广州、珠海、佛山和东莞的技术进步偏向劳动，中山等 5 座地级市偏向电力；河源和惠州并非珠三角城市群的核心区域，它们的技术进步偏向资本。值得注意的是，深圳的技术进步偏向于二氧化碳排放，从趋势看，深圳的技术进步偏向与政策实施一致。2005～2010 年间，受强制性节能减排目标约束，深圳经济增长体现出节能型的技术进步，显示能源强度约束政策在控制电力投入方面取得了一定成效；近两年来，受碳减排约束，深圳技术进步偏向于环境投入（CO_2 排放），亦即技术进步具有减排效应，说明碳减排政策改善了环境在技术进步中的作用。

表 7-9　三大城市群各地级市低碳生产技术的要素偏向

城市		$Dbias_{EK}$	$Dbias_{EL}$	$Dbias_{EC}$	$Dbias_{CK}$	$Dbias_{CL}$	$Dbias_{CE}$
京津冀城市群	北京市	0.146	0.228	0.228	−0.082	0.000	−0.228
	天津市	0.084	−0.030	0.189	−0.104	−0.219	−0.189
	石家庄市	0.059	0.021	0.179	−0.119	−0.157	−0.179
	唐山市	−0.069	−0.067	0.077	−0.146	−0.143	−0.077
	秦皇岛市	0.189	0.197	0.390	−0.201	−0.193	−0.390
	保定市	0.026	0.071	0.368	−0.342	−0.297	−0.368
	张家口市	0.095	0.236	1.030	−0.934	−0.794	−1.030
	承德市	0.076	0.146	0.616	−0.540	−0.471	−0.616
	沧州市	0.103	0.079	0.746	−0.643	−0.667	−0.746
	廊坊市	0.102	0.194	0.038	0.064	0.156	−0.038
长三角城市群	上海市	0.104	0.134	−0.537	0.642	0.672	0.537
	南京市	0.065	0.079	0.249	−0.184	−0.170	−0.249
	无锡市	0.062	−0.170	0.310	−0.248	−0.480	−0.310
	常州市	0.065	0.197	1.065	−1.000	−0.868	−1.065
	苏州市	0.067	0.132	−0.264	0.330	0.396	0.264

续表

城市		Dbias_EK	Dbias_EL	Dbias_EC	Dbias_CK	Dbias_CL	Dbias_CE
长三角城市群	南通市	0.091	0.342	0.236	−0.144	0.106	−0.236
	盐城市	0.123	0.068	0.497	−0.374	−0.429	−0.497
	扬州市	0.060	0.173	−0.043	0.103	0.216	0.043
	镇江市	−0.026	0.634	0.095	−0.121	0.539	−0.095
	泰州市	−0.046	0.084	0.121	−0.167	−0.037	−0.121
	杭州市	−0.172	−0.445	0.327	−0.500	−0.772	−0.327
	宁波市	0.027	−0.176	−0.691	0.718	0.515	0.691
	嘉兴市	0.012	−0.971	0.245	−0.234	−1.217	−0.245
	湖州市	−0.025	−0.139	0.299	−0.324	−0.438	−0.299
	绍兴市	−0.024	1.554	0.443	−0.467	1.111	−0.443
	金华市	0.926	0.268	0.296	0.630	−0.027	−0.296
	舟山市	0.051	0.112	0.622	−0.571	−0.510	−0.622
	台州市	−0.025	0.249	−0.146	0.121	0.396	0.146
	合肥市	0.065	−0.078	0.242	−0.177	−0.320	−0.242
	芜湖市	0.048	−0.079	2.797	−2.749	−2.875	−2.797
	马鞍山市	0.032	−0.068	−0.346	0.378	0.277	0.346
	铜陵市	−0.025	−0.130	0.150	−0.175	−0.280	−0.150
	安庆市	0.073	−0.010	−1.577	1.651	1.567	1.577
	滁州市	0.070	−0.040	−1.601	1.671	1.561	1.601
	池州市	0.069	−0.079	−0.042	0.111	−0.037	0.042
	宣城市	0.066	−0.107	−0.054	0.120	−0.053	0.054
珠三角城市群	广州市	−0.448	−0.530	−0.175	−0.273	−0.355	0.175
	深圳市	0.066	0.003	−0.007	0.074	0.010	0.007
	珠海市	0.022	−0.021	0.070	−0.048	−0.091	−0.070
	佛山市	−0.010	−0.036	0.034	−0.045	−0.070	−0.034
	河源市	−0.092	−0.090	0.043	−0.134	−0.133	−0.043
	惠州市	−0.209	−0.220	−0.049	−0.161	−0.172	0.049
	汕尾市	0.221	0.215	−0.648	0.868	0.862	0.648
	东莞市	0.215	−0.310	0.100	0.115	−0.410	−0.100
	中山市	0.488	0.625	0.521	−0.034	0.104	−0.521
	江门市	0.071	0.147	0.303	−0.232	−0.156	−0.303
	阳江市	0.276	0.506	0.371	−0.095	0.135	−0.371
	肇庆市	0.094	0.235	0.158	−0.064	0.077	−0.158
	清远市	0.351	0.121	0.848	−0.497	−0.727	−0.848
	云浮市	0.123	0.134	−0.805	0.928	0.939	0.805

进一步地,结合各地级市的电力能源和CO_2排放的替代或互补关系,考察了各地级市技术进步偏向性电力或CO_2排放时导致的节电或减排效应。表 7-11 的结果显示,北京等 8 座城市呈绝对的节电减排效应,在绿色发展中具有重要的指引和表率作用。石家庄等 5 座城市呈相对的节电但高碳效应,低碳发展的政策重点是推进能源消费结构优化、提高高碳能源的利用效率。上海等 9 座城市呈相对的减排但耗电效应,低碳发展的政策重点是在强化环境约束的同时,积极推进电源结构的优化,实现清洁电力替代。

不同区域、不同城市的要素偏向不同,低碳发展的技术进步性质不同,三大城市群地级市的低碳生产的技术进步性质见表 7-11。

表 7-10 三大城市群各地级市低碳生产技术的要素偏向

要素的整体偏向	城市
电力能源（19）	京津冀（8）：北京、石家庄、秦皇岛、保定、张家口、承德、沧州、廊坊 长三角（6）：南京、常州、南通、盐城、金华、舟山 珠三角（5）：中山、江门、阳江、肇庆、清远
二氧化碳排放（11）	长三角（8）：上海、苏州、扬州、宁波、台州、马鞍山、安庆、滁州 珠三角（3）：深圳、汕尾、云浮
资本（9）	京津冀（1）：唐山 长三角（6）：镇江、泰州、杭州、湖州、绍兴、铜陵 珠三角（2）：河源、惠州
劳动（11）	京津冀（1）：天津 长三角（6）：无锡、嘉庆、合肥、芜湖、池州、宣城 珠三角（4）：广州、珠海、佛山、东莞

表 7-11 三大城市群地级市低碳生产技术的技术进步性质

要素偏向	技术进步性质	城市
电力能源 （19）	绝对的节电减排效应	京津冀：北京、秦皇岛、张家口 长三角：舟山市 珠三角：阳江、肇庆
	相对节电但高碳效应	京津冀：石家庄、保定、承德、沧州、廊坊 长三角：南京、常州、南通、盐城、金华 珠三角：中山、江门、清远
二氧化碳排放 （11）	绝对的节电减排效应	长三角：苏州、滁州
	相对的减排但耗电效应	长三角：上海、扬州、宁波、台州、马鞍山、安庆 珠三角：深圳、汕尾、云浮

5. 研究结论

京津冀、长三角和珠三角三大城市群是我国经济相对发达、且最具潜力的地区。节能、减排类的技术进步是可持续性低碳发展的核心和关键。本章以资本、劳动、电力和CO_2排放量为要素投入变量,采用超越对数生产函数的随机前沿模型测算了 2005～2014 年三大城市群的要素产出弹性、要素替代弹性和技术进步的要素偏向,主要结论如下:

第一，资本产出弹性最高，电力和劳动的产出弹性次之，且三大城市群的特征基本一致，说明三大城市群的经济增长主要由投资引起的资本存量增加驱动。二氧化碳排放的产出弹性相对较低，部分年份为负，说明依靠环境投入促进经济增长的作用是有限的。尤其是，为正的环境产出弹性意味着促进经济增长的同时必然会增加二氧化碳排放，绝对量意义上的节能减排目标会对经济增长产生负面冲击。

第二，电力和资本、劳动是互补关系，说明盲目的产能扩张促进经济增长，会导致电力供应短缺、劳动力供应趋紧。随着风电、太阳能等清洁能源发电的发展，加上耗电工业行业下行，电力和二氧化碳排放的关系呈现出从互补关系为主转为替代关系为主的趋势。二氧化碳排放与资本和劳动是替代关系，表明相比节能降耗政策，降低二氧化碳排放的环境政策对经济负面冲击相对较小，且具有实现碳减排和促进就业的"双重红利"。

第三，中国三大城市群的技术变化整体上偏向于电力能源，且由于电力整体上和资本、劳动呈互补关系，因此技术进步提高了电力的相对边际生产率，表现出具有绝对节电效应。但是，技术进步偏向电力能源对 CO_2 排放的影响受电力与 CO_2 排放关系的影响。整体上看，三大城市群的生产技术倾向于使用环境要素，即高碳生产方式。

采取相关规制措施促使技术进步向节能、减排方向发展是长期、持续低碳发展的迫切需要。由于环境要素近乎"零"成本的特性，当前生产方式造成了严重的环境污染问题。因此，通过碳税、能源税等方式提升环境"使用"成本，将有助于改善生产方式，优化技术进步路径。另一方面，政府也应充分考虑电力、资本、劳动和能源之间的替代关系或互补关系，在节约能耗、温室气体减排和促进就业等方面做到统筹优化，最终使得技术进步的偏向性不仅有助于节能、减排，而且有助于降低经济增长对资本投入的依赖、化解过剩产能，并提升劳动者收入水平。考虑不同区域、不同城市技术进步偏向的特点，低碳发展的政策侧重也应不同。例如，石家庄、保定、承德等城市的技术进步呈相对节电但高碳效应的特点，其低碳发展的政策重点是推进能源消费结构优化、提高化石能源的利用效率；而对于上海、扬州、宁波等城市，因其技术进步呈相对的减排但耗电效应，低碳发展的政策重点是在强化环境约束的同时，积极推进电源结构的优化，实现清洁电力替代。

二、京津冀地区低碳发展的技术进步来源

在开放经济条件下，城市群的技术进步不仅可来自自身的 R&D 活动，还可以从域外或国外引进技术，通过模仿和吸收引进的先进技术实现技术进步甚至是技术追赶。

1. 技术进步来源

王班班和齐绍洲（2014）讨论了 R&D 活动、外商直接投资（FDI）和国际贸易（进口和出口）对要素替代，进而对能源强度变化的影响。结论显示，R&D、进口、FDI 水平溢出和后向溢出效应是能源节约的，出口和 FDI 前向溢出效应是能约消耗型的；R&D 和 FDI 水平溢出效应可显著降低能源强度。然而，他们的研究缺乏针对技术进步来源和技术进步偏向相关性的讨论。

借鉴王班班和齐绍洲（2014）的研究思路，本章将京津冀、长三角和珠三角城市群

的技术进步来源亦分为 R&D 活动、外商直接投资（FDI）和国际贸易（进口和出口）。表 7-12 和表 7-13 报告了各城市群不同技术进步来源 2005～2014 年的平均数。从全样本看，R&D 投入尽管金额相对较小，但持续增长，2014 年相比 2005 年增长了 21.6 倍；FDI 在 2005～2013 年间持续、平稳增长，但 2014 年同比略有下降；受 2008 年全球经济危机影响，三大城市群的出口额在 2008～2009 年下滑，2010 年以来则保持了小幅增长；进口额的波动较大，2009 年、2012 年和 2014 年均出现下滑，其他年份则保持了增长。分城市群看，京津冀的 R&D 投入和 FDI 的规模相对较大，且保持了平稳、快速增长，显示了该区域研发上的优势；长三角城市群的 R&D 投入平稳、快速增长，而珠三角城市群的 R&D 投入在 2011 年和 2014 年呈负增长；长三角城市群和珠三角的 FDI 在样本期间尽管有增长，但有较大波动。从出口额看，珠三角的出口额远超京津冀和长三角城市群，显示珠三角城市群相对高的对外贸易度，但京津冀城市群的进口额高于珠三角城市群。表 7-13 显示，各城市群技术进步的来源渠道非常集中。以 R&D 投入为例，北京和天津的 R&D 投入占京津冀城市群 R&D 投入总额的比重分别为 70.956% 和 21.269%（合计占 92.224%）；上海的 R&D 投入占长三角城市群 R&D 投入总额的 41.678%；深圳和广州的 R&D 投入占珠三角城市群 R&D 投入总额的比重分别为 46.569% 和 20.301%（合计占 66.850%）。这一方面显示出依靠自主创新实现技术进步需要较高的技术积累和基础，大多数城市可能并不具备这个条件；另一方面也显示人才和技术资源的高度集聚。如何促使中心城市（北京、上海、深圳和广州）的科技创新成果惠及或辐射其他城市对创建低碳城市群至关重要。

表 7-12　2005～2014 年全样本和京津冀城市群不同技术进步来源的平均值

年份	全样本				京津冀城市群			
	研发	外商直接投资	出口	进口	研发	外商直接投资	出口	进口
2005	1.062	79.753	956.684	887.651	2.013	71.499	554.264	1022.719
2006	2.285	92.035	1168.462	1026.460	7.416	83.450	648.873	1224.541
2007	8.163	100.097	1344.314	1130.557	11.837	89.620	736.204	1345.034
2008	9.454	102.716	1338.004	1137.243	14.025	102.849	757.119	1672.553
2009	13.199	105.613	1130.520	987.711	16.272	112.961	574.522	1334.171
2010	15.250	109.354	1402.679	1313.296	21.539	120.118	671.034	1869.014
2011	15.841	109.768	1482.680	1456.191	22.455	127.433	688.876	2260.727
2012	18.898	117.959	1486.451	1424.645	25.090	140.909	680.498	2259.733
2013	21.473	119.456	1514.268	1458.494	28.433	148.337	670.772	2312.512
2014	22.928	119.047	1552.793	1425.823	32.977	157.836	687.062	2201.445
2005～2014	12.855	105.580	1337.685	1224.807	18.206	115.501	666.922	1750.245

年份	长三角城市群				珠三角城市群			
	研发	外商直接投资	出口	进口	研发	外商直接投资	出口	进口
2005	0.947	87.925	900.274	728.430	0.595	70.474	1348.890	1086.869
2006	1.199	102.825	1113.298	836.403	0.636	78.128	1642.044	1237.935

续表

年份	长三角城市群				珠三角城市群			
	研发	外商直接投资	出口	进口	研发	外商直接投资	出口	进口
2007	7.521	112.580	1299.480	931.983	6.731	84.398	1861.939	1346.141
2008	8.840	111.880	1329.138	881.001	7.328	85.603	1769.387	1230.757
2009	13.748	113.615	1104.945	785.717	9.987	85.505	1575.155	1115.372
2010	14.897	118.885	1408.482	1047.328	11.415	83.967	1914.506	1410.296
2011	16.621	118.191	1488.299	1137.460	9.668	81.508	2039.247	1473.453
2012	20.049	127.069	1467.149	1057.880	12.338	84.648	2097.977	1509.289
2013	22.045	126.463	1450.394	1044.833	15.438	85.815	2235.388	1616.709
2014	23.113	120.067	1541.518	1098.010	15.405	89.445	2192.110	1480.601
2005~2014	12.898	113.950	1310.298	954.904	8.954	82.949	1867.664	1350.742

注：由于各城市群的城市数量不同，各技术进步来源的总额数不具可比性，因此表中数据为对应年份的算术平均数；单位为亿元人民币。

表 7-13 2005~2014 年三大城市群不同技术进步来源的年均值 （单位：亿元人民币）

城市		研发	外商直接投资	出口	进口
京津冀城市群	北京市	129.179	386.368	3181.964	13922.332
	天津市	38.721	577.983	2393.698	2824.150
	石家庄市	3.731	32.649	323.422	191.927
	唐山市	4.213	53.756	219.837	264.013
	秦皇岛市	0.656	27.942	133.489	91.356
	保定市	1.052	22.907	189.335	62.545
	张家口市	0.879	6.966	17.199	10.467
	承德市	0.849	3.932	12.457	3.502
	沧州市	1.041	13.695	86.738	18.483
	廊坊市	1.734	28.815	111.083	113.673
长三角城市群	上海市	139.766	680.500	9917.691	10424.032
	南京市	15.696	156.981	1429.960	1127.670
	无锡市	14.377	187.026	1961.106	1394.414
	常州市	8.312	134.539	837.103	332.504
	苏州市	30.879	468.453	8114.984	6349.130
	南通市	7.874	142.807	797.482	340.419
	盐城市	7.133	62.758	138.281	89.742
	扬州市	4.801	94.503	301.979	101.088
	镇江市	4.397	86.646	272.456	185.507
	泰州市	3.259	60.781	273.975	130.681
	杭州市	21.826	233.477	2087.954	979.719

续表

城市		研发	外商直接投资	出口	进口
长三角城市群	宁波市	17.793	164.134	2830.013	1483.602
	嘉兴市	5.943	99.192	902.888	386.749
	湖州市	3.025	53.882	318.990	52.001
	绍兴市	7.584	55.900	1145.661	317.989
	金华市	5.737	24.472	851.017	53.997
	舟山市	1.903	6.683	409.026	363.935
	台州市	4.288	18.239	748.831	140.503
	合肥市	10.962	77.000	414.035	202.361
	芜湖市	9.424	49.093	114.877	45.677
	马鞍山市	2.249	41.990	49.030	116.434
	铜陵市	1.771	12.411	22.745	176.489
	安庆市	2.011	11.453	36.537	9.649
	滁州市	1.321	16.640	41.956	13.537
	池州市	0.646	8.243	7.324	4.685
	宣城市	2.368	14.893	41.840	4.998
珠三角城市群	广州市	25.449	232.880	2800.960	2717.499
	深圳市	58.353	266.966	12417.236	8886.058
	珠海市	4.600	72.406	1200.555	1352.438
	佛山市	8.546	111.746	1881.985	951.137
	河源市	0.881	14.365	86.017	47.442
	惠州市	3.725	88.238	1259.802	870.085
	汕尾市	0.408	14.310	72.661	69.498
	东莞市	9.161	168.938	4128.260	3015.193
	中山市	5.335	45.933	1270.265	503.900
	江门市	2.535	52.307	618.880	255.671
	阳江市	0.633	9.092	89.087	11.716
	肇庆市	1.937	57.676	172.050	104.794
	清远市	0.962	21.693	103.118	98.391
	云浮市	2.833	4.737	46.422	26.571

2. 技术进步来源对技术进步偏向性的影响

1）变量与模型

本节进一步考察不同技术进步来源对技术进步偏向性的影响。由表 7-5～表 7-7 可见，三大城市群整体上偏向于电力能源和碳排放，即体现为节电和减排型技术进步。另一方面，我国经济增长的一个典型特征是资本驱动型，即大量投资拉动经济增长。一般而言，资本需要能源驱动，前述研究亦证实资本和能源呈互补关系。技术进步的电力能源偏向意味着投资体现为"节电型"特征；碳排放偏向则意味着投资体现为"低碳型"特征。本书进一步探讨不同技术进步来源对技术进步偏向性的影响，重点讨论不同技术进步来源对技术进步电力能源偏向性（$Dbias_{EK}$）、技术进步碳排放偏向性（$Dbias_{CK}$）的影响。不同技术进步来源的变量定义如下：

（1）研发投入强度（RD）。研究与开发活动有助于促进技术进步，提升绿色增长绩效。本书采用政府财政支出中科技支出与 GDP 的比重予以度量。

（2）出口学习效应（EX）。"出口中学习"假设认为，企业通过出口活动可提高其生产率，国内企业从事出口活动也容易接触到外国技术，出口活动也要求企业遵循更加严格的技术标准，从而有助于提高企业技术水平和生产率。本书采用出口额（首先将美元计价单位根据当年的汇率折算为人民币反映，而后采用 CPI 折算为 2005 年不变价）与 GDP 的比重表示。

（3）进口技术溢出效应（IM）。企业通过进口高技术含量的中间产品，或者学习进口品中物化的技术而提高其技术水平。采用进口额（首先将美元计价单位根据当年的汇率折算为人民币反映，而后采用 CPI 折算为 2005 年不变价）与 GDP 的比重表示。

（4）外商直接投资（FDI）。FDI 的技术溢出是发展中国家获取技术的重要来源，众多实证证实 FDI 对引进国的技术进步有明显的提升作用。本书以 FDI 占 GDP 的比重测度 FDI 的技术溢出效应对技术进步偏向性的影响。

考虑到各城市非均衡发展的典型特征，本书在模型中加入代表经济发展水平的人均 GDP、能源市场特征的电价扭曲为控制变量，原始数据来自 CEIC 数据库。其中，人均 GDP 根据各地级市的 CPI 指数折算为 2005 年不变价（记为 GDPPC）。众多研究证实，提升技术进步对节能减排的贡献需要能源价格改革的配合。长期以来，中国政府将能源行业（如电力行业）视为关系到国计民生的战略性行业，在市场准入、价格制定等方面进行了较为严格的管制，扭曲了能源市场，例如电价政策常作为逆宏观经济周期的政策工具使用。基于此，本书认为扭曲的电力价格会使得企业面临较低的电力投入成本，其对技术进步偏向性的影响取决于生产企业面临的"价格效应"和"规模效应"的相对大小。因此，本书构建如下电价扭曲指数来对其予以度量：

$$\text{dist}_E = \frac{\text{MP}_E}{P_E} - 1 \tag{7-14}$$

式中，dist_E 代表电价扭曲指数；MP_E 为电力边际生产率，由（7-8）式计算得到；P_E 为电价，其中河北省的地级市、江苏的地级市、安徽省的地级市、浙江省的地级市和广东省的地级市分别采用石家庄、南京、合肥、杭州和广州的电价数据替代，并按相应地级市的 CPI 指数折算为 2005 年不变价。从计算结果看，整体而言，dist_E 为正，意味着电价相对电力边际生产率来说是偏低的，但不同城市的电价扭曲程度存在巨大差异。其中，沧州市 2008 年的 dist_E 为 56.059，这意味着当年沧州的电力边际生产率远远高于电力价格，过低的电价对企业生产成本的影响几乎是可以忽略不计的。亦有少数样本的 dist_E 为负，如舟山 2014 年的 dist_E 为 –22.845，表明过高的电价对企业生产形成了沉重负担。

　　基于上述分析和变量，本章构建如式（7-15），对我国京津冀、长三角、珠三角三大城市群技术进步偏向的"低碳"程度（即低能耗、清洁型的技术进步方式）进行了经验考察，并对生产技术"低碳"升级的最优路径进行探讨。

$$\text{Dbias}_{it} = \beta_0 + \beta_1 RD_{it} + \beta_2 EX_{it} + \beta_3 IM_{it} + \beta_4 FDI_{it} + $$
$$\beta_5 \ln(GDPPC_{it}) + \beta_6 \text{dist}\_E_{it} + \alpha_i + \eta_t + \varepsilon_{it} \tag{7-15}$$

式中，被解释变量 Dbias 为技术进步的偏向性；α_i、η_t 分别为个体效应和时间效应，它们控制住了技术进步偏向性中不随城市、时间而变化的共同成分。电价扭曲主要表现为电价的低估，意味着生产企业偏向于电价扭曲程度较高的地区电力的边际生产率与实际电价的比值较高，较高的电力边际生产率必然对生产技术的要素偏向产生影响。同时，技术进步的偏向会影响要素投入，从而进一步影响电价扭曲程度。换言之，式（7-15）中必然会存在双向因果关系而导致的内生性问题。

　　另一方面，技术进步的偏向性往往会存在滞后效应。实践中，我国节能减排政策实施存在"一年松、一年紧"的状况，反映在技术进步偏向性上则表现为高能耗、高排放的技术进步方式可能面临来年的政策干预。因此，为了对这种技术进步偏向的动态延续性予以反映，将式（7-15）扩展为如下动态面板模型形式：

$$\text{Dbias}_{it} = \beta_0 + \lambda \text{Dbias}_{i,t-1} + \beta_1 RD_{it} + \beta_2 EX_{it} + \beta_3 IM_{it} + \beta_4 FDI_{it} + $$
$$\beta_5 \ln(GDPPC_{it}) + \beta_6 \text{dist}\_E_{it} + \alpha_i + \eta_t + \varepsilon_{it} \tag{7-16}$$

　　模型中，各变量均来源于 CEIC 数据库，表 7-14 给出了它们的描述性统计。

表 7-14　各变量的统计描述

变量	均值	标准差	最小值	最大值
Dbias_{EK}	0.074	0.563	−4.897	8.116
Dbias_{EL}	0.068	1.223	−9.490	17.874
Dbias_{EC}	0.146	1.950	−16.848	19.619
Dbias_{CK}	−0.072	1.939	−19.573	16.905
Dbias_{CL}	−0.079	2.233	−19.684	17.744
RD	0.280	0.307	0.007	3.570
EX	35.712	38.966	0.791	208.340
IM	24.777	33.223	0.000	192.826
FDI	3.597	2.307	0.156	11.757
GDPPC	40733.040	22515.540	7419.400	121885.300
dist_E	3.159	5.828	−22.845	56.059

2）估计结果和讨论

　　采用两步系统广义矩估计（GMM）法对式（7-16）进行参数估计。采用 Arellano-Bond 检验对方程的干扰项进行序列相关检验，发现所有模型均在 5%的显著水平上存在一阶序列相关但不存在二阶序列相关（相伴概率均大于 0.1），即无法拒绝扰动项无二阶自相关的原假设，而 Sargan 统计量的相伴概率也均大于 0.1。上述结果表明，各模型的滞后期数与所使用的工具变量是合理有效的。各模型的估计结果报告于表 7-15。

表 7-15　不同技术进步来源对技术进步偏向性的影响效应

	$Dbias_{EK}$	$Dbias_{EL}$	$Dbias_{EC}$	$Dbias_{CK}$	$Dbias_{CL}$
RD	-2.619^{***} 偏向资本	-0.473 偏向劳动	8.187^{***} 偏向电力	-8.809^{***} 偏向资本	-5.017^{***} 偏向劳动
EX	-0.003^{**} 偏向资本	-0.001 偏向劳动	-0.014 偏向 CO_2 排放	-0.045^{***} 偏向资本	-0.004 偏向劳动
IM	-0.014^{***} 偏向资本	-0.022^{**} 偏向劳动	-0.046^{**} 偏向 CO_2 排放	0.061^{***} 偏向 CO_2 排放	0.017 偏向 CO_2 排放
FDI	0.136^{***} 偏向电力	0.401^{***} 偏向电力	0.265^{***} 偏向电力	-0.268^{**} 偏向资本	0.754^{***} 偏向 CO_2 排放

注：* $p<0.1$，** $p<0.05$，*** $p<0.01$。

由表 7-14 可见，研发活动（R&D）将降低 $Dbias_{EK}$、$Dbias_{EL}$、$Dbias_{CK}$ 和 $Dbias_{CL}$，说明与其他投入要素相比，研发活动是"远离"能源的。从创新动机看，企业创新动力一方面源于降低产品的生产成本，另一方面则追求通过质量差异化而提升产品竞争力和企业利润，而企业创新活动通常更倾向于针对稀缺且昂贵的生产要素的节约方向而开展。从两两要素比较上看，能源要素因"制度性低价"而并未成为企业的节约方向，所以创新投入在"价格效应"的作用下更倾向于提升相对稀缺的，如资本的边际生产率，以达到控制生产成本的目的。同时，因"规模效应"，创新活动也可以提升丰裕要素（在我国为劳动）的边际生产率，从这个角度讲也会使技术进步偏离能源。技术进步偏向性是上述两种不同效应共同作用的结果。从 $Dbias_{EC}$ 看，CO_2 排放相比电力投入来说，几乎是零成本，"价格效应"显然更占主导。综合项目结果看，三大城市群的创新投入具有较强的成本节约的特征，从而使得创新投入引致的技术进步"远离"电力能源，即并未体现出电力节约的特征。

增加出口可降低 $Dbias_{EK}$ 和 $Dbias_{CK}$，说明在能源与资本、CO_2 排放与资本之间，出口是偏向资本的，从而表现出资本节约，但它是电力使用型和 CO_2 排放使用型的。此外，出口对劳动、CO_2 排放的偏向影响不显著，换言之，出口对提升劳动边际生产率和碳排放的边际生产率并不稳定。进口对电力能源的作用和出口基本一致，即进口有助于节约资本和劳动，但它是电力使用型的。此外，从 $Dbias_{EC}$ 看看，进口偏向 CO_2 排放，从而体现出碳减排效应。

FDI 的溢出效应使得不论在电力与资本、劳动还是 CO_2 之间，FDI 均是偏向电力的。综合来看，FDI 是节约电力的；在 CO_2 排放和劳动之间，FDI 是偏向 CO_2 排放，即有助于碳减排的。

生产技术要素偏向的受到"价格效应"与"规模效应"两种不同方向力量的影响。从上述分析可以看到，"价格效应"更占主导。因此，通过技术进步影响生产要素的技术偏向进而实现电力节约和 CO_2 减排，一个重要的途径是要提高能源尤其是高碳排放的化石能源价格，使其成为企业生产中相对昂贵的生产要素。随着我国能源市场化改革的深化，能源价格的上升速度已从过去的被人为严重压低的状态逐渐向市场化定价过度，并与国际市场价格联系越来越紧密，能源价格的上升速度也相比其他要素要快一些。基于此，生产要素的技术偏向将逐渐向节约、低碳方向发展。

上述结论的政策含义包括：当前，在制定我国节能减排政策时要充分发挥 FDI 节电、低碳的特征，通过政策诱导增加 FDI 技术溢出的节能减排效应；继续深化能源市场化改革，逐渐将能源消费产生的负外部性成本反映到能源价格中去，使能源节约型技术进步得到增强，并逐渐引导研发活动（R&D）向节能低碳型方向发展。

三、京津冀地区低碳发展的技术合意结构

1. 技术合意结构存在性检验

在前节的分析中，我们发现：①京津冀地区的技术进步整体上偏向于电力能源，呈现于节电效应，但并非所有城市都呈碳减排效应；②从技术进步的来源考察，自主创新和 FDI 的技术溢出显著影响了技术进步的偏向性，进而对节能减排产生影响，而进出口效应的影响较弱。根据上述结论，在京津冀地区自主创新和 FDI 是否存在合适配比即合意技术结构呢？如果存在，一个地区最优的技术结构必将内生于要素禀赋，只有与要素禀赋相匹配且能够充分利用比较优势进行技术创新、技术引进和技术变迁的技术结构，才能持续提高生产率、促进低碳发展。适宜性技术进步理论通常主要利用资本和劳动或技能与非技能劳动比例或高新技术产品和低技术产品比例来表示技术进步的适宜性程度（Basu and Weil，1998； Acemoglu and Zilibotti，2001；林毅夫等，2006；王林辉、董直庆，2012）。为考察技术结构与低碳发展的关系，借鉴该类指标的设计方法，本书将技术结构定义为研发投入和 FDI 之比：

$$TCS = \frac{RDE_{it} / RDE_{i.}}{FDIN_{it} / FDIN_{i.}} \tag{7-17}$$

式中，RDE_{it}、$FDIN_{it}$ 分别为第 i 个城市第 t 年的研发投入和 FDI 绝对值，$RDE_{i.}$、$FDIN_{i.}$ 分别为第 t 年各城市研发投入和 FDI 的平均值。

为考察技术结构和低碳发展的关系，构建如下计量经济模型：

$$lef_{it}(lcf_{it}) = \alpha_0 + \alpha_1 TCS_{it} + \alpha_2 TCS_{it}^2 + \alpha_3 Dbias_{it} + \beta' X_{it} + \lambda_i + \eta_t + \varepsilon_{it} \tag{7-18}$$

式中，被解释变量是以能源生产率 ef、碳生产率 cf 的对数值度量的低碳发展程度[①]。在模型（7-18）中，我们增加 TCS 和 TCS 的二次项作为解释变量。如果 TCS 与被解释变量呈现显著的正相关，表明该技术结构有利于低碳发展；如果 TCS 与被解释变量呈现显著的负相关，表明该技术结构无助于低碳发展；如果 TCS 的二次项与 TCS 的符号相反，且统计显著，表明京津冀发展过程中存在技术合意结构以实现低碳发展。Dbias 为技术进步的偏向性，由于前述已经论证京津冀地区的技术进步整体上偏向于电力能源，因此

---

① 为便于后文分析，被解释变量定义为能源强度、碳强度的倒数，即能源生产率、碳生产率，该值越大意味着能源利用效率、碳排放效率越高，亦即低碳发展程度越好。

模型（7-18）中定义 Dbias 为 $Dbias_{EK}$、$Dbias_{EL}$、$Dbias_{EC}$ 的平均值，即 Dbias=（$Dbias_{EK}$+$Dbias_{EL}$+$Dbias_{EC}$）/3；若 $Dbias_{it}>0$，则表明第 i 个城市第 t 年的技术进步偏向于电力能源。

模型（7-18）中，X 为控制变量。由于京津冀各城市发展具有典型的非均衡性，我们首先加入代表经济发展水平的人均 GDP（gdppc）、以第三产业占 GDP 比重（third_gdp）度量的产业结构为控制变量。经济发展水平对能源利用效率和碳排放效率的影响已被众多研究所证实，亦有库兹涅茨曲线假说佐证；基于因子分解方法，产业结构变化是能源利用效率、碳排放效率变动的重要原因；而经济发展水平、产业结构对研发投入、FDI 也会产生重要影响。进一步地，基于诱导性技术创新理论，电价扭曲既会影响创新投资的方向，也对技术进步偏向性有重要影响。因此，我们亦增加电价扭曲指数 $dist_E$ 为控制变量，$dist_E$ 的定义见式（7-14）。最后，技术进步的来源方式与区域的要素禀赋要相匹配，而要素禀赋也对能源利用效率、碳排放效率产生影响。本书以两个变量度量要素禀赋，分别为：资本与劳动的比值，即资本-劳动比（kl）；采掘业从业人员数（min）度量的资源丰富程度[①]。由此，控制变量集 X 为 $(lgdppc, third\_gdp, dist_E, lkl, lmin)'$，其中，为消除量纲且弱化可能存在的异方差，人均 GDP（gdppc）、资本-劳动比（kl）、采掘业从业人员数（min）取对数值。

为了减少样本容量损失，将时间效应 η_t 在模型中替换为时间趋势项 t。然后，采用最小二乘虚拟变量法（LSDV）估计双向固定效应模型（7-18），结果如表 7-16 所示。当被解释变量为能源生产率 lef 时，模型 1 显示采用随机效应模型估计的方程结果，Hausman 检验结果显示在 10%水平上拒绝原假设，应选择固定效应模型进行分析。模型 2 是固定效应模型的估计结果。结果显示，技术结构的作用为负，其二次项系数为正，但两者都不显著，原因在于模型可能存在自相关和异方差。采用面板矫正标准误 PCSE 方法重新进行估计，结果见表 7-15 中的模型 3。它的估计系数和模型 2 相同，但标准误不同。模型 3 的结果显示，技术结构对能源生产率起着负向显著作用，且其二次项系数显著为正。这一结果表明，存在技术结构的阈值，当研发投入和 FDI 之比超过这一阈值时将有助于提高能源生产率。换言之，技术结构存在不利于提高能源生产率的区间，从而表明技术结构存在优化和改善的空间。值得注意的是，上述结果表明并不存在某一最优技术结构使得其对能源生产率的边际效应达到最优。

表 7-16　技术结构与能源生产率、碳生产率关联性检验

变量	被解释变量为 lef			被解释变量为 lcf		
	模型 1	模型 2	模型 3	模型 4	模型 5	模型 6
	RE	FE	PCSE	RE	FE	PCSE
TCS	−0.082 （0.07）	−0.092 （0.06）	−0.092[*] （0.05）	0.061[*] （0.03）	0.057[**] （0.02）	0.057[*] （0.03）

①采用采掘业从业人数占总人数的比重进行度量往往容易将经济发展程度较高的地区"度量为"资源相对贫乏区。对于一个资源丰富同时人口较多的地级市，虽然总量上有相当多的人从事资源相关行业，但由于总人口的"稀释"，使得其被度量为资源一般区（李江龙，2016）。

续表

变量	被解释变量为 *lef*			被解释变量为 *lcf*		
	模型 1	模型 2	模型 3	模型 4	模型 5	模型 6
	RE	FE	PCSE	RE	FE	PCSE
TCS^2	0.016 (0.01)	0.017 (0.01)	0.017* (0.01)	−0.013* (0.01)	−0.012*** (0.00)	−0.012** (0.01)
Dbias	0.001 (0.02)	−0.001 (0.06)	−0.001 (0.02)	0.007 (0.01)	0.009 (0.01)	0.009 (0.01)
lgdppc	−0.325* (0.19)	−0.433* (0.20)	−0.433*** (0.14)	−0.495*** (0.09)	−0.645*** (0.13)	−0.645*** (0.10)
third_gdp	−1.101 (0.57)	−1.101 (1.02)	−1.101** (0.55)	1.184*** (0.30)	0.751 (0.53)	0.751*** (0.22)
dist$_E$	0.007*** (0.00)	0.008** (0.00)	0.008** (0.00)	0.001 (0.01)	0.001 (0.00)	0.001 (0.00)
lkl	0.222 (0.16)	0.193 (0.19)	0.193* (0.11)	−0.058 (0.08)	−0.152 (0.10)	−0.152** (0.07)
lmin	0.107** (0.05)	0.186** (0.06)	0.186*** (0.04)	0.055** (0.02)	0.052 (0.04)	0.052*** (0.01)
t	0.065*** (0.02)	0.081*** (0.02)	0.081*** (0.01)	0.092*** (0.01)	0.113*** (0.01)	0.113*** (0.01)
_cons	2.235 (1.66)	4.852* (2.65)	4.852*** (1.42)	3.182*** (0.87)	6.490*** (1.32)	6.490*** (0.92)
个体效应	控制	控制	控制	控制	控制	控制
Hausman 检验 （*p* 值）	14.71* (0.08)			33.61*** (0.00)		
F/Wald 值	165.23	78.25	228540	737.13	121.43	52546
调整 R^2	0.680	0.934	0.946	0.922	0.931	0.992

注：括号内的数值为稳健标准误；***、**和*分别表示 1%、5% 、10% 的显著性水平下通过了系数显著性检验。

当被解释变量为碳生产率 lcf 时，采用同样的估计策略进行实证检验和分析。Hausman 检验结果显示在 1%水平上拒绝原假设，应建立固定效应模型。考虑到自相关和异方差，采用 PCSE 方法进行估计，结果为模型 6。它表明，技术结构对碳生产率起着正向显著作用，且其二次项系数显著为负，从而表明存在某一最优技术结构使得其对碳生产率的边际效应达到最优。

表 7-15 的结果说明，技术结构存在某一优化区间，它对能源生产率的提高有显著的促进作用；同时，存在某一合意的技术结构，能够使得碳生产率达到最大。我国京津冀地区的技术进步模式选择存在一定的合理性，即在一定程度上存在适宜性技术进步模式。

2. 京津冀地区合意技术结构选择的门槛条件

前节采用技术结构指标，基于技术结构与能源生产率、碳生产率的关联性检验结果论证了存在合意技术结构促进低碳发展。但是，它没有说明技术进步的具体策略。由此提出的问题是，京津冀"适宜性"技术进步模式选择的"门槛条件"是什么？换言之，在不同情景下，京津冀各城市采取怎样的技术进步策略才最有助于低碳发展？我们选择非线性面板回归模型进行实证研究。目前较为广泛应用的非线性面板模型为 Hansen（1999）发展的面板门限回归模型（PTR）。PTR 模型的核心思想是利用门限变量将观测值分为若干组，组内的观测值是同质的，而组间的观测值是异质的，然后利用格点搜寻法寻找残差平方和最小的门限值，再自举法（bootstrap）计算 LR 统计量的临界值。本质上，PTR 模型相当于一个针对技术进步的分段函数模型。如果门限值的选择使得该模型的分段形式是适当的，那么模型会取得比较好的回归结果。PTR 模型的基本设定如下：

$$\text{lef}_{it}(\text{lcf}_{it}) = \alpha_0 + (\alpha_1 \text{RD}_{it} + \alpha_2 \text{FDI}_{it} + \alpha_3 \text{Dbias}_{it}) \times D(tv < \tau)$$
$$(\alpha_1' \text{RD}_{it} + \alpha_2' \text{FDI}_{it} + \alpha_3' \text{Dbias}_{it}) \times D(tv \geqslant \tau) + \beta' X_{it} + \lambda_i + \eta_t + \varepsilon_{it} \quad (7\text{-}19)$$

式中，tv 为门限变量，即技术进步对能源生产率、碳生产率的边际效应因 tv 值与门限值 τ 的不同而不同；当 $tv < \tau$ 时，技术进步的边际效应由 α 度量；当 $tv \geqslant \tau$ 时，技术进步的边际效应由 α' 度量。由于技术进步路径选取与经济发展水平密切相关，因此本书选取人均 GDP 为门限变量，即 tv 设定为人均 GDP（单位：元，以 2005 年不变价度量）。RD 和 FDI 分别为研发投入强度、FDI 占 GDP 的比重。向量 X 为控制变量集，根据前述分析，它包括 $(lgdppc, third\_gdp, dist\_E, lkl, lmin)'$，各变量的定义同前节。

对模型（7-19），首先检验阈值效应是否存在，然后再检验模型中阈值的个数是 1 个还是 2 个；依此类推。本书运用 Hansen（1999）提出的用于检验非动态面板中存在阈值效应的似然比 LR 检验统计量。

$$\text{LR} = (S_0 - S_1(\hat{\gamma})) / \hat{\sigma}^2 \quad (7\text{-}20)$$

式中，S_0 为受原假设约束的残差平方和，$S_1(\hat{\gamma})$ 和 $\hat{\sigma}^2$ 分别为不受原假设约束下阈值为 $\hat{\gamma}$ 时的残差平方和和进行自由度修正后的残差方差。进一步地，Hansen（1999）指出 LR 检验统计量的渐进分布是非标准的。因此，采用 Bootstrap 方法以获得上述检验的临界值。检验结果如表 7-17 所示。

表 7-17　模型设定检验

模型	假设检验	LR（Bootstrap 仿真得到的 p 值）
被解释变量为 lef	H_0：没有阈值，H_A：有 1 个阈值	32.49** （0.026）
被解释变量为 lcf	H_0：没有阈值，H_A：有 1 个阈值	19.45* （0.087）

注：Bootstrap 仿真实验设定的循环次数为 300 次；**、*分别表示在 5% 和 10% 显著性水平下显著。

由检验结果（表 7-17）可知，存在一个（待估计）阈值使得技术进步对能源生产率、碳生产率的边际效应因人均 GDP 大于或小于该阈值而存在显著差异。进一步地，设定 H_0：存在 1 个阈值，H_A：存在 2 个阈值。采用（7-20）进行检验，结果表明不拒绝的原假设或检验统计量不收敛，从而表明模型（7-19）的设定形式是合理的。这一检验结果不仅说明忽略京津冀各城市差异而设定的技术进步与低碳发展的线性模型缺乏合理性，从而验证了前述理论模型设定的恰当性，而且也刻画了技术进步在不同经济发展阶段应采取不同的技术进步策略以促进低碳发展。

为最终估计模型，我们首先需要估计门限值。为此，我们首先将阈值变量 tv（人均 GDP）的样本数据从小到大排列并取中间的 80%作为门限值的可能取值区间，在该区间中等间距地取 100 个值，将每一个值代入模型（7-17），采用最小二乘虚拟变量法（LSDV）对其进行迭代估计，直至残差平方和最小，对应的门限值即为估计的门限值 $\hat{\tau}$，估计及其检验结果见表 7-18。

从表 7-18 可见，估计的门槛值在 95%的置信区间拒绝总体参数为零的原假设，即门槛值的估计结果是可信的。当被解释变量为 lef 时，技术进步的选取策略在人均 GDP 约高于 2.97 万元（2005 年价，下同）时会发生变化；而当解释变量为 lcf 时，技术进步的选取策略在人均 GDP 约高于 3.70 万元时发生变化。将估计的阈值代入模型（7-19），并对其进行估计即可得模型最终的估计结果，如表 7-18 所示。

表 7-18 门槛值的估计及其检验结果

模型	估计值	95%的置信区间
被解释变量为 lef	29655.87	[29647.95，29885.11]
被解释变量为 lcf	37037.41	[33158.91，37321.69]

表 7-19 中模型 7 和模型 9 的核心结论及其解释如下：

1）被解释变量为 lef

从技术进步的来源考察，当一个城市的人均 GDP 超过约 2.97 万元时，以研发投入强度测度的自主创新对提高能源生产率的贡献要明显较高，且较为显著，而以 FDI 占 GDP 比重测度的技术引进显著阻碍了能源生产率的提高；当一个城市的人均 GDP 低于约 2.97 万元时，自主创新和技术引进均能促进能源生产率的提高，尽管统计上并不显著。这一结果表明，虽然自主创新始终是低碳发展的重要驱动力，但其重要性随着经济发展水平的提高而显著提升。另一方面，在经济发展水平较低时，因本地技术水平与国际前沿水平存在较大差距，FDI 通过技术转移与扩散等产生溢出效应，从而对本地能源生产率产生正向影响；但是 FDI 也有可能带来污染产业，加重对能源的需求，在这两方面作用下，FDI 对能源生产率的提升作用在统计上不显著。然而，随着经济发展水平的提高，本地的技术水平与前沿逐渐接近，但受制于价值量提升速度相对较慢，外商转移产业仍集中于高能耗、高污染产业，使得 FDI 所带来的能耗压力凸显，由此导致 FDI 对能源生产率产生显著的负向效应。

从技术进步的偏向性考察，随着经济发展水平的提高，偏向电力能源的技术进步会显著阻碍能源生产率的提高。可能的原因在于，技术进步提高了电力的相对边际生产率，在均衡条件下也提高了电力的相对价格，在较高的经济发展阶段为维持经济增长会导致其他廉价的能源品种，如煤炭、石油对电力的替代；同时，低能源价格所产生的反弹效应也会增加对能源的消费需求。亦即，产生上述效应的逻辑是：偏向电力的技术进步——电价相对提高——能源品种间的替代，此时经济达到一定发展阶段后的再增长——对能源更强劲的需求——反弹效应——能源生产率的提高受阻。显然，阻断产生上述作用的核心是降低化石能源对电力的替代和降低反弹效应，两者均要求提高化石能源品种的相对价格。换言之，以偏向电力的技术进步促进能源生产率的提高需要能源价格改革相配合。

表 7-19　技术进步与能源生产率、碳生产率的面板门限回归结果

变量	被解释变量为 lef		被解释变量为 lcf	
	模型 7	模型 8	模型 9	模型 10
RD	0.079 （0.278）	−0.194 （−0.465）	−0.107 （−0.535）	−0.322 （−1.132）
	0.291** （2.304）	0.454** （2.152）	0.416*** （4.679）	0.639*** （4.382）
FDI	0.044 （1.508）	0.044 （1.241）	−0.044** （−2.113）	−0.039 （−1.627）
	−0.088** （−2.301）	−0.070 （−1.656）	−0.130*** （−4.690）	−0.103*** （−3.462）
RD*FDI		0.279 （1.086）		0.234 （1.335）
		−0.042 （−0.995）		−0.055* （−1.884）
Dbias	0.019 （0.565）	0.027 （0.789）	0.007 （0.446）	0.009 （0.553）
	−0.058** （−2.128）	−0.060** （−2.212）	−0.056 （−1.019）	−0.050 （−0.936）
lgdppc	0.042 （0.319）	0.053 （0.403）	0.143 （1.564）	0.146 （1.631）
third_gdp	−0.902 （−1.511）	−0.700 （−1.134）	0.472 （1.138）	0.617 （1.486）
$dist_E$	0.006*** （3.187）	0.005*** （2.901）	0.003*** （2.818）	0.003** （2.528）
lkl	0.637*** （5.040）	0.601*** （4.679）	0.344*** （3.924）	0.325*** （3.769）
lmin	0.121** （2.321）	0.105* （1.937）	−0.016 （−0.437）	−0.036 （−0.968）
_cons	−2.064* （−1.950）	−2.187** （−2.060）	−3.552*** （−4.834）	−3.639*** （−5.017）
个体效应	控制	控制	控制	控制
时间效应	控制	控制	控制	控制
调整 R^2	0.756	0.763	0.851	0.860

注：括号内的数值为 t 统计量；***、**和*分别表示 1%、5%、10% 的显著性水平下通过了系数显著性检验。

2）被解释变量为 lcf

从技术进步的来源考察，当一个城市的人均 GDP 超过约 3.70 万元时，以研发投入强度测度的自主创新对碳生产率的提高有着显著贡献，而以 FDI 占 GDP 比重测度的技术引进显著阻碍了碳生产率的提高；而当一个城市的人均 GDP 低于约 3.70 万元时，自主创新和技术引进均不利于碳生产率的提高。这一结果表明，FDI 始终对碳生产率产生负向影响，且随着经济发展水平的提高该负向影响显著增强。这从另一个视角佐证了 FDI 通过国际贸易向京津冀地区转移了污染产业。另一方面，在经济发展水平较低时，自主创新因不具有成本优势、不符合自生理论而对碳生产率产生负向作用，但随着经济发展水平的提高，GDP 到超过 3.70 万元时，自主创新理应成为促进低碳发展的核心技术进步路径。

从技术进步的偏向性考察，随着经济发展水平的提高，偏向电力能源的技术进步也会显著阻碍碳生产率的提高，但其效应值不显著。原因可能与前述针对技术进步偏向性对能源生产率的影响类似。

对我国这种后发国家而言，在技术引进基础上的模型创新也是技术进步的重要途径。本书基于文献中常用的处理策略，在模型（7-17）中增加自主创新和技术引进的连乘项（$RD*FDI$），它既度量了自主创新和技术引进的相互性质，又可测度模型创新。回归结果如表 7-16 中的模型 8 和模型 10。它们表明，在经济发展水平相对较低时，自主创新和技术引进具有互补性，它们可相互促进低碳发展，即模仿创新也有助于提高能源生产率和碳生产率；但是，在经济发展水平较高时，自主创新和技术引进形成了替代效应，从而对能源生产率和碳生产率产生负向效应。

总之，在经济发展水平较低时，技术引进是促进低碳发展的重要策略，但可能引致环境问题，给碳减排带来压力，因此，在技术引进基础上强化模仿创新是必由之路；随着经济发展水平的提高，强化自主创新是低碳发展的必然选择。基于本书的实证研究结果，京津冀低碳发展的技术进步策略具体为：在人均 GDP 低于 2.97 万元时，受制于资源禀赋、技术积累、产业结构等，以 FDI 为代表的技术引进是低碳发展的主要技术进步策略，此时应注重人力资本积累，强化在技术引进基础上的模仿创新，为技术进步策略转移做准备；当人均 GDP 处于 2.97 万至 3.70 万元时，应在消化、吸收、模仿引进技术的基础上，强化研发投入；而当人均 GDP 高于 3.70 万元时，以提高研发强度为表征的自主创新将在低碳发展方面起到主导作用。值得注意的是，随着经济发展水平的提高，技术进步的选择策略对低碳发展的效果可能受能源市场的扭曲的拖累。因此，加快能源市场改革、矫正能源市场扭曲以促进能源品种间的良性替代、降低反弹效应是以技术进步促进低碳发展的必需举措。

四、本章小结

节能减排类的技术进步是可持续性低碳发展的核心和关键。本章从技术进步偏向性、技术进步来源、技术进步选择策略完整地研究了京津冀地区低碳发展的技术进步路径。

　　首先,基于超越对数生产函数的随机前沿模型测算了 2005～2014 年京津冀地区技术进步的要素偏向,并与长三角、珠三角城市群进行了比较分析。结果表明,中国三大城市群的技术变化整体上偏向于电力能源,且由于电力整体上和资本、劳动呈互补关系,因此技术进步提高了电力的相对边际生产率,表现出具有绝对节电效应。但是,技术进步偏向电力能源对 CO_2 排放的影响受电力与 CO_2 排放关系的影响。整体上看,三大城市群的生产技术倾向于使用环境要素,即高碳生产方式。

　　进一步地,本章讨论了自主创新、FDI 的技术溢出、进出口的技术溢出效应等不同技术进步来源对技术进步偏向性的影响。结果发现,FDI 的溢出效应使得技术进步偏向电力能源,从而表现出节电效应;在 CO_2 排放和劳动之间,FDI 是偏向 CO_2 排放即有助于碳减排的。就研发投入表征的自主创新而言,三大城市群的创新投入具有较强的成本节约的特征,从而使得创新投入引致的技术进步"远离"电力能源,即并未体现出电力节约的特征。出口学习效应、进口技术溢出效应对技术进步偏向性的影响较弱,但均呈现出电力使用型特征,但进口具有碳减排效应。

　　从创新动机观察,企业创新动力一方面源于降低产品的生产成本,另一方面则追求通过质量差异化而提升产品竞争力和企业利润,而企业创新活动通常更倾向于针对稀缺且昂贵的生产要素的节约方向而开展。从两两要素比较上看,能源要素因"制度性低价"而并未成为企业的节约方向,所以创新投入在"价格效应"的作用下更倾向于提升相对稀缺的要素,如资本的边际生产率,以达到控制生产成本的目的。同时,因"规模效应",创新活动也可以提升丰裕要素(在我国为劳动)的边际生产率。生产技术要素偏向的受到"价格效应"与"规模效应"两种不同方向力量的影响。从分析可以看到,"价格效应"更占主导。因此,通过技术进步影响生产要素的技术偏向进而实现电力节约和 CO_2 减排,一个重要的途径是要提高能源尤其是高碳排放的化石能源价格,使其成为企业生产中相对昂贵的生产要素。随着我国能源市场化改革的深化,能源价格的上升速度已从过去被人为严重压低的状态逐渐向市场化定价过度,并与国际市场价格联系越来越紧密,能源价格的上升速度也相比其他要素更快一些。基于此,生产要素的技术偏向将逐渐向节约、低碳方向发展。上述结论的政策含义包括:当前,在制定我国的节能减排政策时要充分发挥 FDI 节电、低碳的特征,通过政策诱导增加 FDI 技术溢出的节能减排效应;继续深化能源市场化改革,逐渐将能源消费产生的负外部性成本反映到能源价格中去,使能源节约型技术进步得到增强,并逐渐引导研发活动(R&D)向节能低碳型方向发展。

　　本章还论证了技术进步推动低碳发展的路径与经济体的发展阶段、要素禀赋等密切相关,存在合意的技术结构。基于面板数据模型的定量研究不仅证实了这一点,而且实证发现:在人均 GDP 低于 2.97 万元时,以 FDI 为代表的技术引进是低碳发展的主要技术进步策略,此时应注重人力资本积累,强化在技术引进基础上的模仿创新;当人均 GDP 处于 2.97 万至 3.70 万元时,应在消化、吸收、模仿引进技术的基础上,强化研发投入;而当人均 GDP 高于 3.70 万元时,以提高研发强度为表征的自主创新将在低碳发展方面起到主导作用。此外,技术进步的选择策略需要加快能源市场改革与矫正能源市场扭曲相配合。

第8章 京津冀地区钢铁产业低碳发展的技术进步路径

 **本章简介**

　　在京津冀低碳发展的案例选择上，本书选择京津冀碳减排的大户——钢铁产业，通过调研，探究钢铁行业的关键低碳技术领域和应用现状及低碳技术应用中的问题，分析京津冀地区钢铁产业的低碳技术创新路径

一、钢铁产业概述

钢铁产业是黑色金属冶炼及压延加工业的俗称。在国民经济行业分类中，以黑色金属为对象的加工业即是黑色金属冶炼及压延加工业或黑色冶金工业，是指以黑色金属（铁、铬、锰 3 种金属元素）矿物为主要开采、冶炼及压延加工对象的生产活动。黑色金属中铁元素在地壳中分布相对最为集中，储量最为丰富，规模开采、冶炼加工最为成熟，用途最为广泛，习惯上简称为钢铁产业。根据更细致的《国民经济行业分类标准》，铁矿石的开采、选矿等经济活动通常被归为黑色金属矿物采选业，只有炼铁、炼钢、铸造、钢压延加工和钢合金冶炼等经济活动才被归为黑色金属冶炼及压延工业，即俗称的钢铁产业。黑色金属矿物的采掘和筛选、炼铁、炼钢、黑色金属铸造、钢压延加工和铁合金冶炼是钢铁生产的主要流程（表 8-1）。

表 8-1　黑色冶金主要生产流程

分类	主要生产流程
炼铁	铁的熔融和还原过程
炼钢	生铁的去杂、提纯和调整
金属铸造	将生铁、粗钢制成成品或半成品
钢压延加工	轧、锻使钢坯成具有一定尺寸的钢材
铁合金冶炼	铁与金属或非金属元素的融合生产过程

资料来源：王寅生《河北省钢铁产业低碳转型研究》，河北工业大学硕士学位论文，2014。

钢铁工业是国民经济重要的基础原材料工业，中国是世界上最大的钢铁生产国和消费国。2014 年，全球粗钢产量约为 16.37 亿吨，而中国的粗钢产量达到了 8.22 亿吨，占世界钢产量的 50.21%。从钢材消费量看，2014 年中国消费了约 7.48 亿吨，消费量占世界总消费量的 47.8%。

钢铁的生产流程包括从炼铁开始到炼钢的全过程。根据工艺和设备选择，钢铁生产流程又分为两类：一类是高炉长流程，另一类是非高炉长流程。常见的高炉长流程是指从选矿到烧结/球团、高炉炼铁、转炉炼钢、铸造再到轧钢的全流程（图 8-1）。高炉炼铁和转炉炼钢是现代长流程钢铁的两个核心和标志性工序或生产单元，因此也称为高炉-转炉工艺钢铁联合企业生产流程，或高炉-转炉工艺钢铁。与高炉长流程相比，非高炉长流程主要是指除高炉炼铁外的其他还原铁矿石的方法，通常分为两大类：直接还原法和熔融还原法。非高炉炼铁不使用或极少使用焦炭，不使用或极少使用球团。

从钢铁生产流程和产业特性可以看出，钢铁产业具有：

（1）典型的流程工业特性。钢铁产业的生产流程长，铁前、炼铁、炼钢、轧钢四个主要环节可以作为相对独立的主要工序，但每个工序又包括多个不同的生产单元。不仅相互独立的不同工序之间可以串联、耦合或并联、反馈式作业，每个工序内部不同生产

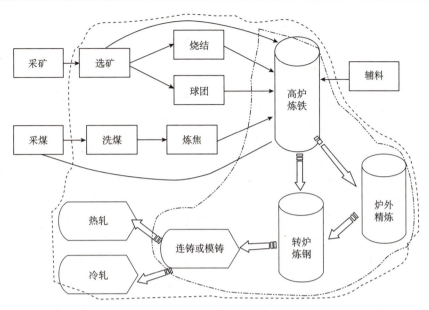

图 8-1　高炉长流程钢铁生产示意图

资料来源：彭绪庶，《钢铁产业循环经济发展与技术创新》，经济管理出版社，2015

单元之间也需要发生物质和能量交换。如表 8-2 描述了钢铁生产各工序及各工序能耗占总能耗的比重。由此，钢铁生产是由多个工序和生产单元组成的开放式、准连续和离散混合的生产过程。这一特性决定了钢铁产业的技术创新不仅包括各生产单元设备、操作和工艺技术创新，也包括单个工序变革、淘汰、分解和优化、工序区段形式的变革/淘汰和优化，以及整体工序的优化。总的来看，能耗大、污染严重的主要是铁前阶段。按重点企业能耗工序平均值计算，炼铁系统三大工序——烧结、焦化、高炉炼铁占了吨钢综合能耗的 72%左右。而转炉基本实现了负能炼钢。

表 8-2　钢铁生产各道工序描述及工序能耗占总流程能耗的百分比

阶段	工序	功能描述	能耗/%
铁前	焦化	煤转化为焦炭，为炼铁工序提供还原剂和燃料	<6
	烧结	铁矿预处理，为炼铁工序提供原料	8~12
炼铁	炼铁	铁矿石还原为铁水	0.7
炼钢	炼钢	铁水冶炼成初步脱氧的钢水，经二次冶炼成为合格钢水	<1
轧钢	连铸-轧钢	钢水连续凝固为连铸胚，经连续热轧加工成各类钢材	0.1

资料来源：戴彦德、胡秀莲等，《中国二氧化碳减排技术潜力和成本研究》，中国环境出版社，2013 年。

（2）典型的能源密集型和高碳产业。从冶金工程技术和冶金工艺过程的角度看，钢铁生产流程是典型的火法冶金过程。从生产过程来看，钢铁生产是以铁矿石为加工对象的长生产流程，维持高温环境可实现火法冶金的物流化学反应，其中流程整体及所构成的工序、装置都是开放系统，与外界环境存在物质、能量和信息交换；原料（物料）在生产过程中以大量的物质流、能量流形式通过诸如物理、化学变化制成产品，同时伴随各种形式的排放，这决定了钢铁产业是典型的高资源消耗、高能源消耗和高污染排放工业。

二、中国钢铁产业的能源消费和二氧化碳排放现状

1. 钢铁产业是耗能大户且能效低

钢铁业是典型的能源密集型产业。从表 8-3 可以看出，中国钢铁业的能源消耗量约占工业能耗总量的 24.5%，约占全国能源总量的 17.5%。中国钢铁行业的能源利用效率较低，吨钢综合能耗较高。2014 年，中国大中型钢铁企业吨钢综合能耗的平均值为 654 千克标准煤，而日本钢铁企业钢可比能耗 2007 年的平均值已经达到了 610 千克标准煤（中国能源统计年鉴，2015）。当前，中国吨钢综合能耗高于国际先进水平约 8%～15%。重点大中型企业按工序能耗计算，48.6% 的烧结工序、37.8% 的炼铁工序、76% 的转炉工序、38.7% 的电炉工序能耗高于《粗钢生产主要工序单位从产品能源消耗限额》国家强制性标准中的参考限定值（电力折算系数按当量值计算），13% 的焦化工序能耗高于《焦炭单位产品能源消耗限额》国家强制性标准中的参考限定值（电力折算系数按当量值计算）。

表 8-3　中国钢铁业 2005～2014 年能源消耗量　　　　（单位：万吨标准煤）

年份	全国能源消费总量	工业能源消费量	钢铁业能源消费量	钢铁业能耗占工业能耗比率/%	钢铁业能耗占全国能耗比率/%
2005	261369	187914	44724	23.80	17.11
2006	286467	206590	50343	24.37	17.57
2007	311442	225835	57840	25.61	18.57
2008	320611	232079	58277	25.11	18.18
2009	336126	243567	65353	26.83	19.44
2010	360648	261377	66873	25.58	18.54
2011	387043	278048	64726	23.28	16.72
2012	402138	284712	67376	23.66	16.75
2013	416913	291130	68839	23.65	16.51
2014	425806	295686	69342	23.45	16.28

资料来源：《中国统计年鉴》。

在钢铁工业用能结构中，煤炭约占 70%，在煤炭的热能转换中有 65.88% 是以焦炭和煤粉形式参与冶炼生产的，另有 34.12% 的热能是以可燃气体（包括高炉煤气、转炉煤气、焦炉煤气）形式出现。可燃气体的热能数值大，应合理、科学，充分地利用，这对钢铁工业节能工作具有积极的作用。可燃气体使用的原则是：先供各类炉窑使用（包括热风炉，加热炉、烘烤设施等），最后才去用于发电。因为煤气-蒸汽-发电的能量转化率约为 25%，而煤气-燃汽轮机发电转化率也只有 50% 左右。可见，副产的可燃气体（煤气）是钢铁生产的主要燃料来源，约占钢铁企业能源总收入的 30%～40%。然而，目前国内钢铁厂的高炉煤气放散率达到 6%，转炉煤气利用率不到 90%，这使得余热资源回

收利用率较低。目前国外先进钢铁企业的余热、余能（包括副产煤气在内）等余热资源的回收率一般在 90% 以上，如日本的新日铁达到 92%，而国内的多数钢铁企业只有 30%～50%。若不包括副产煤气和高炉炉顶压差发电在内，国际先进钢铁企业余热资源的回收利用率均在 50% 以上，我国不足 30%，比国外落后 20%。

2. 钢铁产业是二氧化碳排放大户

钢铁产品的生产要用到大量的煤炭、焦炭和非金属元素等"高碳"能源和"高碳"原料，钢铁生产的各道工序几乎都要消耗大量的碳源，产生大量的 CO、CO_2、SO_2 和工业烟尘。从全球范围看，钢铁业也是主要的 CO_2 排放行业。根据 IEA（国际能源署）统计，2010 年全球工业直接排放 CO_2 的前三位分别是：钢铁（占比 30%）、水泥（占比 26%）和化工（17%）。

基于多煤、少油、缺气的资源禀赋，中国钢铁行业以煤炭作为主要能源，煤炭占钢铁行业总体能源消耗的 70%，而石油、天然气加起来仅占 4%。钢铁业能耗大、能耗结构高碳化决定了钢铁是典型的高碳排放大户。按主要能源消费品种计算，2014 年，中国钢铁业的 CO_2 排放量约为 17.6 亿吨，约占工业 CO_2 排放总量的 16.47%，约占全国 CO_2 排放总量的 14.2%（表 8-4）。

表 8-4　中国钢铁业 2005～2014 年 CO_2 排放量

年份	钢铁业 CO_2 排放占工业 CO_2 比率/%	钢铁业 CO_2 排放占全国 CO_2 排放比率/%
2005	16.03	13.28
2006	16.02	13.38
2007	16.25	13.36
2008	16.33	13.30
2009	17.04	14.27
2010	16.70	13.86
2011	16.36	13.46
2012	16.27	13.80
2013	16.09	14.16
2014	16.47	14.19

资料来源：据《中国能源统计年鉴》测算得到。

中国钢铁工业的 CO_2 排放占全世界总排放的比重较大，国际钢铁协会（IISI）和国际能源署（IEA）报告认为，世界钢铁 CO_2 排放的 50% 以上为中国钢铁企业排放。2005 年，中国吨钢 CO_2 排放量约为 2515 千克（即二氧化碳排放系数为 2.515），而德国只有 1300 千克，日本为 1652 千克。

近年来，中国钢铁行业的节能减排工作取得了显著进展，重点钢铁企业吨钢综合能耗平均每年下降 1.95%。2014 年，重点钢铁企业吨钢综合能耗达到了 584.7 千克标准煤，同比下降 1.21%。对比前述中国大中型钢铁企业吨钢综合能耗的平均值 654 千克标准煤，可见大量中小型钢铁企业拉低了钢铁行业整体的能源利用效率。实际上，中国钢铁产业集中度自 2012 年开始明显下降。2011 年，钢铁工业集中度 CR10（前 10 家钢铁集团粗钢产量占全国总产量的比重）为 49.2%；而到 2014 年，钢铁工业集中度 CR5、CR10、CR15 分别为 23.48%、36.58%和 45.01%。

按国家统计局的数据，2014 年中国钢铁业共消耗煤炭 34527 万吨、焦炭 40146 万吨、电力 5795.6 亿千瓦时，共消耗能源 69342.42 万吨标准煤。据此计算，若全国钢铁业吨钢综合能耗下降 1%，可节省 693.42 万吨标准煤，约减少排放 1761.3 万吨二氧化碳。可见，提高吨钢能耗可为企业提高效率、节能减排做出巨大贡献。

三、河北钢铁产业的地位和低碳发展现状

1. 河北钢铁产业的发展与地位

河北省钢铁工业的发展历史悠久，早在春秋战国时期河北邯郸就已经成为三大"冶铁之都"之一，河北省的资源条件和历史底蕴为钢铁产业的发展提供了得天独厚的条件。1919 年恢复生产的龙烟铁矿股份公司（1970 年改名为宣钢公司）是河北省现代钢铁工业的发端，也是计划经济时期华北地区最大的生铁基地，拥有全国最大的黑色冶金矿山——龙烟铁矿，它为河北省黑色冶金工业的发展作出了历史性的贡献。1943～1958 年相继成立的唐钢、承钢和邯钢，奠定了河北省钢铁工业的基础。改革开放以后，河北省钢铁产业形成了较完整的产业体系，具备了机械炼焦、空气侧堆、立式连铸等先进的工艺技术。此后，河北省对钢铁产业组织结构进行了调整。2008 年 6 月 30 日河北钢铁产业集团的成立，完成了对唐钢、邯钢、石钢等特大钢铁集团的整合重组。自此，河钢集团超越宝钢成为全国第一、全球第二的特大型集团。

表 8-5 显示，截至 2014 年，与钢铁业有关的三大工业行业（黑色金属矿采选业、黑色金属冶炼及压延加工业、金属制品业）的企业个数达到 2845 家，其工业产值达 16786.98 亿元，占全省规模以上工业总产值的 35.21%，相应地，其资产规模、主营业务收入、利润总额、应交增值税分别占全省规模以上工业企业总额的 38.44%、34.11%、29.37%和 30.73%。无论从产量水平、产值利润还是从应交税金等方面来看，钢铁产业都是河北省的第一支柱产业。可以说，河北是名副其实的钢铁大省。

表 8-5　河北省规模以上工业企业 2014 年主要指标

行业	企业个数/个	工业总产值/亿元	资产总计/亿元	主营业务收入/亿元	利润总额/亿元	本年应交增值税/亿元
全省总计	14792	47675.9	42555.7	47207.8	2610.9	1160.9
其中：黑色金属矿采选业	718	2463.8	2254.2	2326.4	374.4	172.6
黑色金属冶炼和压延加工业	762	11570.9	11072.3	11116.9	242.4	137.1
金属制品业	1365	2752.2	3033.0	2661.7	150.0	47.1
小计	2845	16786.98	16359.46	16104.88	766.78	356.69
占全省总计数的比重/%	19.23	35.21	38.44	34.11	29.37	30.73

河北省内有丰富的铁矿石和煤炭等基础能源储备，使其钢铁业发展具备了独特的优势。2015 年，河北已探明的铁矿石基础储量达 27.30 亿吨，约占全国总储量（207.6 亿吨）的 13.2%。河北有 8 大矿区，其中承德地区的钒钛矿储备量位居全国第一，承钢是全国第一大钒钛钢生产企业。河北省还素有"燕赵煤仓"之称，开滦、峰峰、井陉等矿区为河北钢铁生产提供了重要的煤炭资源。从铁矿石原矿产量上看，河北 2013 年和 2014 年产量分别为 57881.6 万吨和 56611.1 万吨，分别占全国总产量的 39.7%和 37.4%。丰富的铁矿石、煤炭储量为河北钢铁产业提供了坚实的能源保障，使其钢铁产业具有先天的资源优势。从产业基础来看，河北钢铁产业拥有 90 多年的发展历史，产业基础雄厚，具有一批技术过硬、管理能力较强和职业素质较高的产业工人队伍。从区位条件看，河北省靠近北京交通枢纽，省内拥有石家庄铁路枢纽，货物周转量位居全国第一。近几年投入建成的唐山曹妃甸、沧州黄骅港以及秦皇岛港口是华北重要的出海口。四通八达的铁路公路网和高吞吐、高接卸能力的港口为钢铁原材料的运输和钢材的出口提供了巨大的便利。

河北省的主要钢铁产品生铁和粗钢的产量已连续 10 余年位居全国第一，河北省钢铁产量占据全国总产量的 30%左右，是全国重要的钢铁原材料供应基地（表 8-6）。

表 8-6　2014 年河北省钢铁行业主要产品产量情况

产品	铁合金/万吨	生铁/万吨	粗钢/万吨	钢材/万吨
全国总计	151424	71374.78	82230.63	112513.12
其中：河北省	56611.1	16941.95	18530.3	23995.2
占全国比重/%	37.39	23.74	22.53	21.33

资料来源：《钢铁产业发展报告（2015）》《中国工业统计年鉴（2015）》。

河北钢铁产业在能源储备、钢铁产量、企业规模等方面居于全国领先地位，但产业规模的持续扩张和企业的粗放发展也带来了诸如自然资源消耗严重、生态环境严重破坏、极端气候频频出现等一系列问题。根据环保部公布的 AQI 指数监测报告，河北省有 7 个城市位于全国空气质量最差城市中的前 10 名。由于钢铁行业属于"三高"行业，且主要原材料为固体的矿石，加上生产流程的繁琐，排放了大量的粉尘、二氧化硫、有毒气体化合物等，这是造成河北省空气质量较差的重要原因。此外，在新常态下，河北钢铁业也面临巨大的压缩产能的压力（河北省压缩的钢铁总量约占全国总量的四分之三）。目前，河北钢铁产业面临节能减排、环境治理、产能严重过剩的多重压力，同时也是河北这一钢铁大省调结构、转方式、走低碳经济发展道路的良好时机。

2. 河北钢铁行业低碳发展现状分析

1）高碳的能源消费结构

河北省的主要能源禀赋为"富煤、贫油、少气"。河北省主要工业企业的煤炭消费比例虽逐年降低，但占能源消耗总量的比例依旧很高，天然气和电力等清洁能源的使用比例远低于煤炭。2005～2014 年，河北的煤炭消费占能源消费总量的比重由 91.82%缓慢下降至 88.46%，煤炭消费占比远高于全国平均水平，远未实现能源消费结构的清洁化和低碳化（图 8-2）。

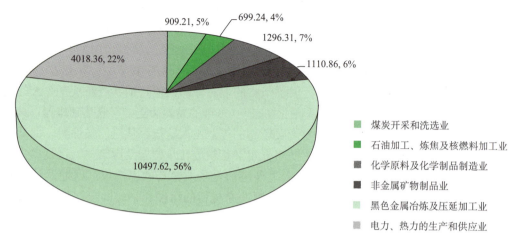

图 8-2   2014 年河北省六大高耗能工业能源消费状况（单位：万吨标准煤）

在河北六大耗能工业中，钢铁产业能耗远高于其他 5 类工业，是典型的耗能大户。河北钢铁产业以煤炭为主的能源消费结构和钢铁产业居高不下的能源消耗水平势必带来高强度的碳排放。河北钢铁产业的能源消费结构是其低碳转型中要面对的首要问题。

2）产品结构不合理

河北省虽拥有众多的钢铁企业，但近 80%钢产量由 600 万吨以下的民营企业生产。由于产业集中度较低，自主创新能力较差，技术装备水平较落后，民营企业的钢铁生产以粗钢、生铁等低附加值的"高碳"产品为主。如图 8-3 所示，高精度产品铁合金产量的占比还不及初级产品的 1%，产品结构不合理。

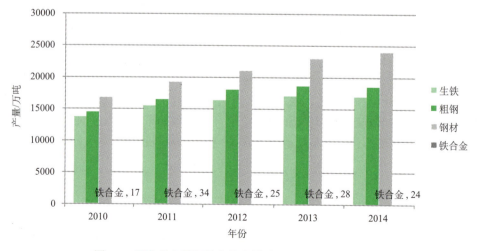

图 8-3   河北省主要钢铁产品产量对比（2010～2014 年）

3）技术水平落后

根据《2011 年河北重点行业对标》和政府间气候变化委员会制定的《IPCC 国家温室气体清单指南》提供的能源折算系数，计算得到河北省钢铁产品和工艺工序在能耗指标和碳排放强度的具体值，如表 8-7 所示。

从产品结构来看，粗钢和生铁的生产是钢铁产业碳排放的主要来源。河北省在粗钢、生铁能耗指标上与国际、国内先进值有很大差距，由此带来的能耗差必然引起更多的碳排放，其中粗钢的单位产品 CO_2 排放比国内外先进值高 290.98 千克。

从技术工艺环节来看，河北省钢铁产业只有在自发电使用、余热回收、转炉煤气回收环节达到了国内外先进指标，钢铁生产的主体技术如球团、烧结、高炉、电炉等工序差距较大，其中尤以高炉、二次能源利用和干熄焦蒸汽回收工序的差值偏大。根据表 8-7 中的数据，通过对标计算得出河北省在钢铁生产全流程中 CO_2 总计排放与先进指标相比高出 490.933 千克，差距较大。

表 8-7　河北省钢铁行业单位产品和工艺工序能耗差和 CO_2 排放差

产品	工艺工序能耗指标	单位	能耗差		CO_2 排放差/t	
			国外	国内	国外	国内
粗钢	吨钢综合能耗	千克标准煤/吨	+28.76	+28.76	+76.56	+76.56
	全厂二次能源利用量	千克标准煤/吨		-80.55		+214.42
	自发电占全厂用电比例	%		0		0
球团矿	球团工序能耗	千克标准煤/吨		+4.76		+12.67
烧结矿	烧结工序能耗	千克标准煤/吨	+2.68	+2.68	+7.13	+7.13
铁	高炉工序能耗	千克标准煤/吨	+27.7	+27.7	+73.73	+73.73
钢	转炉工序能耗	千克标准煤/吨	+0.96	+0.96	+2.56	+2.56
特钢	电炉工序能耗	千克标准煤/吨	+20.01	+20.01	53.27	53.27
二次能源回收	TRT 回收发电	千瓦时/吨	−13.4	−13.4	+0.013	+0.013
	干熄焦蒸汽回收量	千克标准煤/吨	−19	−19	+50.58	+50.58
	烧结余热回收量	千克标准煤/吨	0	0	0	0
	转炉煤气回收量	立方米/吨	0	0	0	0

资料来源：据《河北省重点用能行业能效对标指南（2012 年版）》计算得出。

另外，在与国内外钢铁生产先进技术指标对标中（表 8-8），只有河北钢铁集团的唐钢、宣钢公司和秦皇岛首秦金属材料公司（由首钢总公司、香港首长国际企业有限公司和韩国现代重工业株式会社共同投资组建）的大型国有或垄断性钢铁企业的某些工业技术指标达到国际先进水平，实现了部分产品和工序上的低碳生产。省内还有数百家钢铁企业不能达到低碳生产所要求的低能耗和清洁化目标，技术装备亟须优化升级。与装备技术水平落后相对应的是，河北钢铁产业的碳排放强度较高。

表 8-8　河北省钢铁行业单位产品和各工序能耗先进值

产品	工序/能耗	单位	省内先进	标杆企业
粗钢	吨钢综合能耗	千克标准煤/吨	580.66	河北钢铁集团敬业钢铁公司
	二次能源利用量	千克标准煤/吨	379.45	新兴铸管有限公司
	自发电比例	%	51.6	河北钢铁集团唐钢有限公司
球团矿	球团工序能耗	千克标准煤/吨	22.76	
烧结矿	烧结工序能耗	千克标准煤/吨	41.42	河北钢铁集团宣钢有限公司
铁	高炉工序能耗	千克标准煤/吨	362.49	河北钢铁集团邯郸钢铁公司
钢	转炉工序能耗	千克标准煤/吨	−21.71	秦皇岛首秦金属材料有限公司
特钢	电炉工序能耗	千克标准煤/吨	113.01	紫山特钢集团有限公司
二次能源回收	TRT 回收发电	千瓦时/吨	38.6	河北钢铁集团邯钢有限公司
	干熄焦蒸汽回收	千克标准煤/吨	42	
	烧结余热回收量	千克标准煤/吨	10	河北钢铁集团宣钢有限公司
	转炉煤气回收量	立方米/吨	119.91	秦皇岛首秦金属材料有限公司

资料来源：王寅生.《河北省钢铁产业低碳转型研究》，河北工业大学硕士学位论文，2014。

4）产能过剩

在河北省钢铁产业规模不断扩大的同时，产能过剩问题也随之而来。在 2011 年工信部发布的落后产能过剩淘汰名单中，炼铁单位有 96 家，其中河北占据 18 席，占比达 18.75%；炼钢单位有 58 家，河北占据 15 席，占比高达 25.86%。到 2014 年，工信部发布钢铁行业淘汰落后和过剩产能企业名单中，炼铁单位有 55 家，其中河北占据 29 席，占比高达 52.73%；炼钢单位有 42 家，河北占据 12 席，占比也达 28.57%。表 8-9 显示了河北炼铁、炼钢淘汰落后产能的完成情况。2013 年以来，在中央统一部署下，河北加大钢铁去产能力度，部署"6643 工程"（到 2017 年完成 6000 万吨钢铁产能削减任务，以及 6100 万吨水泥、4000 万吨标煤、3600 万重量箱玻璃产能削减任务），提出到 2017 年压减 6000 万吨钢铁产能，到 2020 年该省钢铁产能要压减到 2 亿吨以内。2014 年，河北省的钢铁产能约为 3 亿吨。这意味着，在不新增任何产能的前提下，该省在 5 年内要关闭钢铁产能近亿吨，几乎包揽了国务院提出的将在"十三五"期间全国压减钢铁产能 1 亿～1.5 亿吨的任务。表 8-9 显示，近两年来，全国淘汰的钢铁产能中，过半集中在河北省。

表 8-9　河北省淘汰落后产能完成情况　　　　　　　　（单位：万吨）

年份	炼铁			炼钢		
	河北	全国	占比	河北	全国	占比
2011	936	3192.4	29.32	1608	2846	56.50
2012	115	1078	10.67		937	
2013	130	618	21.04	108	884	12.22
2014	1378.5	2823	48.83	1077	3113	34.60
2015	609	1378	44.21	751	1706	44.02

资料来源：国家工信部。

四、铁钢比对能耗和碳排放的影响

铁钢比是钢铁行业低碳生产的一个重要影响因素。中国当前的铁钢比很高，约为0.95。降低铁钢比意味着两方面的措施：在转炉炼钢工序加入更多的废钢和提高电炉钢比例。2013 年，中国 89.8% 的粗钢是由转炉工艺生产得到的，也就是说在约 7.2 亿吨粗钢产量中，只有约 7 千万吨来自电炉。这一比例在世界范围内属于较低水平。例如，根据国际钢铁协会（IISI）的统计数据：韩国在同年电炉钢比例为 37.6%，日本为 23.2%，德国为 32.3%，土耳其为 74%，俄罗斯为 27%，美国为 59.1%，巴西为 23.7%，印度为67.5%。按目前中国钢铁工业实际情况测算，铁钢比每提高 0.1，吨钢综合能耗上升约 20kg标准煤，中国比其他国家高出约 0.4，仅此一项就影响吨钢综合能耗约 80kg 标准煤/吨钢。此外，作为电炉炼钢的前序工序，直接还原铁在中国炼铁厂中所占的比例也非常低。

据测算，铁钢比每下降 1%，能耗下降空间为 190～193kJ/kg，能耗排放目标实现的时间点也随着铁钢比的下降大幅提前，节能减排潜力十分可观。一般降低铁钢比有 3 种渠道：第一种，也是最容易想到的一种，就是增加电炉钢的产量；第二种是在上线电炉条件不具备的情况下的妥协办法，即增加转炉炉料中废钢的比例；第三种是在废钢严重缺乏，前两种策略都无法实施的条件下的措施，即进行技术改造，提高节能相关技术的行业普及率。

五、京津冀地区钢铁产业关键低碳技术

1. 关键低碳技术

虽然降低铁钢比对节能减排的效果十分显著，但是对当前情境下的中国，包括京津冀地区并不能快速实施。因此，更为直接的方法就是新技术的研发和推广。已有研究证实了技术推广对节能减排的重要意义和巨大潜力。ECSC（Energy Conservation Supply Curves）揭示了到 2030 年，中国钢铁行业技术节能潜力约为 5.7EJ，相当于当年行业能耗的 28%（Zhang et al.，2014）。在研究了钢铁行业应用最广泛的几项技术之后（例如干熄焦、煤调湿、煤气回收、余热回收、低压饱和蒸汽发电等），有学者指出，到 2020 年中国技术减排潜力为 2.9Gt 二氧化碳（Xu et al.，2013）。但是在 2001 到 2008 年间，中国的平均能源利用效率只有 61.1%，同一时期内产能的年增长率则达到了 7.96%，技术普及率的变化被认为是带来这一改变的主要原因（He et al.，2013）。

减少能源投入的点和量、投入的能源利用最大化是钢铁工业低碳生产的核心。技术创新主要在于钢铁低碳技术的应用，钢铁低碳技术又分为事前应用技术和事后应用技术。减少能源投入、使投入能源利用最大化的技术属于事前技术，而碳捕捉、碳封存属于事后技术。在为了满足钢材需要的同时，事前技术不能解决的情况，只能采用事后技术解决。但现在关于碳排放的事后技术还不是很完备，因此低碳生产仍应以事前技术为主。

国家发改委在 2008 至 2014 年间，分 7 批进行了节能低碳技术的推广。戴彦德、胡秀莲等（2013）在调研大量减排技术的基础上，通过分析技术特征、经济特征和知识产权归属等，选择了 14 种关键减排技术，包括干法熄焦技术（CDQ）、煤调湿技术（CMC）、烧结余热回收技术（SPHR）、高炉炉顶压差发电技术（TRT）、高炉喷煤综合技术、锅炉全部燃烧高炉煤气技术、转炉煤气回收利用、转炉低压饱和蒸汽发电、转炉负能炼钢工艺技术、蓄热式轧钢加热炉技术、高效连铸技术、电路烟气余热回收利用技术、低热值伴生气联合循环发电、能源管理中心。根据他们对典型案例技术的潜力分析，关键减排技术到 2020 年减排潜力达到 28760 万吨二氧化碳。

通过文献调研、资料收集和数据分析，我们对目前尚未完全普及、节能减排潜力较大的技术措施进行筛选，并最终选取了 30 项减排技术，如表 8-10 所示。

表 8-10　钢铁行业主要的节能减排技术

编号	技术	流程	描述	技术类型
1	煤调湿技术	炼焦	装炉前，去除炼焦煤的一部分水分	工艺节能
2	干熄焦技术		利用冷的惰性气体或燃烧后的废气，替代水与炽热红焦换热，从而冷却红焦	工艺节能
3	烧结过程余热发电	烧结	采用烧结余热发电技术，替代常用的烧结机烟气与冷却机废气余热锅炉回收蒸汽	能量回收
4	环冷机液密封技术		气液两相动平衡密封技术；热工过程仿真分析及优化技术等	工艺节能
5	链箅机-回转窑球团生产技术	球团	利用回转窑窑尾高温烟气和环冷机余热将生球在链箅机内完成中高温预热，预热球再进入回转窑内充分氧化焙烧	工艺节能
6	球团废热循环利用		循环利用球团阶段的余热	能量回收
7	回收利用高炉煤气		回收高炉炼铁过程的高炉煤气	能量回收
8	高炉鼓风除湿技术		将湿空气先行降温脱湿，然后送入热风炉	工艺节能
9	旋切式高风温顶燃热风炉节能技术		采用旋切式顶燃热风炉燃烧器，小孔径高效格子砖、多种孔型炉箅子、热风输送管道膨胀和拉紧装置，提高系统热效率	工艺节能
10	喷吹煤粉技术（200kg/t）		从高炉风口向炉内直接喷吹磨细的无烟煤粉或烟煤粉，以替代焦炭起提供热量和还原剂的作用	工艺节能
11	高炉优化与智能控制	炼铁	将料场、高炉上料、配料等自控系统方面形成了一个完整的体系，为高炉炼铁工艺提供成熟及模块化的解决方案	工艺节能
12	燃气-蒸汽联合循环（CCPP）		通过余热锅炉产生蒸汽被蒸汽轮机的循环所利用，低热值的高炉煤气燃烧的热能在燃气轮机中做功排出后，作为布置其后的余热锅炉的热能，产生蒸汽推动汽轮发电机发电	工艺节能
13	高炉顶压发电（TRT）		利用炉顶煤气剩余压力使气体在透平内膨胀做功，推动透平转动，带动发电机发电	能量回收
14	变速驱动器		通过采用变速驱动设备来很好地匹配电机输出和过程需求，以减少能源消费	工艺节能
15	回收转炉煤气和热量	转炉	回收转炉过程的转炉煤气和热量	能量回收
16	电炉烟气余热回收	电炉	回收利用电炉炼钢过程的尾部烟气	能量回收
17	电炉废钢预热		回收电炉炼钢过程中烟气的余热，余热废钢	能量回收

续表

编号	技术	流程	描述	技术类型
18	电炉过程控制	电炉	通过软件功能模块及在线操作使用，实现优化、智能化操作	工艺节能
19	直流电弧炉		用直流电源供给电能的炼钢电弧炉	工艺节能
20	超高压变压器		能够在高电压下进行电炉炼钢，性能稳定	工艺节能
21	连铸技术	铸钢	钢水通过水冷结晶器，凝成硬壳后从结晶器下方出口连续拉出，经喷水冷却，全部凝固后切成坯料的铸造工艺过程	工艺节能
22	蓄热式燃烧器	热轧	安装两个蓄热式燃烧器，彼此处于蓄热与放热交替工作的状态，从而实现节能	工艺节能
23	热轧过程控制		加工转换过程进行系统优化和集成控制	工艺节能
24	强化辐射节能技术		增大炉膛面积、提高炉膛发射率和增加辐照度	工艺节能
25	热轧余热回收		回收利用热轧过程的余热	能量回收
26	冷轧余热回收	冷轧	回收利用冷轧过程中的余热	能量回收
27	棒材多线切分与控轧控冷		减少加热炉待坯时间及轧制道次，提高轧制效率，提高螺纹钢强度，改善钢材塑性	工艺节能
28	连续退火技术		将脱脂、退火、平整、分卷等数个工序集成在一条机组内	工艺节能
29	减少酸洗线的蒸汽用量		回收废酸并返回酸洗工序循环使用，降低了生产成本，减少蒸汽使用量	工艺节能
30	自动控制目标系统		通过软件功能模块及在线操作使用，实现优化、智能化操作	工艺节能

注：CCS 技术前期投资太大，运营维护成本过高，技术普及存在较大不确定性。

资料来源：国家发改委. 国家重点节能技术推广目录；苟林. 中国钢铁行业节能减排潜力分析. 生态经济，2015（9）：52-55。

2. 推广应用关键低碳技术的障碍

影响钢铁产业推广应用关键低碳技术的障碍既有宏观背景层面也有应用层面的问题。宏观背景方面主要包括：铁钢比过高、电炉比例偏低、废钢利用率不高；以煤为主的能源消费结构；产业集中度过低，中小高炉多、大型化设备少等。

在应用层面的障碍包括：

（1）各方对先进节能减排技术的开发和推广投入不足。据统计，重点钢铁企业研发投入仅占主营业务收入的 1.1%，远低于发达国家 3% 的水平。钢铁企业经营效益的大幅下滑，压缩了技术研发和应用的投入。多数钢铁企业技术创新体系尚未完全建立，自主创新基础薄弱，缺乏高水平专家型的带头人，工艺技术装备和关键品种自主创新成果不多。轧钢过程控制自动化技术和部分关键装备仍然主要依靠技术引进，非高炉炼钢、近终形连铸轧等前沿技术研发投入不足。对成熟的节能减排技术，国家在推广、设立专项支持等方面力度还不够。

（2）部分技术与设备的实际使用效果欠佳。对于某些关键低碳技术，中国尚未掌握其核心技术，关键设备需要进口。这一方面导致初期建设成本和后期维护成本增加；另一方面，由于技术非针对本土设计，往往出现水土不服，实际运行时间短、效率低，导致运行成本增加，技术回报率低。

（3）一部分中小企业的节能减排意识还不强。由于企业规模有限，注重眼前利益，节能减排意识非常薄弱，没有树立从末端治理转到全产业链清洁生产的理念，没有把节能和环保的管理融入产品及生产的全过程。对新技术、新产品、新材料、新工艺的推广应用投入力度不够，也没有形成适应各工序的高度专业化、高水平、稳定发展和应用的系统的设备、技术和科研成果。

六、政策建议

1. 短期：总量减排

京津冀地区钢铁产业，尤其是河北的钢铁产业具有较长的发展历程和雄厚的产业基础，在短时间内不可能完全实现低碳转型。因此，在低碳经济发展初期，应根据钢铁企业当前的发展现状，从能源利用、技术装备、工艺流程等层面逐步改造钢铁产业现有的生产方式，以控制数量为重点，实现总量减排和总量节能。短期优化路径主要包括以下内容：

（1）积极淘汰落后产能、化解过剩产能。随着我国经济发展步入速度变化、结构优化、动力转换的新常态，国内钢铁消费开始进入了峰值弧顶下行期，化解过剩产能是适应需求变化所必需的。按照国务院《关于钢铁行业化解过剩产能实现脱困发展的意见》（国发〔2016〕6号）要求，从2016年开始，用5年时间再压减粗钢产能1亿~1.5亿吨，这一目标是在国家统计局统计2015年底粗钢产能11.3亿吨基础上确定的。化解钢铁过剩产能的路径，一是要根据国家相关法律法规严禁新增产能、清除违法违规产能和淘汰落后产能，当前其中一些产能仍在违规生产，不能因为这些产能还盈利就可以当做"有效产能"保留，也不能因为这些产能时开时停就无视对它们的清除。二是按照市场原则引导企业主动压减，鼓励有条件的企业尽快退出已停产的产能、实施减量化兼并重组、实施转型转产和减量环保搬迁，或者通过国际产能合作转移部分产能。化解钢铁过剩产能着重是清除违法违规产能，淘汰落后产能，处置"僵尸企业"产能，提高优势产能的产能利用率，提升钢铁有效供给能力和水平，而不是限制优势产能、有效供给的发挥。为此，化解钢铁过剩产能是以"产能"为目标，而不是"产量"。通过化解过剩产能，推动钢铁产业转型升级，从而实现企业效益和市场预期好转。

（2）遏制产业集中度下降趋势，通过严禁新增产能、行业整合和兼并重组提高行业集中度。钢铁行业的能耗和排放水平与钢铁生产规模息息相关。当前，中国钢铁业呈现出"国企数量少、单体规模大"，"民企数量多，单体规模小"的特点，国企平均产能为1130万吨，而民企平均为301万吨；钢企数量大多数集中在100万~500万吨区域（李平，江飞涛，王宏伟等，2016）。"十二五"期间，政府推进钢铁企业的兼并重组，在"扶持大企业、限制小企业"的政策导向上，有的地方政府为避免本地企业被政策边缘化，也为了获取更多的政策扶持，倾向于将本地钢铁企业拼凑在一起。这种方式除了地区垄断能力得到提升外，核心能力的提升有限。尽管并购不能忽视政府的引导作用，但政府参与主要是提供辅助性服务，例如，建立非财务评价体系与财务体系的综合评价体系，引导企业经营决策本着长远发展观念，理顺地方政府和国家在钢铁企业重组中的利益分配，妥善处理企业历史遗留问题以及富余劳动力安排，保证并购的每一个环节有法可依等。企业应该是钢铁产业重组的主体，遵循优胜劣汰原则，而非简单的"扶大限小"。兼并重组的重点不是强强联合，而是要通过财政手段、市场机制和制度安排实现民营企业间的合理重组，做大做强民营企业，如此才能真正地提高产业集中度，提升产业竞争力，避免产能过剩和资源消耗严重。河北省应充分借鉴以"沙钢模式"为代表的江苏钢铁产业[①]，对民营钢企的兼并联合适度放开，从政策和资金上给予支持和优惠，鼓励民营钢铁集团向低碳钢铁企业转型。

（3）减少碳源投入，提高能源资源利用效率。煤炭、焦炭、石油等高碳能源仍是河北省钢铁产业目前和未来一段时间内的主要能源投入。碳源控制是总量减排的关键，故能源的清洁化和资源的高效利用应是当前首要关注的问题。短期内，一是要加快开发清洁煤技术，发展煤化工、煤提纯等工艺，将部分煤炭资源改造成为天然气等清洁能源，实现生产源头的低碳化；二是提高能源利用率，通过进一步提高喷煤比、钢坯热送热装比、边铸比等技术指标实现能源的高效利用。同时，提高余热、余压、转炉煤气等二次能源的回收利用率，实现总量节能。另外，河北可借鉴美国钢铁产业的能源税和能源梯度价位机制，制定符合河北省钢铁产业的能源价格机制，促使企业降低生产成本、减少资源消耗、提高资源利用率。

（4）建立和加强废钢回收体系，降低铁钢比。由前述分析，铁钢比对钢铁业能源消耗和 CO_2 排放有重大影响。短期内，通过大幅提高电炉钢比以降低铁钢比并不现实；当前最可能的办法是加强国内废钢回收体系。废钢进口花费高，而国内在过去几十年的发展过程中积累了大量流通中的钢材，回收潜力巨大。但是国内钢材很大一部分用于建筑等基础设施建设，回收周期长，未来的 30 年左右都仍处于使用期。因此，工业用钢和汽车用钢的回收与利用是较为可行的出发点。

（5）低碳技术创新与装备升级。河北省钢铁产业短期内应对现有的落后工艺和高耗装备进行淘汰和改造，实现技术和装备的升级，进而达到低碳生产的目的。炼铁是钢铁生产主要的能源消耗和碳排放环节，炼铁工序产生了钢铁生产中约 90% 的碳排放。在工艺工序改造中，首先应从炼铁环节出发。根据总量减排原则，铁前控制是低碳炼铁的核心，应重点利用和开发低温烧结、烟气脱硫脱硝、干法除尘、球团废热循环利用、煤调湿技术、高炉富氧喷吹煤技术等减排节能技术。余能回收和余热回收是低碳炼钢的重点，应逐步推广负能炼钢、低温连铸、在线热处理、电炉烟气回收等技术。在已公布的产能淘汰计划名单里，河北省钢铁产品减量化生产的重点是生铁和粗钢，这也充分体现了低

---

　　① 2011 年 3 月，江苏的龙江、兴鑫、鸿泰等 5 家民营钢企实现兼并重组，组建沙钢集团。沙钢是我国最大的民营钢铁企业，也是低碳经济发展水平最高的民营钢铁企业。民营企业之间的重组将更好地推动落后产能淘汰和产业的转型升级，这与河北众多民营钢企一心想并入河北钢铁集团这样的大型钢铁企业形成鲜明对比。为调优产品结构，培育具有自主创新能力的高技术人才，以沙钢为代表的民营钢企筹资建立了江苏省钢铁研究院，这是国内惟一一家以民营企业为依托的大型研究机构。此外，沙钢集团投资 30 亿元建立了铁金属资源、二次能源、水资源、固体废弃物资源四大循环体系的循环经济项目，实现了能源的高效利用和资源的回收利用，大力推进了江苏地区钢铁产业的低碳转型。

碳炼铁和低碳炼钢的重要性。

（6）严格制定污染物排放标准，加快建立排放权交易市场。短期内河北省钢铁产业还无法实现生产的零污染和零排放，污染治理和排放监测是短期内缓解高碳生产负外部性的主要手段。河北省应依据低碳准则更新现有的污染物排放标准，严格制定废水、废气、烟尘中的碳化物、硫化物等有害化合物的含量，根据清洁生产执行状况和污染程度的差别，将排放量指标细分到企业，实行阶梯式差量排放规则来约束高污染钢铁企业的碳排放。另外，应设立定点定期的环境监察机制，及时报告落后产能拟淘汰企业名单，同时对环保未达标企业进行及时督促或强制整改。此外，应加快建立排放权交易机制。目前，我国主要的排放权交易所主要有北京环境交易所、天津排放权交易所和上海环境能源交易所。河北省应充分利用毗邻京津的优势，加快建立针对钢铁企业的排放权交易市场，利用市场机制实现总量减排。

2. 长期：低碳炼钢时代

（1）优化钢铁生产流程，大幅降低铁钢比。河北省目前的钢铁生产主要以长流程生产为主，电炉钢比例较低。目前我国长流程生产的吨钢 CO_2 排放为 2.0～2.5 吨，电炉短流程生产的吨钢 CO_2 排放仅为 0.8 吨，远低于长流程的碳排放。河北省应充分利用废钢资源进行电炉短流程生产，逐步减少长流程产能，尤其要在民营钢铁中扩大电炉炼钢比例。可采取"三步走"策略：首先，在当前生产环境下，节能减排新技术推广应用和废气回收体系的建立健全是首要任务，应力争新技术推广率均超过90%，所有废气回收率均达到 100%。第二，现存于流通中的重型机械、一批较早的房屋等钢筋成分的寿命周期约到 2020～2030 年，届时国内废钢存量基本可满足生产需求，此时应降低转炉铁钢比，兴建短流程炼钢厂，提高电炉钢比例。最后，当粗钢产量达峰值并趋向平稳的时候，综合利用多方面措施实现"全行业零排放"的最终目标。

（2）调整和优化能源结构。能源和资源问题是长期优化路径的起点和关键。典型长流程钢铁企业的用能对化石能源存在完全依赖，开发利用替代能源具有紧迫性和重要意义。河北省钢铁企业现有的能源消费结构须实现根本性的变革，逐步研发和投入低碳和零碳能源，如将天然气冶金、核能冶金用于生产中。根据不同的区域条件差异，努力使风能和太阳能成为煤炭的一部分替代能源，如保定具有全国最大的光伏产业基地，其太阳能产业发达；张家口坝上地区风能资源丰富，应充分利用资源禀赋的优势，通过能源转化等技术实现地区钢铁产业能源结构的清洁化，改变河北省钢铁产业以煤炭为主的能源消费结构。此外，研究利用废旧橡胶和废旧塑料作为钢铁产业的替代能源，这不仅对钢铁产业能耗减量化、社会大宗废弃物的消纳具有重要意义，同时也是钢铁产业循环经济发展面临的新课题之一。未来，在核能及可再生资源成为主流能源后，钢铁生产可进入非碳冶金的低碳炼钢时代。

（3）重组生产组织模式，发展基于钢铁产业的循环经济产业链。由于钢铁生产过程中的二次能源释放、废弃物排放都是大规模的，完全满足横向拓展形成新产品的规模经济的需要。因此，可基于钢铁产业建立多产业联合的循环经济产业发展模式，即是在纵向上随着工序流程演进发展，着力完善钢铁企业内部循环经济，衍生产业链条；在横向上按照专业化分工需要，回收钢铁生产过程中的二次能源、废渣、废气等，发展可以与其高度复合的化工、电力、建材、新材料等产业，逐步拓展产业发展领域（图8-4）。基于"矿石采选—烧结/球团—高炉炼铁—转炉炼钢—连铸连轧"的核心产业链，依托钢铁产业的固体废弃物资源化利用、能源阶梯利用和废气资源化利用，可以横向拓展形成多条基本产业链，如"煤炭—焦化—化工"产业链、"焦炉煤气+高炉煤气+转炉煤气—电力"产业链、"固废—建材"产业链等。此外，这些产业链也可以进一步深加工，延长或拓展衍生出新的产业链，如转炉钢渣破碎处理后生产微粉，形成矿渣肥产业链；回收连铸连轧氧化铁皮进一步加工生产磁性材料，形成新材料产业链等。实践中，钢铁产业与产业链横向拓展和纵向延伸形成的生产和产业集聚还需要与具体企业所在区域的环境、基础设施甚至地理交通、产业特征等结合起来考虑。

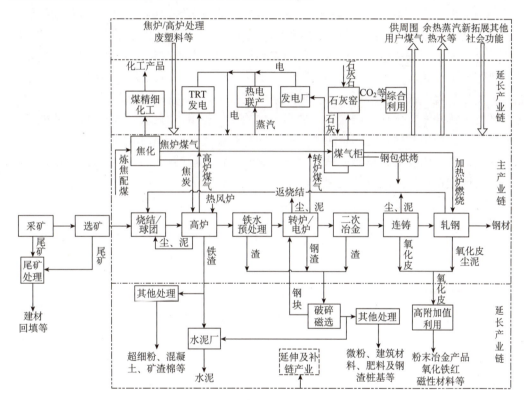

图 8-4　钢铁工业发展循环经济产业链示意图

资料来源：环境保护部，《钢铁工业发展循环经济环境保护导则（HJ 465-2009）》，2009 年

七、本章小结

国际上钢铁低碳化转型方兴未艾。1990 年以来，日本钢铁产业通过"VAP-企业自愿行动计划"、技术装备升级、基于 LCA（生命周期评估）推进产业链节能等措施，显著降低了钢铁产业的 CO_2 排放量，工业废弃物综合利用率也有所提高；同时，日本钢企还

通过"低碳转移——高碳承接"的模式助推全球碳减排。美国政府则出台了多项环保法案严格规范和监管钢铁企业，并自 1997 年起实施《钢铁技术路线图（TRP）研究项目》。TRP 项目中包含长流程和短流程两条碳减排路线，涵盖焦化、炼铁、炼钢、轧钢和热处理各个工序。TRP 项目的实施为美国钢铁产业带来了巨大的经济效益和环境效益。欧洲钢铁业为了降低二氧化碳排放，于 2004 年成立了 ULCOS（超低二氧化碳炼钢）协会，该协会包括了 14 个欧洲国家的 48 个企业和相关机构，ULCOS 项目包括了从基础性到可行性以及最终的工业化研究，旨在开发突破性的钢铁工艺，计划到 2020 年使二氧化碳最终减排 50%。2013 年，欧盟推出"钢铁行动计划"，从政府监管、市场调控、鼓励创新和人才培养等对欧洲钢铁工业各个方面进行了详细规划，其涉及范围广、程度深，是全球钢铁业低碳经济发展的典型。

中国钢铁因总产量高、废钢资源短缺、落后产能较多等原因，导致二氧化碳排放总量较大，温室气体减排有很大潜力。然而，不同于日本、美国、欧盟等发达国家和地区，中国政府并未出台有关钢铁业低碳发展的完整计划，目前的政策和文件需要系统化。因此，借鉴他国经验，完善和出台中国版的"钢铁行动计划"对钢铁业低碳发展具有重要意义。从当前看，在淘汰落后产能、调整结构过程中，加快技术改造、推广成熟的钢铁工业节能减排技术，优化生产流程，加强废钢的回收利用，对钢铁生产流程中的能源进行多次开发、梯级利用，提高资源利用率，同时开展废气中二氧化碳的回收利用是京津冀地区钢铁业低碳发展的重点。从远期看，随着废钢存量的增加，发展短流程电炉炼钢是京津冀地区钢铁行业减排的关键点。

第9章 京津冀地区太阳能产业发展评价

 本章简介

　　中共十九大报告指出，坚持节约资源和保护环境的基本国策，构建市场导向的绿色技术创新体系，发展绿色金融，壮大节能环保产业、清洁生产产业、清洁能源产业。太阳能是可以循环使用的绿色新能源，以太阳能综合开发利用为主的光伏产业发展潜力巨大，有望成为节能减排的突破口。太阳能作为最重要的可再生清洁能源之一，加大其开发利用程度可以优化能源结构、促进低碳发展，对于生态环境容量极度短缺的京津冀地区尤其如此。为了精准反映京津冀地区太阳能产业的发展水平和发展态势，本书首次构建了太阳能产业发展指数。

一、太阳能产业发展指标体系

太阳能产业发展指标体系由三层次指标构成，具体包括 3 个一级指标、9 个二级指标和 27 个三级指标。指标体系见表9-1。

表 9-1　太阳能产业发展指标体系

一级指标	二级指标	三级指标
发展基础	产业规模	从业人员
		资产总计
		主营业务收入
	产业结构	产业集中度
		主营业务鲜明度
		高端利润企业
		市场占有率
发展环境	宏观经济因素	经济景气程度
		经济发展速度
		经济密度
	政策因素	政府补助
		收到的税费返还
	市场因素	清洁能源占比
发展能力	营运能力	应收账款周转率
		存货周转率
		总资产周转率
		净资产收益率
		流动资产周转率
	融资能力	负债比率
		留存收益率
		市盈率
	投资能力	投资机会
		投资收益率
		年内新增固定资产
	技术创新能力	研发人员数量/从业人员
		研发经费支出/总支出
		专利授权价值/无形资产

一级指标。 包含产业发展基础、产业发展环境、产业发展能力 3 项一级指标，发展基础和发展能力用于衡量产业自身所具备的发展条件，发展环境用于衡量外部环境对产

业发展的影响。

二级指标。二级指标共 9 个。其中，产业规模和产业结构 2 项指标用于表征太阳能产业的发展基础，从量和质两个方面反映产生的发展基础；宏观经济因素、政策因素、市场因素 3 项指标分别表征宏观经济、产生政策和市场环境对产生发展的影响，用于反映太阳能产业的发展环境；营运能力、融资能力、投资能力、技术创新能力，分别表征产业自身造血功能、外部输血功能、资本投入及科技创新潜能对产生发展的影响，4 项指标反映太阳能产业的发展能力。

三级指标为具体指标，共 27 个，力求与上市公司年报数据直接接轨，选取依据具体指标解释如下：

产业规模主要从劳动力、资本和创收能力三个方面进行衡量，选取的表征指标有从业人员、资产总计及主营业务收入。

产业结构主要从龙头产业的占比情况、太阳能产出在总营收中的占比、产业水平三个方面进行衡量，选取的表征指标有产业集中度、主营业务鲜明度、高端利润企业。为了比较京津冀的市场占有情况变化，增加了一项指标，市场占有率。

宏观经济因素主要从宏观景气情况、经济增速和经济强度三个方面进行衡量，选取的表征指标有经济景气程度、经济发展速度及经济密度。

政策因素主要从政府对太阳能产业的直接补贴和政府收到的税费返还两个方面进行衡量，选取的主要表征指标有政府补助及收到的税费返还。

市场因素用全国能源发展规划中清洁能源在能源消耗总量中的占比进行衡量，选取表征指标是清洁能源占比。

营运能力主要通过产业发展过程中对市场的管理和适应能力、产品的库存周转情况、资金周转情况和资金的收益情况进行衡量，选取的主要表征指标有应收账款周转率、存货周转率、总资产周转率、流动资产周转率和净资产收益率五个指标进行表征。

融资能力主要通过负债比率、留存收益率及市盈率三个指标进行表征。

投资能力主要通过投资机会、投资收益率及年内新增固定资产三个指标进行表征。

技术创新能力主要通过研发人员在总的从业人员中的占比、研发经费支出在总支出中的占比、专利授权价值在无形资产中的占比进行衡量，前两项表征的是产业对创新的投入情况，后一项表征的是创新投入的产出情况。

【从业人员】指年末在调查对象中工作的从业人员实有数，是在岗职工、劳务派遣人员及其他从业人员期末人数之和，但不包括离开本单位仍保留劳动关系的职工。

【资产总计】指由企业过去经营交易或各项事项形成的、企业拥有或控制的，预期会给企业带来经济利益的资源。

【主营业务收入】指企业经常性的、主要业务所产生的基本收入。

【产业集中度】指行业内少数几个企业的生产量、销售量、资产总额等对行业的支配程度。本报告以营业收入进行产业集中度表征，计算公式：产业集中度=前 10%企业的营业收入之和/全产业营业收入。

【主营业务鲜明率】以主营业务利润表示。主营业务利润=（主营业务利润-其他业务利润）/利润总额。

【高端利润企业占比】指净利润为正的企业占所有企业的比重。

【市场占有率】指一个企业的销售量（或销售额）在市场同类产品中所占的比重。

【经济景气程度】指宏观经济景气指数。

【经济发展速度】企业所在各省域的 GDP 增速。

【经济密度】指区域国民生产总值与区域面积之比，表示单位面积土地上的经济效益水平，一般以每平方千米土地的产值来表示。

【政府补助】指企业从政府无偿取得货币性资产或非货币性资产，但不包括政府作为企业所有者投入的资本。

【收到的税费返还】指政府按照国家有关规定采取先征后返（退）、即征即退等办法向企业返还的税款，属于以税收优惠形式给予的一种政府补助。

【清洁能源占比】指采用清洁能源占总能源的比重。

【应收账款周转率】指销售收入除以平均应收账款的比值，也就是年度内应收账款转为现金的平均次数，它说明应收账款流动的速度。

【存货周转率】是企业一定时期销货成本与平均存货余额的比率。用于反映存货的周转速度，即存货的流动性及存货资金占用量是否合理。

【总资产周转率】指企业在一定时期业务收入净额同平均资产总额的比率。

【净资产收益率】是净利润与平均股东权益的百分比，是公司税后利润除以净资产得到的百分比率。

【流动资产周转率】指企业一定时期内主营业务收入净额同平均流动资产总额的比率。其中，主营业务收入净额是指企业当期销售产品、商品、提供劳务等主要经营活动取得的收入减去折扣与折让后的数额。

【负债比率】是企业全部负债与全部资金来源的比率，用以表明企业负债占全部资金的比重。

【留存收益率】指公司税后盈利减去应发现金股利的差额和税后盈利的比率。

【市盈率】由股价除以年度每股盈余得出（以公司市值除以年度股东应占溢利亦可得出相同结果）。

【投资机会】用市净率表征，市净率指的是每股股价与每股净资产的比率。

【投资收益率】指投资方案在达到设计一定生产能力后一个正常年份的年净收益总额与方案投资总额的比率。

【年内新增固定资产】指调查对象在调查年度内追加的用于太阳能产业的固定资产投资额。包括基本建设投资、更新改造及其他固定资产投资等。

【研发人员数量／从业人员】指调查对象科技活动人员中从事环境基础研究、应用研究和试验发展三类活动及直接参加上诉活动的管理和服务人员的人员占企业总从业人员的比重。

【研发经费支出／营业收入】指调查对象调查年度内实际用于某项环境技术研究和试验发展的经费支出占营业收入的比重。包括实际用于研究与试验发展活动的人员劳务费、原材料费、固定资产构建费、管理费及其他费用支出。

【专利授权价值／无形资产】指专利技术账面价值占无形资产账面价值的比重。其中，专利技术是指被处于有效期内的专利所保护的技术。根据我国专利法对专利的分类，主要包括发明专利和实用新型专利和外观设计专利。

二、太阳能产业发展指数测算方法

1. 去量纲化方法

表 9-2　多指标量纲方法优缺点及特点总结表

方法	公式	特点	优点	缺点
偏差法	$z = \dfrac{x - \mu}{\sigma}$	z 的大致分布范围在$-3\sim 3$间，z 值的分布仍与相应原 x 值的分布相同，适用于呈正态分布指标值的标准化	综合分析中常使用的一种方法，z 值分布较为集中，有效地对异常值和极端值进行了处理，能对单指标进行集中排序比较	处理后的变量均为标准正态分布，消除了各变量在变异程度上的差异
极值法	$z = \dfrac{x - m}{M - m}$	z 值的分布与 x 值的分布相同，适用于呈正态、非正态分布指标值的处理	z 值介于 $(0,1)$，计算操作简单，能对单指标数据进行有序排序，从而能进行初步效率分析	z 值很大程度上依赖于两个极端取值，两个极值之差很大时，相同性质的指标间排序易出现较大差别
百分位次法	$z = \dfrac{r - 1}{n} \times 100\%$	以得分形式直观反映数据所处位置	能在指标内和指标间进行有序的排序比较，并有效解决出现异常值的情况	反映相对位置，不能反映绝对水平
比值法	$z = \dfrac{x}{x_0}$	比较评价对象与基准值	直观反映评价对象优于或接近于基准的程度	需要明确基准值
线性比例法（极小化）	$z = \dfrac{x}{M}$	z 值的范围在 $(0,1)$ 之间，适用于呈正态、非正态分布指标值的处理	z 值分布于 $(0,1)$ 间，数据分布集中，能对单指标进行集中排序比较，进行初步效率分析	处理时依赖于变量的最大值，而与其他取值无关，对异常值无法处理
线性比例法（均值化）	$z = \dfrac{x}{u}$	z 的取值范围不固定，适用于呈正态、非正态分布指标值的无量纲化	z 值保留了原始变量的差异程度，指标保留了原始指标间的差异程度，能对极端值、异常值进行处理	z 值的取值范围无固定界限，从而无法在一定范围内对指标进行集中排序比较
标准差化法	$z = \dfrac{x}{\sigma}$	z 的取值范围不固定，z 的标准差都为 1，适用于呈正态、非正态分布指标值的处理	该方法是标准化法的一种变形，较少使用	z 的均值与原始标准差相关，当原始数据中出现异常值，标准差很大，z 值变小，因此指标间排序不可信
比重法	$z = \dfrac{x}{\sum x}$ $z = \dfrac{x}{\sqrt{\sum x^2}}$	z 的取值范围在 $(0,1)$ 间，z 值的分布与 x 值的分布相同，适用于呈正态、非正态分布指标值的处理	z 值分布在一定范围内，指标间可以进行直观的排序比较。z 值分布与原始数据一致，分母能有效地处理异常值、极端值	相比原始数据间的差异，z 值的差别很小，会对单指标排序造成一定困难
功效系数法	$z = c + \dfrac{x - m}{M - m} \times d$	极值处理法的一种变形，最大值为 $c + d$，最小值为 c	有确定的取值范围，并能根据评价需要放大或缩小 z 值而不改变数据的分布，直观的进行单指标排序比较	无法对极端值和异常值进行有效处理
秩次法	$z = x(x = 1,2,\cdots,n)$	将各指标值从小到大进行排序	可以直接在指标内进行排序比较，工作量小	无法在不同指标间进行排序比较

本研究采用比值法，进行去量纲化处理。比值法与其他方法相比，不仅可以更好地表现基准期动态变化趋势这一特征，而且能够避免数据间量纲单位所带来的不便。

除比值法外，表 9-2 中的其他方法均具有明显的缺陷。偏差法处理后的变量均为标准正态分布，会消除各变量在变异程度上的差异；极值法中 z 值在很大程度上依赖于两个极端取值，当两个极值之差很大时，相同性质的指标间排序易出现较大差别；百分位次法反映相对位置，不能反映绝对水平；线性比例法（极小化）处理时依赖于变量的最大值，而与其他取值无关，对异常值无法处理；线性比例法（均值化）中 z 值的取值范围无固定界限，从而无法在一定范围内对指标进行集中排序比较；标准差化法中 z 的均值与原始标准差相关，当原始数据中出现异常值，标准差很大，z 值变小，因此指标间排序不可信；比重法在相比原始数据间的差异时，z 值的差别很小，会对单指标排序造成一定困难；功效系数法无法对极端值和异常值进行有效处理；秩次法无法在不同指标间进行排序比较。

2. 赋权方法

本研究采用层次分析法对一级和二级指标赋权。太阳能产业作为新兴支柱产业，对太阳能产业发展指数的研究尚属首次，一方面要通过专家问卷的形式主观打分，聚集专家智慧，而层次分析法一致性有效性检验又是客观的方法，方法本身是一个由主观到客观的过程；另一方面，传统的统计学方法赋权仅以样本的数据特征为赋权依据，不能体现指标的特性。鉴于此，本研究对一级和二级指标采取层次分析法进行赋权。

结合层次分析及专家咨询，本研究所确定的各级分指标权重结果如表 9-3 所示。

表 9-3　太阳能产业发展指数各级分指标权重

一级指标		二级指标		三级指标	
指标	权重	指标	权重	指标	权重
发展基础	20.00%	产业规模	3.80%	从业人员	1.30%
				资产总计	1.30%
				主营业务收入	1.30%
		产业结构	16.20%	产业集中度	4.10%
				主营业务鲜明度	4.10%
				高端利润企业	4.10%
				市场占有率	4.10%
发展环境	40.00%	宏观经济因素	16.00%	经济景气程度	3.00%
				经济发展速度	3.00%
				经济密度	3.00%
		政策因素	16.00%	政府补助	8.00%
				收到的税费返还	8.00%
		市场因素	15.00%	清洁能源占比	15.00%

续表

一级指标		二级指标		三级指标	
指标	权重	指标	权重	指标	权重
发展能力	40.00%	营运能力	11.20%	应收账款周转率	2.20%
				存货周转率	2.20%
				总资产周转率	2.20%
				净资产收益率	2.20%
				流动资产周转率	2.20%
		融资能力	3.80%	负债比率	1.30%
				留存收益率	1.30%
				市盈率	1.30%
		投资能力	4.20%	投资机会	1.40%
				投资收益率	1.40%
				年内新增固定资产	1.40%
		技术创新能力	20.80%	研发人员数量/从业人员	6.90%
				研发经费支出/总支出	6.90%
				专利授权价值/无形资产	6.90%

三、全国太阳能产业发展指数：评价与分析

光伏行业上市公司数据公开，易于获取，因此以之作为晴雨表可以从整体上反映我国太阳能产业的发展态势及制约瓶颈。为此，本书筛选了光伏行业 50 家上市公司为样本，依据其 2011～2015 年数据，进行我国太阳能产业发展态势的定量分析。数据来源于 IFind 数据库、国家统计年鉴、全国省市统计年鉴、天天财富年报数据库等。

为了能够直观反映产业指数及各分指标的具体情况，本研究将产业指数及各级分指标分值均以百分制加以表征。分值大于 100，说明该项指标向好；分值小于 100，说明该项指标处于下降趋势。

1. 全国太阳能产业综合发展指数

太阳能产业综合发展指数由发展基础、发展环境、发展能力三部分构成，产业指数整体情况及一级指标分值变化情况如图 9-1 所示。

由图 9-1 可知，2012～2015 年我国太阳能产业保持较高增长速度。其中，2012～2014 年发展环境保持高增速，2014 到 2015 年增速有所放缓；发展能力在最初两年小幅增长，2014 年后呈现能力加速提升之势；发展基础在 2012 年呈大幅下降之势，之后围绕 100 分线上下徘徊，或增或降都不明显。

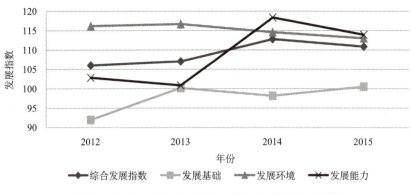

图 9-1　2012～2015 年我国太阳能产业综合发展指数

2. 全国太阳能产业发展环境

我国太阳能产业发展环境总体保持较高的增长速度，主要得益于政府补助和税费返还保持较高增长速度（图 9-2）。经济密度的提高和经济总量的扩大使得经济领域对能源的需求量增长，与此同时，国家对清洁能源占比的最低标准要求有力促进了太阳能产品市场需求量的增加，这些都是促进太阳能产业发展的外部环境因素。经济景气度指数下降和经济增速放缓，从某种程度上影响了太阳能产业的快速发展，是制约发展环境指数提升的主要因素。

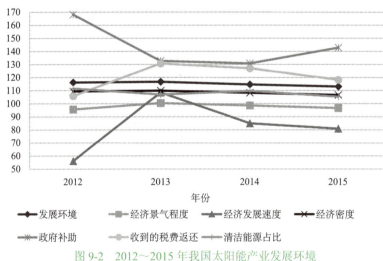

图 9-2　2012～2015 年我国太阳能产业发展环境

3. 全国太阳能产业发展基础

我国太阳能产业发展基础，除了在 2012 年有较大幅度的下降外，其他 3 年都在百分线上下徘徊，表现出停滞不前的状态（图 9-3）。产业集中度和高端利润企业占比的大起大落及整体水平下降是导致发展基础停滞不前主要原因；主营业务鲜明度分指数长期低于 80 分，严重影响了发展基础的完善和提高；主营业务收入和总资产的持续增长和向好态势是促进稳固发展和提升的主要动力。

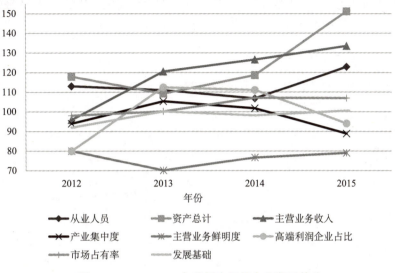

图 9-3　2012～2015 年我国太阳能产业发展基础

4. 全国太阳能产业发展能力

发展能力是产业发展指数的重要一级指标。一方面该项指标构成复杂,由营运能力、投资能力、融资能力和创新能力 4 项二级指标构成,而在二级指标之下又包含若干具体指标;另一方面产业发展能力对产业的整体发展影响较大。因此,产业发展能力指标及其之下的二级指标需要重点分析。产业发展能力及其下二级指标的分值变化如图 9-4 所示。

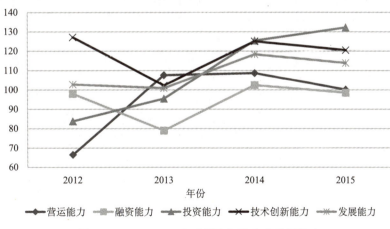

图 9-4　2012～2015 年我国太阳能产业发展能力

由图 9-4 可知,技术创新能力一直保持较高的增长速度;投资能力有较大改善,由 2013 年之前低于 100 分,到 2014 年后大于 125 分,投资能力整体提升;融资能力的变化很不理想,2013 年之前持续走低,2014 年开始小幅增长;营运能力 2012 年大幅下降,此后逐步回升,但从整体上看,回升幅度小于下降幅度。

进一步探究，技术创新能力和融资能力与产业发展能力出现相同态势的变化。由此可知，技术创新能力是推动发展能力提升的关键因素，而融资能力是主要的制约因素。下面逐一对发展能力的具体指标进行深度剖析。

1）技术创新能力指标

我国太阳能产业的技术创新能力指标如图 9-5 所示。

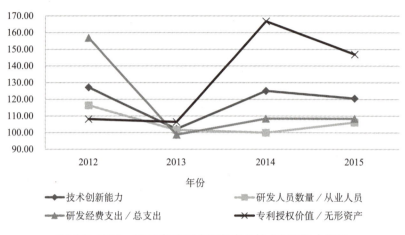

图 9-5   2012～2015 年我国太阳能产业技术创新能力指标

由图 9-5 可知，尽管专利授权价值大幅度上升，但对技术创新能力提升的拉动效果并不理想，这是因为研发经费支出比率和研发人员占比在后 3 年增长缓慢，即创新投入不足。进一步深究，企业研发经费支出与技术创新能力走势相近，这说明研发经费支出是影响技术创新能力提升的关键因素。此外，研发人员比重不足也是制约技术创新的一个重要因素。

2）营运能力指标

营运能力的大幅波动是影响发展能力的一个关键因素，走势如图 9-6 所示。

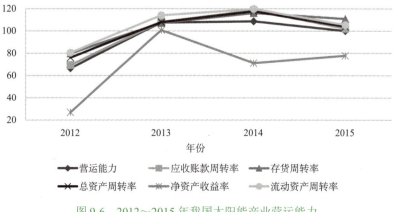

图 9-6   2012～2015 年我国太阳能产业营运能力

由图 9-6 可知，净资产收益率是影响营运能力的关键因素，其指数一直处于 100 以下，说明净资产收益在一直在下降。净资产收益率也是制约技术创新能力的主要因素，而应收账款周转率、存货周转率等其他具体指标对营运能力影响不大。

3）投资能力指标

2012～2015 年全国太阳能产业的投资能力指标一直保持较高速度增长，对发展能力一直起着较大的促进作用，其具体分析如图 9-7。

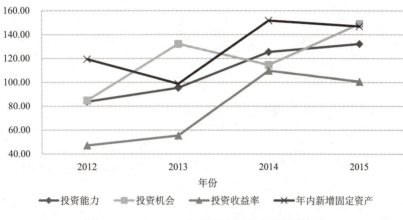

图 9-7　2012～2015 年我国太阳能产业投资能力

投资能力的增长主要得益于投机机会和年内新增固定资产的增加，而投资收益率是制约其增长的主要因素。因为投资收益率一直处于下降趋势，但 2014 到 2015 年有缓和的迹象。

4）融资能力指标

相对于其他发展能力指标，融资能力指标处于下降通道，所以它也是制约发展能力的因素之一，具体如图 9-8 所示。

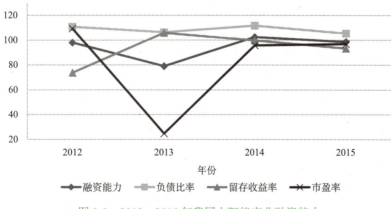

图 9-8　2012～2015 年我国太阳能产业融资能力

从图 9-8 不难发现，尽管企业的负债率逐年攀升，但融资能力不仅没有上升还有所下降。市盈率是拉低融资能力的主要因素，市盈率的大幅减少说明市场对目前太阳能产业的未来的预期在降低。

5. 全国太阳能产业发展态势

综合来看，我国太阳能产业综合发展指数虽然稳中有升，然而仍存在诸多不足之处，一方面发展基础不容乐观；另一方面目前市场对太阳能产业的未来预期在降低。此外，技术创新能力增长缓慢，发展后劲不足。

四、京津冀地区太阳能产业发展：评价与分析

1. 京津冀地区太阳能产业综合发展指数

京津冀地区太阳能产业发展指数与全国太阳能产业发展指数及其下设一级指标的对比情况如图 9-9 所示。

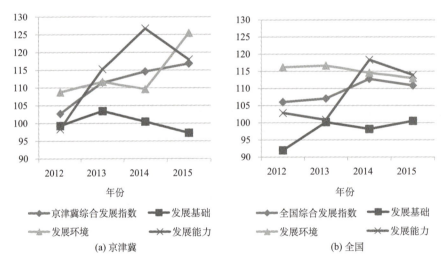

图 9-9　2012～2015 年京津冀及全国太阳能产业发展指数

由图 9-9 可知，京津冀地区太阳能产业发展趋势与全国的太阳能产业发展基本趋势一致，呈现向好态势，而且增速高于全国的平均水平。其中，除 2015 年之外，京津冀地区发展基础增幅高于全国平均水平。发展环境方面，京津冀地区稳步增长，发展环境不断完善，在 2015 年出现陡坡式上升，而全国的增长近年来却在放缓。发展能力方面，2012～2014 年，京津冀地区和全国都呈现大幅度上升态势，同时均在 2014 年出现增长态势放缓的情况，总体上变化趋势类似。

2. 京津冀地区太阳能产业发展环境分析

为了简明清楚，本研究仅将京津冀发展环境中 4 项重要指标绘于图中，并将其与全

国的发展环境进行对比，如图 9-10 所示。

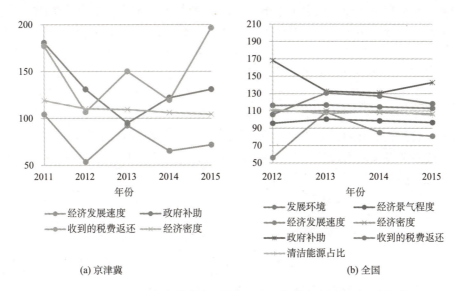

图 9-10　2012～2015 年京津冀太阳能产业发展指数和全国发展环境指数图

由图 9-10 可知，相对全国而言，京津冀在政府补助和收到的税费返还方面并没有下降的趋势，而是逐年增长，说明政府的直接支持力度在持续加大；同时与全国总状况类似，经济发展速度在逐年下降，这是制约京津冀发展环境的重要因素之一。

3. 京津冀地区太阳能产业发展基础分析

京津冀太阳能产业发展基础指数得分变化情况如图 9-11 所示。

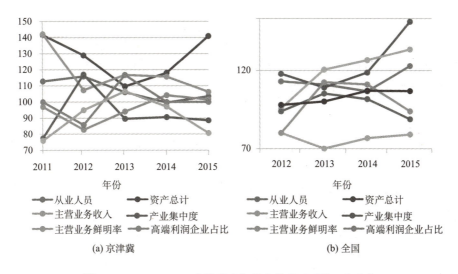

图 9-11　2012～2015 京津冀太阳能产业基础及其三级指标

由图 9-11 可知,京津冀地区太阳能产业发展基础与全国情况类似。产业集中度有下降的趋势,高端利润企业占比也是上下波动较大,2014 年的上行幅度被 2013 年的大幅下滑所抵消,高端利润企业占比整体水平基本没有增长。上述两项是制约产业发展的主要因素。不论是京津冀地区还是全国,从业人员和总资产都呈现出持续增长之势,而且总资产一直保持较高增速,上述两项是推高产业发展基础的主要动力因素。

4. 京津冀地区太阳能产业发展能力分析

综合来看,京津冀地区太阳能产业发展能力增长迅速,但投资和融资变化剧烈,而更容易形成持久发展能力的技术创新指标和营运能力指标的表现劣于全国平均水平,具体如图 9-12 所示。

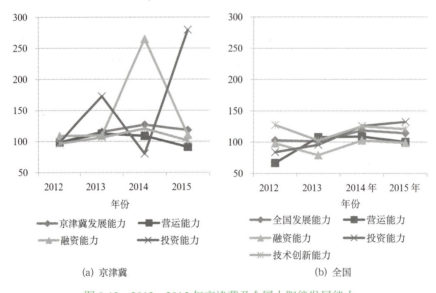

图 9-12　2012～2015 年京津冀及全国太阳能发展能力

下面分别从技术创新能力、投资能力、融资能力和营运能力 4 个方面,对比分析京津冀地区与全国太阳能产业发展能力。

1）京津冀地区太阳能产业的技术创新能力

京津冀地区太阳能产业创新能力与全国太阳能产业的技术创新能力对比,见图 9-13 所示。

由图 9-13 可知,京津冀研发经费支出除了在 2014 年有小幅下降外,其他年份增长显著,与全国相比,京津冀研发经费投入强度比较大;京津冀太阳能产业研发人员 2014 到 2015 年有较大幅度增长,整体增高于全国平均水平;此外,专利授权价值占无形资产比重除了在 2014 年表现为正增长外,其他年份都呈下降趋势,与全国波峰波谷一致,但波动幅度大于全国。

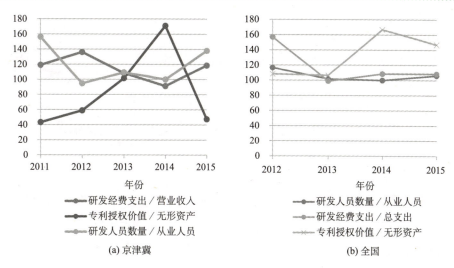

图 9-13　2012～2015 年京津冀太阳能产业技术创新能力和全国技术创新能力指数图

2）京津冀地区太阳能产业的投资能力

京津冀地区与全国太阳能产业投资能力下的具体指标变化情况如图 9-14。

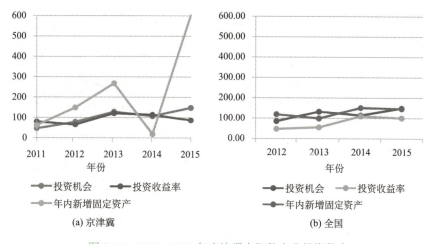

图 9-14　2012～2015 年京津冀太阳能产业投资能力

如图 9-14 可知，投资机会方面，京津冀地区与全国的太阳能产业虽然没有大幅度增长，但都呈现出向好的态势；京津冀地区年内新增固定资产相对全国有较大波动；投资收益率收益率是影响企业发展的最重要的指标，京津冀地区 2012～2015 年的太阳能产业投资收益率虽然不像全国那样完全处于下降的通道，但也没有较大幅度的上涨。

3）京津冀地区太阳能产业的融资能力

京津冀融资能力与全国融资能力对比情况如图 9-15 所示。

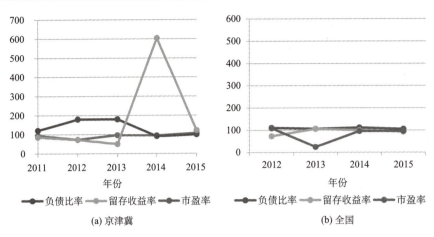

图 9-15　2012～2015 年京津冀太阳能产业融资能力

京津冀与全国市盈率变化幅度都比较大，2013 年全国太阳能产业市盈率大幅度下降，之后增幅缓慢，一直没有回暖；而京津冀地区在 2013 年大幅下降之后，2014 年迅速回暖并走高。此外，同时其负债比率较为稳定，留存收益率稳中有增。

4）京津冀地区太阳能产业的营运能力

京津冀地区和全国太阳能产业营运能力的具体指标变化情况如图 9-16。

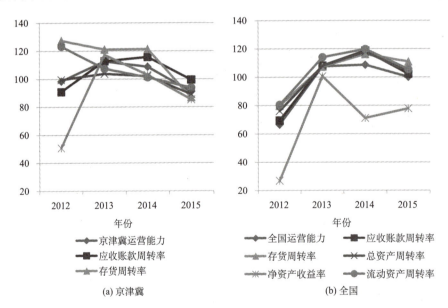

图 9-16　2012～2015 年京津冀及全国太阳能营运能力

由图 9-16 可知，对于整体而言，京津冀地区太阳能产业的营运能力发展情况并不理想，表现为先增后减，而全国太阳能产业的营运能力则是先减后增，后劲更足。此外，京津冀地区与全国相比，营运能力下的具体指标走势也有异有同。

——应收账款周转率方面，京津冀地区和全国都呈现出先上升后下降的趋势，只是上升或下降幅度都低于全国平均水平。

——存货周转率方面，京津冀地区增长幅度逐渐放缓，而全国则表现出稳步上升的态势。

——总资产周转率方面，京津冀地区与全国走势相近，基本呈现倒 U 型，峰值均出现在 2013 和 2014 年份，所不同的是京津冀地区这两个年份增幅较小。

——净资产收益率方面，京津冀地区与全国发展态势体相似，经历了先降、后升、再降的倒 U 型发展过程。净资产收益率对企业自身融资能力和内部造血功能影响显著，作图 9-17 加以专项分析。

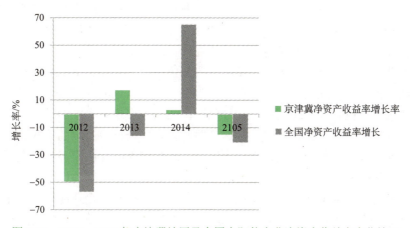

图 9-17　2012～2015 年京津冀地区及全国太阳能产业净资产收益率变化情况

由图 9-17 可知，无论是京津冀地区还是全国，太阳能产业净资产收益率是整体下降的。京津冀地区的 2012 年的降幅几乎接近 50%，而 2013 和 2014 年回暖乏力，2015 年又继续下降。全国情况略好于京津冀地区，但仍是降大于升。这种整体下降的结果使得太阳能产业自身融资能力下降，内部造血功能也不能充分发挥，阻碍了市场成熟和科技成果的有效转化。因此，净资产收益率是影响产业发展能力提升的制约因素之一。

五、政策建议

为更好地开展京津冀地区太阳能产业发展，提升太阳能产业的营运能力，增强企业自身融资能力，结合本书前述指数测评和京津冀地区太阳能产业发展中存在的问题，提出如下对策建议。

（1）加大对光伏太阳能产业政策扶持力度，强化政策联动。政府应该给予相关光伏企业更为系统的、能够产生联动效应的优惠政策。一是在加大对企业的扶持力度的同时，逐步由直接扶持向市场激励与政策导向相结合的方向过渡，尽快制定规范的企业经济绩效、创新绩效和环境绩效综合评估体系，推动完善光伏企业兼并重组服务管理体系，营造有利于兼并重组工作的政策与市场环境。二是深入落实《光伏制造行业规范条件》和

《关于进一步优化光伏企业兼并重组市场环境的意见》，加强部门配合，推动行业规范与电站建设、补贴发放等政策联动，同时通过市场机制促进企业重组。三是充分发挥市场在资源配置中的决定性作用，坚持市场化方式运作实施，并通过相关政策措施的有效引导，推动完善光伏企业兼并重组服务管理体系，营造有利于兼并重组工作的政策与市场环境。结合《光伏制造行业规范条件》等的实施，坚持扶优扶强，推动土地、金融等资源向优势企业集中，支持企业通过兼并重组做优做强，形成优胜劣汰的市场环境。通过增强政策联动，提升光伏太阳能产业的产业集中度和高端利润企业占比，进而促进发展基础的增进。

（2）推动光伏制造业加快转型升级。针对我国光伏企业主要处于产业链中利润较低的中间环节，必须统筹政策和资金资源，在工业转型升级资金中支持光伏太阳能企业关键工艺技术研发和产业化，鼓励光伏太阳能企业加快智能制造改造升级，提升光伏太阳能制造业核心竞争力，引导产业健康可持续发展。

（3）推动光伏太阳能应用多样化发展。研究出台新型工业化示范基地可再生能源应用评价办法，推动分布式光伏在工业园区的应用，发挥绿色能源在节约型机关、绿色家庭、绿色学校、绿色社区、绿色工厂、绿色园区和绿色城市建设中的重要作用。探索在污水处理厂、居民小区、体育场馆、高速公路等独立区域推广应用的可行方法，推动应用光伏太阳能系统的新能源充电设施试点等，实现光伏太阳能应用多样化发展，扩大国内市场需求，使得光伏太阳以产业在美丽中国建设中发挥出应有的作用。

（4）激发企业自身增强科技研发能力。研发能力的提升使企业能够拥有更多的专利技术，并能降低产业链各个环节的成本，增加企业的净资产收益率，进而提升企业的营运能力，同时还能增加企业的投资收益率和留存收益率、增加企业净资产收益率、增强企业的投融资能力，进而提升企业的发展能力。因此，需要激发相关企业紧跟市场政策导向的同时，加大科技研发投入，提升企业自身的研发创新能力与经营能力，进而促进京津冀地区太阳能产业健康快速发展。

六、本章小结

本章首次构建了太阳能产业发展指数，并将 2012～2015 年的全国太阳能产业发展指数与京津冀地区进行了深入比较。研究发现：京津冀地区太阳能产业总体发展态势向好，发展基础较为稳定，发展环境持续改善，发展能力迅速提升。与全国相比，京津冀地区太阳能产业发展基础虽然增长缓慢，但整体情况优于全国，只是在 2015 年出现了负增长。发展环境改善步伐逐渐加快，由于 2015 年发展环境分指数的强劲增长，拉高了综合发展指数。其中发展环境具体指标中表现最为突出的是政策扶持，包括直接补贴和税费返还。正是由于政府强有力的政策支持，京津冀地区太阳能产业在市盈率大幅度下降后能够迅速回暖，留存收益率稳中有增，这些无疑对稳定市场和外部融资起到了重要的促进作用。此外，京津冀地区太阳能产业发展能力在 2011 至 2015 年间也得到了迅速提升，而且其增幅远大于全国平均水平。

但不容忽视的是，京津冀地区太阳能产业发展尚存 4 个不足：第一个不足是，科技创新投入产出效果还不理想，虽然新增固定资产增长迅速，但投资收益率下行趋势明显；第二个不足是，营运能力倒 U 型发展，2015 年下降趋势明显，发展后劲亟须提升。可以看出，当前京津冀太阳能产业的发展仍以政策支持为主，营运能力不足；亟须加强太阳能产业的营运能力，增强企业自身融资能力，强化内部造血功能，构建以市场导向的新能源产业创新体系。第三个不足是，相关政策联动不足，2013 年 11 月推出的《光伏制造行业规范条件》实施与下游产品的应用等相关政策联动不足，部分实力不强、未进入规范公告的企业仍能获得应用补贴和出口退税等优惠，影响了产业优胜劣汰和兼并重组，不利于落后产能退出；第四个不足是行业融资仍然较难，由于光伏太阳能相关企业利润普遍较低，金融机构对光伏制造业授信整体压得较低，企业通常很难获得金融机构的融资支持。

第 *10* 章 主要结论与政策建议

 本章简介

　　本章根据定性、定量研究结果，进一步提炼出全书的主要结论——论述低碳发展的内涵，深入考察低碳发展的核心驱动因素，总结分析低碳科技创新的属性与特征，系统分析技术进步推动低碳发展的机理，建立首个京津冀地级市节能减排效率指数，评价京津冀地区低碳协同发展程度，探求京津冀地区低碳发展与科技创新的耦合协调度，分析京津冀地区低碳发展的技术进步方向，讨论低碳发展的技术进步来源，证实京津冀地区技术进步促进低碳发展存在合意技术结构，构建首个京津冀地区太阳能产业发展指数，提出了能源变革对应用需求的三阶段促进模型，总结凝炼了产业层面、企业层面、政府层面及技术层面的政策建议。

一、全书主要结论

1. 纵论低碳发展的内涵

低碳发展是对经济、资源环境辩证关系的一种深刻认识,是一个系统工程,有着深层内涵。深刻把握低碳发展的第一个维度是发展模式——这种发展模式的核心在低碳,目的在发展,是一种由高碳能源向低碳能源过渡的发展模式;深刻把握低碳发展的第二个维度是人文发展——低碳发展不仅是支持绿色发展、循环发展的重要手段,而且是实现人文发展的基本要求,它体现发展权益与权益约束的人文发展特征;深刻把握低碳发展的第三个维度是协调发展——发展低碳经济的关键是协调处理好政府、社会、经济主体之间的关系,均衡各主体之间的利益,与此同时,需要能源、环境、管理、政策系统的有力配合;深刻把握低碳发展的第四个维度是发展体系——低碳产业体系、低碳市场体系、低碳管理体系在低碳发展中至关重要,在这些方面需要加强建设力度;深刻把握低碳发展的第五个维度是内涵发展——低碳发展也是一个社会问题,涉及政府、企业和个人对低碳理念的认识问题,涉及生产、流通、消费、管理对低碳理念的实践问题,涉及社会经济的发展模式、生活风俗、消费习惯等诸多方面,本质上应该是全社会共同支持的结果;深刻把握低碳发展的第六个维度是创新发展——低碳问题的解决有赖于科学技术的革新,低碳发展离不开科技的进步,科技是低碳发展强有力的推动力;深刻把握低碳发展的第七个维度是智能发展——在大数据时代,能源变革、能源互联网为低碳发展提供了很好的解决方案。

2. 深入考察低碳发展的核心驱动因素

低碳发展具有经济属性、技术属性、资源环境属性、政策属性四个特征。低碳发展的四个核心驱动要素包括资源禀赋(R)、发展阶段(E)、低碳技术(T)和消费模式(C)。

3. 总结分析低碳科技创新的属性与特征

低碳科技创新具有准公共性与外部性;低碳科技创新具有不确定性;低碳科技创新存在"市场失灵"。

本书提出低碳科技创新的"三要素、多元化"特征。所谓"三要素"是指技术支撑、政策符合度与综合效益三个要素;所谓"多元化"是指:需求层次——既有市场需求牵引,又有公共需求;主体层次——企业研发机构、政府、公益类科研机构、高校、科技中介多个主体;目标层次——低碳科技的发展涉及不同个体与群体的利益分配、价值取向与伦理诉求,必然深刻关注局部与整体、当下与长远的各种利害关系的互动、选择与权衡,追求科技、政策与综合效益的协同。

4. 系统分析技术进步推动低碳发展的机理

低碳发展的技术进步在不同国家和地区各具特色，但有一些共性特征：特征之一是低碳技术进步的台阶性；特征之二是低碳技术进步的效率性；特征之三是低碳技术进步的阶段性；特征之四是低碳技术进步的适宜性。

技术进步通过能源低碳化、生产去碳化、产业低碳化三个层面作用于低碳发展。

5. 建立首个京津冀地级市节能减排效率指数

对京津冀节能减排效率进行多维对比。从区域、世界、国家目标的角度，对京津冀节能减排进行了对比。第一个对比是区域角度——选取京津冀节能减排效率最高的城市——北京，将区域其他城市相应年份的节能减排效率指数值除以北京的节能减排效率指数值，以此分析区域其他城市与北京之间的差异程度；第二个对比是世界角度——对标东京，分析京津冀的节能减排效率与世界先进水平的差距；第三对比是国家目标角度——从完成国家的节能减排目标出发，评价京津冀节能减排的完成程度。

这样评价的作用有二：其一，指向明确。节能减排效率指数是个相对值，比较与区域、国家、全球节能减排效率高的城市，可以更方便地能找到城市节能减排的差距所在；其二，评价全面。低碳发展指数的评价方法有很多，但不能只是算法的改变，而应该采取适宜的对比角度，为城市节能减排建立一个新的视角。

经测算：从整体角度来看，2005 年京津冀城市群节能减排效率指数的均值为 0.326，2014 年的均值提高至 0.456，节能减排效率得到改善，说明京津冀城市群的节能减排政策起到了一定的促进作用。从多维对比来看，京津冀城市群超额完成了国家下达的节能目标；北京的节能减排效率最高，其次是天津，其余城市的节能减排效率偏低，第三产业比重与工业产业比重对节能减排效率具有较大影响。京津冀城市群的节能减排效率与世界先进水平的差距在缩小，其中，北京的节能减排效率与世界先进水平的差距已较小；除北京和天津外，其他城市的节能减排效率与世界先进水平仍存在一定差距，有待进一步提高。

6. 评价京津冀地区低碳协同发展程度

将区域低碳发展系统划分为经济、资源、环境、效率四个子系统。在四个子系统中，资源是低碳发展的重要基础；环境为低碳可持续发展提供助力；生态环境治理已成为当前经济发展的最重要制约因素，效率改善的作用不容忽视，是体现各地低碳发展的重要指标；经济是区域协同发展的核心，同时也为低碳发展提供物质基础，是衡量低碳协同发展的必要指标。结果显示：2006～2014 年，京津冀的低碳综合协同度均值为 0.6395。2006 年，京津冀的低碳综合协同度为 0.4989，2014 年达到 0.7810。综合来看，呈现了三个特点：特点之一：京津冀经济的整合水平日益提高。京津冀的经济协同度呈明显的上升趋势，2014 年高达 0.9649。特点之二：资源子系统的协同度与效率协同度不高。特点之三：京津冀地区低碳发展的综合协同度没有各个子系统内部的协同度平均值高。这反映了区域内各子系统都良好地促进区域低碳发展，但是在多系统协同方面还有较大的潜力。

7. 探求京津冀地区低碳发展与科技创新的耦合协调度

基于低碳发展与科技创新在协调发展中的不同贡献份额（低碳发展贡献 1/2，科技创新 1/2；低碳发展贡献 1/3，科技创新 2/3；低碳发展贡献 2/3，科技创新 1/3），采用情景分析法计算得到 2006～2014 年京津冀的低碳发展与科技创新耦合协调度变化情况。结果发现，从耦合协调度分析，京津冀地区的低碳-科技耦合协调度处于较高水平且受不同贡献份额设置的影响较小，三种情形下都呈现从高度逐渐过渡到极度协调耦合状态。三种情景下 2014 年下京津冀低碳与科技的耦合协调度均值为 0.88。

8. 分析京津冀地区低碳发展的技术进步方向

以资本、劳动、电力和 CO_2 排放量为要素投入变量，采用超越对数生产函数的随机前沿模型测算了 2005～2014 年京津冀、长三角和珠三角三大城市群的要素产出弹性、要素替代弹性和技术进步的要素偏向，主要结论如下：第一，资本产出弹性最高，电力和劳动的产出弹性次之，且三大城市群的特征基本一致，说明三大城市群的经济增长主要由投资引起的资本存量增加驱动。二氧化碳排放的产出弹性相对较低，部分年份为负，说明依靠环境投入（损害环境）促进经济增长的作用是有限的，这也意味着环境保护与经济增长之间并非对立关系。第二，电力和资本、劳动是互补关系，说明通过盲目产能扩张的方式促进经济增长，会导致电力供应短缺，劳动力供应趋紧。随着风电、太阳能等清洁能源发电的发展，加上耗电工业行业下行，电力和二氧化碳排放的关系呈现出从互补关系为主转为替代关系为主的趋势。二氧化碳排放与资本和劳动是替代关系，表明相比节能降耗政策，降低二氧化碳排放的环境政策对经济负面冲击相对较小，且具有实现碳减排和促进就业的"双重红利"。第三，中国三大城市群的技术变化整体上偏向于电力能源，且由于电力整体上和资本、劳动呈互补关系，因此技术进步提高了电力的相对边际生产率，表现出绝对节电效应。

9. 讨论京津冀地区低碳发展的技术进步来源

讨论了自主创新、FDI 的技术溢出、进出口的技术溢出效应等不同技术进步来源对技术进步偏向性的影响。结果发现，FDI 的溢出效应使得技术进步偏向电力能源，从而表现出节电效应；在 CO_2 排放和劳动之间，FDI 是偏向 CO_2 排放，即有助于碳减排。就研发投入表征的自主创新而言，京津冀、长三角和珠三角三大城市群的创新投入具有较强的成本节约的特征，从而使得创新投入引致的技术进步"远离"电力能源，即并未体现出电力节约的特征。出口学习效应、进口技术溢出效应对技术进步偏向性的影响较弱，但均呈现出电力使用型特征，但进口具有碳减排效应。

10. 证实京津冀地区技术进步促进低碳发展存在合意技术结构

基于面板数据模型的定量研究证实京津冀地区技术进步促进低碳发展存在合意的技术结构。实证发现：在人均 GDP 低于 2.97 万元时，以 FDI 为代表的技术引进是低碳发展的主要技术进步策略，此时应注重人力资本积累，强化在技术引进基础上的模仿创新；

当人均 GDP 处于 2.97 万至 3.70 万元时，应在消化、吸收、模仿引进技术的基础上，强化研发投入；而当人均 GDP 高于 3.70 万元时，以提高研发强度为表征的自主创新将在低碳发展方面起主导作用。此外，技术进步的选择策略需要以加快能源市场改革和矫正能源市场扭曲相配合。

11. 构建首个京津冀地区太阳能产业发展指数

从产业发展基础、产业发展环境、产业发展能力层面，首次构建了太阳能产业发展指数。并将 2012～2015 年的全国太阳能产业发展指数与京津冀地区进行了深入比较。研究发现：与全国相比，京津冀地区太阳能产业发展基础整体情况优于全国；发展环境改善步伐逐渐加快；产业发展能力增幅远大于全国平均水平。但不容忽视的是，京津冀地区太阳能产业发展尚存三个不足：第一个不足是，科技创新投入产出效果还不理想，研发经费投入和研发人员占比增幅大于全国平均水平，但专利价值在无形资产中占比情况劣于全国；第二个不足是，虽然新增固定资产增长迅速，但投资收益率下行趋势明显；第三个不足是，营运能力倒 U 型发展，2015 年下降趋势明显，发展后劲需要提升。因此，京津冀地区太阳能产业亟须加强营运能力建设，增强自身融资能力，强化内部造血功能，构建以市场为导向的新能源产业创新体系。

12. 提出能源变革对应用需求的三阶段促进模型

本书把能源变革、智能制造、智能社会变革对需求的促进划分为三个阶段，即物理集中阶段、化学反应阶段和基因突变阶段。这样的划分有助于推进新工业革命的进程。以能源结构调整为主旨，适应绿色化趋势、智能化趋势和服务化趋势的"三大趋势"，本研究还进一步构建了适应于新工业革命的北京现代能源体系——北京能源技术体系、北京能源互联网创新体系、北京能源供应体系和北京能源消费体系。

二、政策建议

本书在对京津冀低碳发展的技术进步路径进行理论与实证分析的基础上，总结凝练提出京津冀地区低碳发展的政策集合——产业层面、企业层面、政府层面和技术层面的政策建议。

1. 产业层面

——建立良好的低碳产业发展环境。

良好的产业环境会给企业创新带来便利，降低企业创新成本，提高创新效率。良好的低碳产业环境重点有三：①建立和完善知识产权交易和评估体系。低碳自主知识产权中的一部分是以专利、技术形式存在的，完善产权评估和交易，有助于企业之间的技术转让和获取，形成企业创新的外部激励，同时方便高新技术企业资金融通，推动更深层次的技术研发。②建立健全信用担保体系。资金不足是低碳企业创新的一大障碍。信用担保体系可以有效解决企业融通资金问题。首先，政府应鼓励支持金融机构开展信用担保服务，金融机构做好审查和监督；其次，担保主体的多元化，除了企业可以成为担任人，政策性的担保公司也可以对企业提供担保；另外，政府财政预算要对其进行补偿，以减少损失。③完善低碳产业创新服务体系。建议成立京津冀地区中小企业低碳产业协会，建立低碳技术服务中心、咨询中心和信息网络共享平台等。④健全低碳技术开发的法制体系。目前，低碳发展的法律法规不能满足需要，应加快推动法制建设，规范市场交易规则，明确市场主体责权，改善市场交易秩序，提高市场管理水平。⑤建立低碳技术创新的标准体系。采用国际技术标准进行技术推广，降低企业技术研发信息成本。特别地，国家应重视参与国际技术标准的制定，形成技术的主导设计，降低相关产品和行业在技术贸易中的摩擦成本。

——建立以低碳排放为特征的京津冀地区现代产业体系。

加大产业结构调整力度，积极培育发展新兴绿色产业，利用先进适用技术和高新技术改造传统高能耗产业，逐步形成以低碳排放为特征的现代产业体系。加快新能源产业发展，实施分布式能源供给战略，尽可能降低对国家电网的依赖，向本地化、低碳化、分散化能源供应转变。

2. 企业层面

——将企业培育成为低碳技术创新的决策主体与投资主体。

发展低碳经济必须确立企业在低碳创新中的主体地位。许多国家的发展经验表明，企业的创新能力是反映一国综合创新能力强弱的重要标志，然后才是大学与科研院所。本书分析表明，京津冀地区的企业创新发展度尚有较大进步空间。目前京津冀地区的企业创新能力不足，没有实现产学研的紧密结合，导致科技成果转化率不高，低碳研发能力薄弱。强化京津冀地区企业在低碳创新中的主体地位措施包括：①企业技术创新活动必须考虑技术生命周期，选择适宜的技术创新模式，尽可能以较小的成本获取较高的收益和效率，重点应做好两种决策：第一，选择原始创新、集成创新还是吸收再创新，主要考虑企业核心技术所在的技术层次。如果企业核心技术属于共生技术和关键技术，集成创新模式较为有利；如果只属于一般的低碳技术，应选择吸收再创新。第二，选择自主创新还是合作创新，主要由企业的规模、人才、技术资源决定。一般而言，中大型企业具备一定的自主创新能力，可选择自主研发；许多小微企业因掌握的资源有限，实施合作创新更加有利。②将企业培育成为自主创新的投资主体。对于投资对象、投资方式、资金来源等，都需要企业自主决定。企业因发展规模的差异，可以承受的程度不同，应依据企业未来发展目标，合理安排资金投入时间和投资对象结构，统筹考虑投入的分配和步骤。近年来，京津冀地区企业在低碳技术研发方面投资支出呈现增长趋势，这既是企业自主创新意识的提高，也是企业创新能力的改善。相比发达国家，京津冀地区在低碳研发投入仍然不足，研发力度不够，应鼓励企业加大研发投入，拓宽资金来源渠道；同时，政府也要加强低碳技术的资金支持力度。

——升级企业的技术学习机制。

低碳科技创新需要高素质的人力资源。对于低碳企业而言，技术研发能力不强存在诸多限制。第一，人才缺乏。目前核心技术研发人员、优秀技术操作人员，以及具有良好素质和前瞻眼光的企业家都较少，整体研发规模小。第二，低碳创新起点不高，整体科研水平落后。一些发达国家早就建立起本国的低碳自主创新技术路线图,逐步完善了自主创新体系,而我国的创新体系刚刚开展,一些高端复杂的核心技术并不掌握,在进行低碳前沿技术和关键技术突破时显得力不从心。第三,研发资金还有待提高。中国研发投入已突破 1.4 万亿元,研发经费投入占 GDP 比重达到 2.07%,但研发投入强度与发达国家 3% 左右的水平还有较大差距,基础研究占比与发达国家 15% 左右的水平也有不小距离。技术学习机制是高素质人力资源的关键性环节。作为企业知识吸收、学习、扩散和创新升级的演化过程,技术学习实际上受到不同知识载体的相互关系和行为作用方式的影响,例如,它直接被企业内部的管理方式、组织文化、组织形式以及与外部组织之间的联系和杠杆利用所影响。因此,在企业内部应重视消化吸收国外先进技术,采取联合开发战略,升级企业的技术学习机制。

——建立企业的内部激励机制。

要发展低碳经济,必然要打破原有的产业利益格局,投入充裕的资金进行研发,配套相关一系列的设施,改变企业原有的管理模式与创新理念等。低碳技术企业由于创新的成本大,主要原因是创新的不确定性高,研发成本高,创新成果知识产权保护难度大,造成了低碳企业自主创新的动力不足。与此同时,市场机制不健全,在资本市场、政策扶持等需要政策及时跟进的各项制度无法同步,产学研合作的共赢机制也尚未建立,造成低碳企业创新活动的交易费用较高,加重了企业创新的风险,动力不足则很难催生技术创新的重大突破。由于技术创新具有明显的不确定性,这种不确定性不仅包括技术本身的不确定性,而且包括技术市场化、商业化的不确定性;而后者更多地取决于企业对市场机会的敏感把握和有效决策。在此情况下,集权化的决策体制和干预会降低决策的有效性,其形成的技术创新决策往往会背离市场需求的真实情况和无法适应市场的迅速变化。企业作为技术创新主体,其内部激励体制很大程度上决定了技术创新的决策者和参与者的行为选择,因而决定了企业低碳发展的水平与绩效。内部激励机制对创新的影响主要体现在 3 个方面:①治理结构。公司治理结构决定了作为长期战略投资的技术创新的决策问题,尤其是战略性股东在企业战略决策中的角色和作用很重要。②企业家的激励机制。技术创新活动很大程度上受到企业家的行为激励的影响,不同的企业家激励机制会促使其选择不同的经营行为,通常战略导向的企业家激励机制有利于技术创新,而短期财务绩效导向的激励机制不利于技术创新,会促使企业经理采取规模扩张或价格竞争的行为。③技术精英的激励机制。企业的技术精英是企业技术创新的知识资本和人力资本,这些员工都拥有企业技术创新的隐性知识,都进行了专用性人力资本投资,因此建立起对企业技术精英的激励机制是低碳技术创新的重要基础。

3. 政府层面

——站在战略的高度制定低碳发展规划。

应通过法律、法规和制度保障,有效引导低碳技术创新能力建设。美国是最早开始重视洁净煤技术的国家,最早可追溯到 1986 年的洁净煤技术示范工程。在 2002 年通过了洁净煤发电计划,加快了在该领域的研发。如今,美国洁净煤技术走在世界的前列,通过政府与企业合作开发污染控制技术、碳捕捉封存技术等,将洁净煤技术从最初的研发阶段发展到大规模商业化应用阶段。与此同时，实施相关法案如《能源政策法》《低碳经济法案》等重点推动太阳能等新能源的发展，旨在提高能源利用效率，降低碳排放。再如，英国的气候变化税制度、规范排放贸易机制；意大利的"绿色证书"制度、"白色证书"制度等，都为国家低碳技术创新起到了有力的推动作用。目前，我国京津冀层面的低碳法规、制度保障有待建立与完善，这是低碳政策保障的首要任务。

——根据低碳技术不同的发展阶段提供相应的激励政策。

在研发阶段，要重点解决好企业资金实力不足的问题。通过建立创新合作平台，鼓励高校、研发机构共同参与，启动大型研究项目吸引社会资金进入，鼓励企业创新。在试点推广阶段，政策扶持的重点是鼓励企业将创新成果商业化应用，鼓励企业进行新产品投资，实行土地、大型机器设备、产品收入上的税收优惠，也可直接进行产品补贴和消费补贴，鼓励企业建立示范工程等扩大产品市场。在产业化应用阶段，政府应重点完善市场交易机制，保证市场秩序，同时通过进出口相关政策优惠鼓励企业参与国际低碳产品市场竞争，占据国际市场优势地位。

——加大对低碳技术创新的扶持政策。

政府要对低碳技术创新给予三类扶持政策。①金融支持政策。应充分发挥资本市场的作用，积极推行"绿色投资"的准入制度、环境信息披露制度、增资扩股和绿色资本市场退出制度等，对不符合节能减排标准的企业要严格控制资金链条，多角度限制融通资金，发展壮大低碳企业。此外，可通过成立京津冀地区绿色发展基金，鼓励企业参与节能减排和应对全球气候变化。我国目前主要有清洁发展基金和中国绿色碳基金支持新能源和可再生能源开发以及温室气体减排技术等。②利用税收优惠和补贴。应实行低税率征税，增大对企业低碳技术创新研发投入所得税税前抵扣力度；鼓励企业研发活动使用设备采用加速折旧；增加进出口税收优惠对象覆盖范围，除了进口整机设备可享受税收优惠外，企业自主研发和创新活动开展所必需的各种零部件和原材料也同样享受；针对企业创新成果风险进行相关财政补贴。③充分利用政府采购促进低碳技术创新。从保护型采购过渡到激励型采购。从对最终产业的采购转向对前提研发采购上，发挥政府采购政策在技术创新链条上的导向作用。

——利用全球市场，积极参与国际低碳技术合作。

目前，清洁发展机制是引导发达国家和发展中国家开展技术合作的一项重要议定，尚需不断完善以实现共同减排。2017 年 12 月，美国政府推出全球"清洁煤炭联盟"（Clean coal alliance），拟在全球推广高效率低排放的清洁煤技术。我国在低碳技术领域还相对落后，因而，必须借助国际上相关的合作平台和组织，积极加强与低碳经济先进的发达国家之间的交流合作，鼓励国内低碳领域的大型企业、高校和科研院所积极参与国际化的合作与技术交流，通过引进高端技术和前沿技术，重点开发低碳技术，充分利用国际市场资源，降低低碳技术研发周期，提高技术成果转化率，降低生产与运营成本。

4. 技术层面

——明确重点，突破关键低碳技术。

低碳技术应明确重点，突破关键低碳技术：一是洁净煤技术。低碳经济发展的重要途径是减少资源消耗，提高能源利用效率。国际能源署对资源耗费预测，未来我国将会成为煤炭消耗大国，发展洁净煤技术，大幅度提高煤炭的利用效率，降低对环境的破坏程度是大势所趋。未来，洁净煤技术的发展方向是 IGCC 和 CCS 的结合。二是电动汽车技术。电动汽车技术正处于成长期，重点是实现技术的产业化推广，同时结合国际电动汽车技术的发展方向，扩大技术的使用范围，拓宽产品市场需求。三是可再生能源技术。如太阳能、风能发电目前只是小规模示范，并没有实现大规模应用。在可再生能源技术方面，京津冀地区应制定长期发展规划，不仅要实现技术突破，更要加快商业化应用。四是智能电网技术。国外的智能电网已经初具规模，京津冀地区应加快建设步伐，使其技术和装备水平达到国际领先水平。

——推动低碳技术创新主体的多样化协作。

从国内外实践看，低碳技术协同创新多为组织（企业）内部形成的知识（思想、专业技能、技术）分享机制，特点是参与者拥有共同目标、内在动力、直接沟通，依靠京津冀地区低碳技术信息平台，进行多方位交流、多样化协作。由于协同创新不同于原始创新的协调合作，也有别于集成创新、引进消化吸收再创新的产品技术要素整合，其本质属性是一种管理创新，多样化协作正是京津冀促进低碳发展的新方式。多样化协作需要企业研发机构与高校、科研院所等创新组织联合，通过构建产学研体系推动创新发展。①更加注重发挥政府宏观调控作用，加大企业研发的投入力度，依托骨干企业，围绕关键低碳技术创新和系统集成，支持建设若干具有世界先进水平的工程化平台，结合技术创新工程的实施，发展一批由企业主导、科研机构和高校积极参与的低碳技术创新联盟，深化创新型企业试点，完善科技资源共享利用机制，引导创新要素向企业集聚，强化企业自主创新的意识与能力。②支持企业建立研发中心，依托国家重点科研项目成立相关工程研究中心，积极鼓励企业建立工程技术研究中心和研发机构，运用北京、天津高校和科研院所密集的资源优势，支持京津冀地区企业将关键技术和核心优势作为技术创新支撑，依托创新平台，发展低碳技术战略联盟，发挥"抱团创新"的作用。③企业不仅要获得本土研发、创新优势，还要积极"走出去"，通过成立合资公司、在国外建立分公司等多种方式，充分利用国外优势技术资源，大力开展海外研发。同时，积极开展研发服务外包，在海外申请专利等形式通过创新能力。

——采取技术梯度分层进步战略，实现低碳发展的技术进步。

京津冀地区在低碳发展的技术进步路径选择上处于不同的阶段，有的已经越过了技术后发优势阶段进入了自主创新的阶段，有的正在处于技术后发优势和比较优势阶段。因此，如何结合不同城市低碳发展技术进步路径阶段设计分层进步战略，是把握京津冀地区低碳发展技术进步路径的关键。本书认为，根据各区域经济发展水平与科技发展程度的不同，应该采取技术梯度分层进步战略。北京、天津等发达城市科技发展水平、经济发展水平、人力资本水平、市场化程度已经越过了区域低碳发展的技术进步路径选择的"门槛条件"，因此这些城市的低碳发展技术进步策略以自主创新为主，可以选择在关键低碳技术领域布局技术攻关，寻找技术赶超的比较优势，实现对发达国家的技术赶超，至少是有限技术赶超。对于人均 GDP 处于 2.97 万至 3.70 万元的城市，因正处于经济发展转型阶段和人力资本、市场化水平等技术进步"门槛条件"的爬坡阶段，这些城市低碳发展的技术进步策略更多的是技术引进和自主创新相结合的方式，通过基础条件的不断积累，不断向自主创新转变。这些城市可以通过在某些优势领域选择自主创新实现技术突破，通过技术引进和自主创新相结合的方式实现技术的有限赶超。对于人均 GDP 低于 2.97 万元的城市，因经济水平还不发达，人力资本积累薄弱，市场化程度也较低，因此这些城市应该充分发挥比较优势，加快资本积累和人才储备，提升市场化程度，通过引进国内外的先进技术，在此基础上消化吸收再创新，充分利用技术的后发优势，实现技术差距的有效收敛。

参 考 文 献

巴罗, 哈维尔·萨拉伊马丁. 2000. 经济增长. 何晖, 刘明兴译. 北京: 中国社会科学出版社.

鲍勤, 汤铃, 杨烈勋, 等. 2011. 能源节约型技术进步下碳关税对中国经济与环境的影响——基于动态递归可计算一般均衡模型. 系统科学与数学, 31 (2): 175-186.

柴夫柴瓦兹（Chivchi Vaz）. 1988. 未来启示录. 徐元, 译. 上海: 上海译文出版社.

陈广玉. 2011. 美国碳排放强度及其启示. 能源与环境, (3): 8-10.

陈美球, 蔡海生. 2015. 低碳经济学. 北京: 清华大学版社.

陈诗一. 2009. 能源消耗、二氧化碳排放与中国工业的可持续发展. 经济研究, (4): 41-55.

陈诗一. 2010. 中国的绿色工业革命: 基于环境全要素生产率视角的解释(1980~2008). 经济研究, (11): 21-34.

陈夕红, 张宗益, 康继军, 等. 2013. 技术空间溢出对全社会能源效率的影响分析. 科研管理, 34(2): 62-68.

陈晓玲, 徐舒, 连玉君. 2015. 要素替代弹性、有偏技术进步对我国工业能源强度的影响. 数量经济技术经济研究, (3): 58-76.

陈昭玖, 翁贞林. 2015. 能源经济学. 北京: 清华大学出版社.

戴天仕, 徐现祥. 2010. 中国的技术进步方向. 世界经济, (11): 54-70.

戴彦德, 胡秀莲. 2013. 中国二氧化碳减排技术潜力和成本研究. 北京: 中国环境出版社.

蒂莫西·J, 科埃利. 2008. 效率与生产率分析引论. 北京: 中国人民大学出版社.

丁丁, 杨秀. 2015. 中国低碳发展政策路径研究. 北京: 科学技术文献出版社.

董直庆, 戴杰, 陈锐. 2013. 技术进步方向及其劳动收入分配效应检验. 上海财经大学学报, 15(5): 65-72.

董直庆, 王林辉. 2014. 技术进步偏向性和我国经济增长效率. 北京: 经济科学出版社.

杜祥琬. 2016. 低碳发展总论. 北京: 中国环境出版社.

范斐, 杜德斌, 游小珺, 等. 2015. 基于能力结构关系模型的区域协同创新研究. 地理科学, 35(1): 66-74.

方创琳. 2014. 中国城市群研究取得的重要进展与未来发展方向. 地理学报, 69(8): 1130-1144.

方创琳, 周成虎, 顾朝林, 等. 2016. 特大城市群地区城镇化与生态环境交互耦合效应解析的理论框架及技术路径. 地理学报, (4): 531-550.

方大春, 张敏新. 2011. 低碳经济的理论基础及其经济学价值, 中国人口·资源与环境, (7): 91-95.

冯·贝塔朗菲. 1989. 人的系统观. 北京: 华夏出版社.

冯烽, 叶阿忠. 2012. 技术溢出视角下技术进步对能源消费的回弹效应研究——基于空间面板数据模型. 财经研究, (09): 123-133.

冯之浚. 2000. 可持续发展与技术创新. 中国人口·资源与环境, 10(2): 5-10.

傅家骥. 1998. 企业重建与技术创新. 科技潮, (8):142-144.

盖文启, 王缉慈. 2000. 全球化浪潮中的区域发展问题. 北京大学学报（哲学社会科学版）, 37(6): 23-31.

高大伟, 周德群, 王群伟. 2010. 国际贸易、R&D 技术溢出及其对中国全要素能源效率的影响. 管理评论, 22(8): 122-128.

苟林. 2015. 中国钢铁行业节能减排潜力分析. 生态经济, (9): 52-55.

郭庆宾, 柳剑平. 2013. 进口贸易、技术溢出与中国碳排放. 中国人口·资源与环境, (3): 105-109.

郝枫. 2015. 超越对数函数要素替代弹性公式修正与估计方法比较. 数量经济技术经济研究, (4): 88-105.

何小钢, 王自力. 2015. 能源偏向型技术进步与绿色增长转型——基于中国 33 个行业的实证考察. 中国工业经济, (2): 50-62.

何小钢, 张耀辉. 2012. 技术进步、节能减排与发展方式转型——基于中国工业 36 个行业的实证考察. 数量经济技术经济研究, (3): 1-15.

胡鞍钢, 郑京海, 高宇宁, 等. 2008. 考虑环境因素的省级技术效率排名(1999~2005), (3): 933-960.

胡秋阳. 2014. 回弹效应与能源效率政策的重点产业选择. 经济研究, (2): 128-140.

黄先海, 徐圣. 2009. 中国劳动收入比重下降成因分析——基于劳动节约型技术进步的视角. 经济研究, (7): 34-44.

贾品荣. 2014. 民生科技. 创新模式与评价体系. 北京: 经济科学出版社.

江玉国, 范莉莉, 施庚宏. 2014. 我国低碳技术发展现状及障碍分析. 生态经济, (11): 47-52.

课题组. 2014. 江西低碳经济发展路径研究. 北京: 经济管理出版社.

匡远凤, 彭代彦. 2012. 中国环境生产效率与环境全要素生产率分析. 经济研究, (7): 62-74.

雷钦礼. 2013. 偏向性技术进步的测算与分析. 统计研究, (4): 83-91.

李国志. 2011. 基于技术进步的中国低碳经济研究. 北京: 北京航空航天大学博士学位论文.

李海东, 王帅, 刘阳. 2014. 基于灰色关联理论和距离协同模型的区域协同发展评价方法及实证. 系统工程理论与实践, (7): 1749-1755.

李虹, 张希源. 2016. 区域生态创新协同度及其影响因素研究. 中国人口·资源与环境, 26(6): 43-51.

李江龙. 2016. 中国绿色经济增长与能源转型. 福建: 厦门大学博士学位论文.

李锴, 齐绍洲. 2011. 贸易开放、经济增长与中国二氧化碳排放. 经济研究, (11): 60-72.

李科. 2013a. 我国省际节能减排效率及其动态特征分析. 中国软科学, (5): 144-157.

李科. 2013b. 中国产业结构对全要素能源效率的阈值效应分析——基于阈值效应随机前沿模型的研究. 管理学报, 10 (11): 1671-1680.

李廉水, 周勇. 2006. 技术进步能提高能源效率吗: 基于中国工业部门的实证检验. 管理世界, (10): 82-89.

李平, 江飞涛, 王宏伟, 等. 2016. 中国的经济结构调整与化解过剩产能, 北京: 经济管理出版社.

李胜文, 李新春, 杨学儒. 2010. 中国的环境效率与环境管制——基于 1986~2007 年省级水平的估算. 财经研究, (2): 59-68.

李小平, 卢现祥. 2010. 国际贸易、污染产业转移和中国工业 CO_2 排放. 经济研究, (1): 15-26.

李忠民, 姚宇, 王保忠. 2017. 中国低碳发展研究. 北京: 经济科学出版社.

李子豪, 刘辉煌. 2011. 外商直接投资、技术进步和二氧化碳排放——基于中国省际数据的研究. 科学学研究, (10): 1495-1503.

林伯强. 2003. 结构变化、效率改进与能源需求预测——以中国电力行业为例. 经济研究, (5): 57-65.

林伯强. 2011. 中国低碳转型. 北京: 科学出版社.

林伯强. 2015. 发展清洁能源需要技术创新. 中国科学报.

林伯强, 杜克锐. 2014. 理解中国能源强度的变化: 一个综合的分解框架. 世界经济, (4): 69-87.

林毅夫, 张鹏飞. 2006. 适宜技术、技术选择和发展中国家的经济增长. 经济学(季刊), 5(4): 985-1006.

刘华军, 闫庆悦. 2011. 贸易开放、FDI 与中国 CO_2 排放. 数量经济技术经济研究, (3): 21-35.

刘立涛, 沈镭. 2010. 中国区域能源效率时空演进格局及其影响因素分析. 自然资源学报, 25 (12): 2142-2153.

刘强, 姜克隽, 胡秀莲. 2010. 中国能源领域低碳技术发展路线图. 气候变化研究进展, (5): 370-375.

刘玉海, 武鹏. 2011. 能源消耗、二氧化碳排放与 APEC 地区经济增长——基于 SBM-Undesirable 和 Meta-frontier 模型的实证研究. 经济评论, (6): 109-120.

刘则渊. 1999. 国家创新体系与企业技术创新制度. 科学学与科学技术管理, (10):15-18.

刘哲, 曾维华. 2014. 低碳技术发展路线图及优选模型研究综述. 中国人口·资源与环境, (S2): 11-13.

柳卸林. 1997. 技术轨道和自主创新. 中国科技论坛, (2): 30-33.

陆铭, 冯皓. 2014. 集聚与减排: 城市规模差距影响工业污染强度的经验研究. 世界经济, (7): 86-114.

陆雪琴, 章上峰. 2013. 技术进步偏向定义及其测度. 数量经济技术经济研究, (8): 20-34.

曼昆, 梁小民. 2006. 经济学原理-微观经济学分册. 北京: 北京大学出版社.

牛文元. 2012. 中国可持续发展总论(英文版). 北京: 科学出版社.

潘家华, 庄贵阳, 郑艳, 等. 2010. 低碳经济的概念辨识及核心要素分析. 国际经济评论, (4): 88-101.

彭绪庶. 2015. 钢铁产业循环经济发展与技术创新. 北京: 经济管理出版社.

齐绍洲, 王班班. 2013. 开放条件下的技术进步、要素替代和中国能源强度分解. 世界经济研究, (9): 3-9.

齐晔, 张希良. 2016. 中国低碳发展报告(2015~2015). 北京: 社会科学文献出版社.

秦炳涛. 2014. 中国区域能源效率研究——地级市的视角. 世界经济文汇, (1): 95-104.

任乃鑫, 蒋文杰, 许佳. 2010. 低碳建筑设计理念与技术. 华中建筑, (9): 18-21.

萨克塞（Hans Sachsse）. 1972. 生态哲学. 上海. 东方出版社.

邵帅, 杨莉莉, 黄涛. 2013. 能源回弹效应的理论模型与中国经验. 经济研究, (2): 96-109.

沈健. 2013. 中国要素替代弹性与有偏技术进步. 南京: 南京大学硕士学位论文.

盛斌, 吕越. 2012. 外国直接投资对中国环境的影响——来自工业行业面板数据的实证研究. 中国社会科学, (5): 54-75.

师博, 沈坤荣. 2012. 城市化、产业集聚与EBM能源效率. 产业经济研究, (6): 10-16.

石定寰, 柳卸林. 1999. 建设面向二十一世纪的国家技术创新体系. 求是, (10): 22-24

史丹, 吴利学, 傅晓霞, 等. 2008. 中国能源效率地区差异及其成因研究——基于随机前沿生产函数的方差分解. 管理世界, (2): 35-43.

宋冬林, 王林辉, 董直庆. 2011. 资本体现式技术进步及其对经济增长的贡献率(1981~2007). 中国社会科学, (2): 91-106.

宋马林, 王舒鸿. 2013. 环境规制、技术进步与经济增长. 经济研究, (3): 122-134.

宋晓华. 2012. 基于低碳经济的发电行业节能减排路径研究. 北京: 华北电力大学博士学位论文.

孙传旺, 刘希颖, 林静. 2010. 碳强度约束下中国全要素生产率测算和收敛性研究. 金融研究, (6): 17-33.

唐未兵, 傅元海, 王展祥. 2014. 技术创新、技术引进与经济增长方式转变. 经济研究, (7): 31-43.

涂正革. 2008. 环境、资源与工业增长的协调性. 经济研究, (2): 93-105.

涂正革, 肖耿. 2005. 中国的工业生产力革命——用随机前沿生产模型对中国大中型工业企业全要素生产率增长的分解及分析. 经济研究, (3): 4-15.

万伦来, 朱琴. 2013. R&D投入对工业绿色全要素生产率增长的影响——来自中国工业1999~2010年的经验数据. 经济学动态, (9): 20-26.

汪克亮, 杨宝臣, 杨力. 2012. 环境约束下的中国全要素能源效率测度及其收敛性. 管理学报, 9 (7): 1071-1077.

王班班, 齐绍洲. 2014. 有偏技术进步、要素替代与中国工业能源强度. 经济研究, (2): 115-127.

王保忠. 2014. 中国能源富集区低碳转型发展研究. 西安: 陕西师范大学博士学位论文.

王兵, 颜鹏飞. 2007. 技术效率、技术进步与东亚经济增长——基于APEC视角的实证分析. 经济研究, (5): 91-103.

王兵, 刘光天. 2015. 节能减排与中国绿色经济增长——基于全要素生产率的视角. 中国工业经济, (5): 57-69.

王兵, 吴延瑞, 颜鹏飞. 2008. 环境管制与全要素生产率增长. 经济研究, (5): 2-15.

王兵, 吴延瑞, 颜鹏飞. 2010. 中国区域环境效率与环境全要素生产率增长. 经济研究, (5): 95-109.

王兵, 张技辉, 张华. 2011. 环境约束下中国省际全要素能源效率实证研究. 经济评论, (4): 31-43.

王锋, 吴丽华, 杨超. 2010. 中国经济发展中碳排放增长的驱动因素研究. 经济研究, (2): 123-136.

王可强. 2012. 基于低碳经济的产业结构优化研究. 长春: 吉林大学博士学位论文.

王林辉, 董直庆. 2012. 资本体现式技术进步、技术合意结构和我国生产率增长来源. 数量经济技术经济研究, (5): 3-18.

王群伟, 周德群, 周鹏. 2013. 效率视角下的中国节能减排问题研究. 上海: 复旦大学出版社.

王少剑, 方创琳, 王洋. 2015. 京津冀地区城市化与生态环境交互耦合关系定量测度. 生态学报, 35(7): 2244-2254.

王恕立, 胡宗彪. 2012. 中国服务业分行业生产率变迁及异质性考察. 经济研究, (4): 15-27.

王寅生, 2014. 河北省钢铁产业低碳转型研究. 天津: 河北工业大学硕士学位论文.

魏恕. 2015. 中国二氧化碳排放特征与减排战略研究. 北京: 人民出版社.

魏楚, 沈满洪. 2007. 能源效率及其影响因素: 基于 DEA 的实证分析. 管理世界, (8): 66-76.

魏一鸣, 刘兰翠, 范英, 等. 2008. 中国能源报告（2008）: 碳排放研究. 北京: 科学出版社.

吴延兵. 2008. 自主研发、技术引进与生产率——基于中国地区工业的实证研究. 经济研究, (8): 51-64.

许涤龙, 钟雄, 李正辉. 2010. 两型社会建设中经济与环境的协调度评价. 统计与决策, (18): 39-40.

许和连, 邓玉萍. 2012. 外商直接投资导致了中国的环境污染吗？——基于中国省际面板数据的空间计量研究. 管理世界, (2): 30-43.

宣烨, 周绍东. 2011. 技术创新、回报效应与中国工业行业的能源效率. 财贸经济, (1): 116-121.

杨芳. 2013. 技术进步对中国二氧化碳排放的影响及政策研究. 北京: 经济科学出版社.

杨红亮, 史丹. 2008. 能效研究方法和中国各地区能源效率的比较. 经济理论与经济管理, (3): 12-20.

杨俊, 邵汉华. 2009. 环境约束下的中国工业增长状况研究——基于 Malmquist-Luenberger 指数的实证分析. 数量经济技术经济研究, (9): 64-78.

杨莉莉, 邵帅, 曹建华. 2014. 资源产业依赖对中国省域经济增长的影响及其传导机制研究——基于空间面板模型的实证考察. 财经研究, (3): 4-16.

杨颖. 2010. 城市轨道交通低碳技术应用研究. 机车电传动, (6): 1-6.

杨振兵, 邵帅, 杨莉莉. 2016. 中国绿色工业变革的最优路径选择——基于技术进步要素偏向视角的经验考察. 经济学动态, (1): 76-89.

袁鹏, 程施. 2011. 中国工业环境效率的库兹涅茨曲线检验. 中国工业经济, (2): 79-88.

约瑟夫. 熊彼特. 1992. 经济发展理论, 北京: 商务印书馆.

张军, 陈诗一, Jefferson G H. 2009. 结构改革与中国工业增长. 经济研究, (7): 4-20.

张军, 吴桂英, 张吉鹏. 2004. 中国省际物质资本存量估算: 1952~2000. 经济研究, (10): 35-44.

张可, 豆建民. 2015. 集聚与环境污染——基于中国 287 个地级市的经验分析. 金融研究, (12): 32-45.

张伟, 吴文元. 2011. 基于环境绩效的长三角都市圈全要素能源效率研究. 经济研究, (10): 95-109.

章上峰. 2011. 时变弹性生产函数生产率分解公式及其政策含义. 数量经济技术经济研究, (7): 106-121.

赵志耘, 吕冰洋, 郭庆旺, 等. 2007. 资本积累与技术进步的动态融合: 中国经济增长的一个典型事实. 经济研究, (11): 18-31.

郑玉歆. 2007. 全要素生产率的再认识——用 TFP 分析经济增长质量存在的若干局限. 数量经济技术经济研究, 24(9): 3-11.

朱承亮, 岳宏志, 师萍. 2011. 环境约束下的中国经济增长效率研究. 数量经济技术经济研究, (5): 3-20.

朱平芳, 张征宇, 姜国麟. 2011. FDI 与环境规制: 基于地方分权视角的实证研究. 经济研究, (6): 133-145.

庄贵阳. 2007. 中国: 以低碳经济应对气候变化挑战. 环境经济, (1): 69-71.

Acemoglu D. 1998. Why do new technologies complement skills? directed technical change and wage inequality. Quarterly Journal of Economics, 113(4): 1055-1089.

Acemoglu D. 2002. Directed technical change. Review of Economic Studies, 69(4): 781-809.

Acemoglu D. 2003. Labor and capital-augmenting technical change. Journal of the European Economic Association, 1 (1): 1-37.

Acemoglu D, Guerrieri V. 2008. Capital deepening and nonbalanced economic growth. Journal of Political Economy, 116: 467-498.

Acemoglu D, Zilibotti F. 2001. Productivity differences. Quarterly Journal of Economics, 116: 563-606.

Acemoglu D, Aghion P, Bursztyn L, et al. 2012. The environment and directed technical change. American Economic Review, 102: 131-166.

Adeyemi O I, Hunt L C. 2007. Modelling OECD industrial energy demand: Asymmetric price responses and energy-saving technical change. Energy Economics, 29(4): 693-709.

Aigner D, Lovell C A K. 1977. Formulation and estimation of stochastic frontier production function models. Journal of Econometrics, 6: 21-37.

Akpan U S, Green O A, Bhattacharyya S. 2014. Effect of technology change on CO_2 emissions in Japan's industrial sectors in the period 1995~2005: An input–output structural decomposition analysis. Environmental and Resource Economics, 61(2): 165-189.

Almanidis P. 2013. Accounting for heterogeneous technologies in the banking industry: A time-varying stochastic frontier model with threshold effects. Journal of Productivity Analysis, 39(2): 191-205.

Ang J B. 2009. CO_2 emissions, research and technology transfer in China. Ecological Economics, 68(10): 2658-2665.

Antonelli C. 1993. Externalities and complementarities in telecommunications dynamics. International Journal of Industrial Organization, 11 (3) :437-447.

Antràs P. 2004. Is the U. S. aggregate production function cobb-douglas? New estimates of the elasticity of substitution. Contributions in Macroeconomics, 4(1): 1161.

Arora F. 2000. Wholly owned subsidinary versus technology licensing in the worldwide chemical industry. Journal of International Business Studies, 31: 555-579.

Arrow K J, Chenery H B, Minhas B S, et al. 1961. Capital-labor substitution and economic efficiency. The Review of Economics and Statistics, 43 (3): 225-250.

Atici C. 2012. Carbon emissions, trade liberalization, and the Japan-ASEAN interaction: A group-wise examination. Journal of the Japanese and International Economies, 26(1): 167-178.

Atkinson S E, Dorfman J H. 2005. Bayesian measurement of productivity and efficiency in the presence of undesirable outputs: Crediting electric utilities for reducing air pollution. Journal of Econometrics, 126: 445-468.

Barreto L, Kypreos S. 2004. Endogenizing R&D and market experience in the "bottom-up" energy-systems ERIS model. Technovation, 24, 615-629.

Barro R J, Sala-i-Martin X. 1997. Technological diffusion, convergence, and growth. Journal of Economic Growth, 2(1): 1-27.

Basu S, Weil D N. 1998. Appropriate technology and growth. The Quarterly Journal of Economics, 113: 1025-1054.

Barros C P, Weber W L. 2009. Productivity growth and biased technological change in UK airports. Transport

Policy, 45(4): 642-653.

Battese G E, Coelli T J. 1992. Frontier production functions, technical efficiency and panel data: With application to paddy farmers in India. J Prod Anal, 3: 153-169.

Battese G E, Rao D S P. 2002. Technology gap, efficiency, and a stochastic metafrontier function. International Journal of Business and Economics, 1(2): 87-93.

Battese G E, Rao D S P, O'Donnell C J. 2004. A metafrontier production function for estimation of technical efficiencies and technology gaps for firms operating under different technologies. Journal of Productivity Analysis, 21: 91-103.

Bian Y, He P, Xu H. 2013. Estimation of potential energy saving and carbon dioxide emission reduction in China based on an extended non-radial DEA approach. Energy Policy, 63(4): 962-971.

Bointner R. 2014. Innovation in the energy sector: Lessons learnt from R&D expenditures and patents in selected IEA countries. Energy Policy, 73: 733-747.

Bölük G, Koc A A. 2010. Electricity demand of manufacturing sector in Turkey: A translog cost approach. Energy Economics, 32, 609-615.

Bosetti V, Carraro C, Massetti E, et al. 2008. International energy R&D spillovers and the economics of greenhouse gas atmospheric stabilization. Energy Economics, 30 (6): 2912-2929.

Boucekkine R, Pommeret A. 2004. Energy saving technical progress and optimal capital stock: The role of embodiment. Economic Modelling, 21(3): 429-444.

Briec W, Peypoch N. 2007. Biased technical change and parallel neutrality. Journal of Economics, 92(3): 281-292.

Cao J. 2007. Measuring green productivity growth for China's manufacturing sectors: 1991~2000. Asian Economic Journal, 21(4): 425-451.

Chang M C. 2013. A comment on the calculation of the total-factor energy efficiency(TFEE)index. Energy Policy, 53: 500-504.

Chang Y C, Yu M M. 2014. Measuring physical productivity growth and biased technological change in Chinese airports. Articles, 2014: 41.

Chen Y Y, Schmidt P, Wang H J. 2014. Consistent estimation of the fixed effects stochastic frontier model. Journal of Econometrics. 181(2): 65-76.

Chen Z, Barros C P, Borges M R. 2015. A Bayesian stochastic frontier analysis of Chinese fossil-fuel electricity generation companies. Energy Economics, 48: 136-144.

Chenery H, Robinson S, Syrquin M. 1986. Industrialization and Growth: A Comparative Study. Oxford University Press.

Chiu C R, Liou J L, Wu P I. 2012. Decomposition of the environmental inefficiency of the meta-frontier with undesirable output. Energy Economics, 34(5): 1392-1399.

Chung Y H, Färe R, Grosskopf S. 1997. Productivity and undesirable outputs: A directional distance function approach. J Environmental Management, 51: 229-240.

Cornwell C, Schmidt P, Sickles R C. 1990. Production frontiers with cross-sectional and time-series variations in efficiency levels. Journal of Econometrics, 46: 185-200.

Dasgupta S, Roy J. 2015. Understanding technological progress and input price as drivers of energy demand in manufacturing industries in India. Energy Policy, 83: 1-13.

David P A, Klundert TVD. 1965. Biased efficiency growth and capital-labor substitution in the U. S. ,

1899~1960. The American Economic Review, 55(3): 357-394.

Deb A K, Ray S C. 2014. Total factor productivity growth in Indian manufacturing: A biennial malmquist analysis of inter-state data. Indian Economic Review, 49(1): 1-25.

Diamond P A. 1965. Disembodied technical change in a two-sector model. Rev Econ Stud, 32: 161-168.

Dieta T, Rosa E A. 1994. Rethinking the environmental impacts of population, affluence and technology. Hunan Ecology Review, (1): 277-300.

Du M, Wang B, Wu Y. 2014. Sources of China's economic growth: An empirical analysis based on the BML index with green growth accounting. Sustainability, 6(9): 5983-6004.

Elliott R J R, Sun P, Chen S. 2013. Energy intensity and foreign direct investment: A Chinese city-level study. Energy Economics, 40: 484-494.

El-Sayed A, Rubio S J. 2014. Sharing R&D investments in cleaner technologies to mitigate climate change. Resource and Energy Economics, 38: 168-180.

Fan M, Shao S, Yang L. 2015. Combining global malmquist–luenberger index and generalized method of moments to investigate industrial total factor CO_2 emission performance: A case of Shanghai(China). Energy Policy, 79: 189-201.

Färe R, Grosskopf S, Lovell C A K, et al. 1989. Multilateral productivity comparisons when some outputs are undesirable: A nonparametric approach. The Review of Economics and Statistics, 71 (1): 90-98.

Färe R, Grosskopf S. 1997. Intertemporal production frontiers: With dynamic DEA. Journal of the Operational Research Society, 48(6): 656.

Färe R, Grosskopf S, Noh DW, et al. 2005. Characteristics of a polluting technology: Theory and practice. Journal of Econometrics, 126(2): 469-492.

Färe R, Grosskopf S, Jr C A P. 2007. Environmental production functions and environmental directional distance functions. Energy, 32(7): 1055-1066.

Färe R, Grifell-Tatjé E, Grosskopf S, et al. 2010. Biased technical change and the malmquist productivity index. Scandinavian Journal of Economics, 99(1): 119-127.

Felipe J. 1999. Total factor productivity growth in East Asia: A critical survey. The Journal of Development Studies, 35 (4): 1-41.

Filippini M, Greene W. 2016. Persistent and transient productive inefficiency: A maximum simulated likelihood approach. Journal of Productivity Analysis, 45: 1-10.

Fisher-Vanden K, Jefferson G H, Liu H, et al. 2004. What is driving China's decline in energy intensity. Resource and Energy Economics, 26: 77-97.

Fisher-Vanden K, Jefferson G H, Ma J, et al. 2006. Technology development and energy productivity in China. Energy Economics, 28(5): 690-705.

Garrone P, Grilli L. 2010. Is there a relationship between public expenditures in energy R&D and carbon emissions per GDP? An empirical investigation. Energy Policy, 38(10): 5600-5613.

Goulder L H, Schneider S H. 1999. Induced technological change and the attractiveness of CO abatement policies. Resource and Energy Economics, 21: 211-253.

Greene W. 2004. Distinguishing between heterogeneity and ineffciency: stochastic frontier analysis of the World Health Organization's panel data on national health care systems. Health Economics, 13: 1-22.

Greene W. 2005. Reconsidering heterogeneity in panel data estimators of the stochastic frontier model. Journal of Econometrics, 126(2): 269-303.

Greene W H. 2007. The econometric approach to efficiency analysis// Fried H O, Lovell C A K, Schmidt S S(Eds). The Measurement of Productive Efficiency and Productivity Growth. Oxford New York: University Press: 92-250.

Greenwood J, Hercowitz H, Krusell P. 1997. Long-run implications of investment-specific technological change. American Economic Review, 87 (3): 363-382.

Grimes P, Kentor J. 2003. Exporting the greenhouse: Foreign capital penetration and CO_2 emissions 1980~1996. Journal of World Systems Research, (3): 261-275.

Hailu A, Veeman T S. 2000. Environmentally sensitive productivity analysis of the canadian pulp and paper industry, 1959~1994: An input distance function approach. Journal of Environmental Economics and Management, 40(3): 251-274.

Hailu K B, Tanaka M. 2015. A "true" random effects stochastic frontier analysis for technical efficiency and heterogeneity: Evidence from manufacturing firms in Ethiopia. Economic Modelling, 50: 179-192.

Hansen B E. 1999. Threshold effects in non-dynamic panels: Estimation, testing, and inference. Journal of Econometrics, 93: 345-368.

Hardin G. 1968. The tragedy of the commons. Science: 1243-1247.

Harrod R F. 1942. Towards a Dynamic Economics : Some Recent Developments of Economic Theory and Their Application to Policy. London: Macmillan.

Hassaballa H. 2014. Testing for Granger causality between energy use and foreign direct investment Inflows in developing countries. Renewable and Sustainable Energy Reviews, 31: 417-426.

Hassler J, Krusell P, Olovsson C. 2012. Energy-saving technical change. NBER Working paper series, no W18456, http://www. nber. org/papers/w18456.

He F, Zhang Q, Lei J, et al. 2013, Energy efficiency and productivity change of China's iron and steel industry: accounting for undesirable outputs. Energy Policy, 54: 204-213.

Henderson D J, Russell R R. 2005. Human capital and convergence: a production-frontier approach. Internaltional Economic Review, 46(4): 1167-1205.

Hicks J R. 1932. The Theory of Wages. London: Macmillan.

Hu J L, Wang S C. 2006. Total-factor energy efficiency of regions in China. Energy Policy, 34(17): 3206-3217.

Hulten C R. 1992. Growth accounting when technical change is embodied in capital. The American Economic Review, 82 (4): 964-980.

IPCC. 2000. Special report on emissions scenarios: A special report of working group III of the intergovernmental panel on climate change. Cambridge: Cambridge University Press.

IPCC. 2001. The Third Assessment Report of the Intergovernmental Panel on Climate Change. Cambridge: Cambridge University Press.

IPCC. 2007. The fourth assessment report of the intergovernmental panel on climate change. Cambridge: Cambridge University Press.

Jaffe A B, Newell R G, Stavins R N. 2002. Environmental policy and technological change. Environ Resour Econ, 22: 41-69.

Jakeman G, Hanslow K, Hinchy M. 2004. Induced innovations and climate change policy. Energy Economics, 26(6): 937-960.

Jia P, Li K, Shao S. 2018. Choice of technological change for China's low-carbon development: Evidence from three urban agglomerations. Journal of Environmental Management, 206: 1308-1319.

Jiang X, Zhu K, Green C. 2015. China's energy saving potential from the perspective of energy efficiency advantages of foreign-invested enterprises. Energy Economics, 49: 104-112.

Jondrow J, Lovell C A K, Materov I S. 1982. On the estimation of technical ineffciency in the stochastic frontier production function model. Journal of Econometrics, 1982, 19: 233-238.

Karanfil F, Yeddir-Tamsamani Y. 2010. Is technological change biased toward energy? A multi-sectoral analysis for the French economy. Energ Policy, 38: 1842-1850.

Kaya Y. 1989. Impact of carbon dioxide emission on GNP growth: Interpretation of proposed scenarios [R]. Paris: IPCC Energy and Industry Subgroup.

Kennedy C. 1964. Induced Bias in Innovation and the Theory of Distribution. Economic Journal, 74(295): 541-547.

Kim S, Han G. 2001. A decomposition of total factor productivity growth in korean manufacturing industries: A stochastic frontier approach. Journal of Productivity Analysis, 16: 269-281.

Kjaer L, Høst-Madsen N, Schmidt J. 2015. Application of environmental input-output analysis for corporate and product environmental footprints—learnings from three cases. Sustainability, 7(9): 11438-11461.

Klaassen G, Miketa A, Larsen K. 2005. The impact of R&D on innovation for wind energy in Denmark, Germany and the United Kingdom. Ecological Economics, 54(2-3): 227-240.

Klump R, Mcadam P, Willman A. 2007. Factor substitution and factor-augmenting technical progress in the United States: A normalized supply-side system approach. Review of Economics & Statistics, 89(1): 183-192.

Klump R, Mcadam P, Willman A. 2008. Unwrapping some euro area growth puzzles: Factor substitution, productivity and unemployment. Journal of Macroeconomics, 30(2): 645-666.

Koop G. 1998. Carbon dioxide emissions and economic growth: a structural approach. Journal of Applied Statistics, 25(4): 489-515.

Kumar S, Managi S. 2009. Energy price-induced and exogenous technological change: Assessing the economic and environmental outcomes. Resour. Energy Economics, 31: 334-353.

Kumbhakar S C. 1990. Production frontiers, panel data, and time-varying technical efficiency. Journal of Econometrics, 46: 201-212.

Kumbhakar S C, Heshmati A. 1995. Efficiency measurement in swedish dairy farms: An application of rotating panel data, 1976–88. American Journal of Agricultural Economics, 77 (3): 660-674.

Kumbhakar S C, Lovell C A K. 2000. Stochastic Frontier Analysis. Cambridge: Cambridge Univiersity Press.

Kumbhakar S C, Wang H J. 2005. Estimation of growth convergence using a stochastic production frontier approach. Economics Letters, 88 (3): 300-305.

Kumbhakar S C, Lien G, Hardaker J B. 2014. Technical efficiency in competing panel data models: A study of norwegian grain farming. Journal of Productivity Analysis, 41 (2): 321-337.

Lai H P. 2013. Estimation of the threshold stochastic frontier model in the presence of an endogenous sample split variable. Journal of Productivity Analysis, 40(2): 227-237.

Lee J, Veloso F M, Hounshell D A. 2011. Linking induced technological change, and environmental regulation: Evidence from patenting in the U S auto industry. Res Policy, 40: 1240-1252.

Lee S H, Park S, Kim T. 2015. Review on investment direction of green technology R&D in Korea. Renewable and Sustainable Energy Reviews, 50: 186-193.

León-Ledesma M A, McAdam P, Willman A. 2010. Identifying the elasticity of substitution with biased technical change. Am Econ Rev, 100: 1330-1357.

Li A, Lin B. 2013. Comparing climate policies to reduce carbon emissions in China. Energy Policy, 60: 667-674.

Li H, Dong L, Wang D. 2013. Economic and environmental gains of China's fossil energy subsidies reform: A rebound effect case study with EIMO model. Energy Policy, 54: 335-342.

Li K, Lin B. 2014. The nonlinear impacts of industrial structure on China's energy intensity. Energy, 69: 258-265.

Li K, Lin B. 2015a. Heterogeneity in rebound effects: Estimated results and impact of China's fossil-fuel subsidies. Applied Energy, 149: 148-160.

Li K, Lin B. 2015b. How does administrative pricing affect energy consumption and CO_2 emissions in China. Renewable and Sustainable Energy Reviews, 42: 952-962.

Li K, Lin B. 2015c. Measuring green productivity growth of Chinese industrial sectors during 1998~2011. China Economic Review, 36: 279-295.

Li K, Lin B. 2015d. Metafroniter energy efficiency with CO_2 emissions and its convergence analysis for China. Energy Economics, 48: 230-241.

Li K, Lin B. 2016. Heterogeneity analysis of the effects of technology progress on carbon intensity in China. International Journal of Climate Change Strategies and Management, 8 (1): 129-152.

Li K, Lin B. 2017. Economic growth model, structural transformation, and green productivity in China. Apply Energy, 187: 489-500.

Li K, Song M. 2016. Green development performance in China: A metafrontier non-radial approach. Sustainability, 8(3): 219.

Li Y, Sun L, Feng T, et al. 2013. How to reduce energy intensity in China: A regional comparison perspective. Energy Policy, 61: 513-522.

Lin B, Du K. 2013. Technology gap and China's regional energy efficiency: A parametric metafrontier approach. Energy Economics, 40: 529-536.

Lin B, Liu W. 2017. Estimation of energy substitution effect in China's machinery industry-based on the corrected formula for elasticity of substitution. Energy, 129: 246-254.

Lin B, Liu X. 2012. Dilemma between economic development and energy conservation: Energy rebound effect in China. Energy, 45(1): 867-873.

Lundgren T, Marklund P O, Samakovlis E, et al. 2015. Carbon prices and incentives for technological development. J Environ Manage, 150: 393-403.

Ma C, Stern D I. 2008. China's changing energy intensity trend: A decomposition analysis. Energy Economics, 30: 1037-1053.

Mahmood A, Marpaung C O P. 2014. Carbon pricing and energy efficiency improvement-why to miss the interaction for developing economies? An illustrative CGE based application to the Pakistan case. Energy Policy, 67: 87-103.

Manne A, Richels R. 2004. The impact of learning-by-doing on the timing and costs of CO_2 abatement. Energy Economics, 26(4): 603-619.

Mastromarco C, Serlenga L, Shin Y. 2012. Is globalization driving efficiency? A threshold stochastic frontier panel data modeling approach. Review of International Economics, 20(3): 563-579.

McDonald A, Schrattenholzer L. 2001. Learning rates for energy technologies. Energy Policy, 29: 255-261.

Meeusen W, van den Broeck J. 1977. Efficiency estimation from cobb-douglas production functions with composed error. International Economic Review, 18: 435-444.

Miketa A, Schrattenholzer L. 2004. Experiments with a methodology to model the role of R&D expenditures in energy technology learning processes, first results. Energy Policy, 32(15): 1679-1692.

Mueller S C, Sandner P G, Welpe I M. 2014. Monitoring innovation in electrochemical energy storage technologies: A patent-based approach. Applied Energy, 137: 537-544.

Nakata T, Sato T, Wang H. 2011. Modeling technological learning and its application for clean coal technologies in Japan. Applied Energy, 88(1): 330-336.

Newell R G, Jaffe A B, Stavins R N. 1999. The induced innovation hypothesis and energy-saving technological change. The Quarterly Journal of Economics , 114: 941-975.

Nordhaus W D, Yang Z. 1996. Association a regional dynamic general-equilibrium model of alternative climate-change strategies. The American Economic Review, 86(4): 741-765.

Nordhaus W D. 1973. Some skeptical thoughts on the theory of induced innovation. Quarterly Journal of Economics, 87(2): 208-219.

Oh D H. 2009. A global malmquist-luenberger productivity index-an application to OECD countries 1990~2004. Working Paper.

Oh D H. 2010. A global malmquist-luenberger productivity index. Journal of Productivity Analysis, 34(3): 183-197.

Okushima M T S. 2010. What causes the change in energy demand in the economy? The role of technological change. Energy Economics, 32: S41-S46.

Okushima S, Tamura M. 2010. What causes the change in energy demand in the economy. Energy Economics, 32: S41-S46.

Orea L, Kumbhakar S C. 2004. Efficiency measurement using a latent class stochastic frontier model. Empirical Economics, 29: 169-183.

Orea L, Llorca M, Filippini M. 2015. A new approach to measuring the rebound effect associated to energy efficiency improvements: An application to the US residential energy demand. Energy Economics, 49: 599-609.

Otto V M, Löschel A, Dellink R. 2007. Energy biased technical change: A CGE analysis. Resour Energy Economics, 29: 137-158.

Pacala S, Socolow R. 2004. Stabilization wedges: Solving the climate problem for the next 50 years with current technologies. Science, 305(5686): 968.

Pacini H, Silveira S. 2014. Carbon intensities of economies from the perspective of learning curves. Challenges in Sustainability, 1(2): 94-103.

Pao H T, Tsai C M. 2011. Multivariate granger causality between CO_2 emissions, energy consumption, FDI(foreign direct investment)and GDP(gross domestic product): Evidence from a panel of BRIC(Brazil, Russian Federation, India, and China)countries. Energy, 36(1): 685-693.

Pastor J T, Asmild M, Lovell C A K. 2011. The biennial malmquist productivity change index. Socio-Economic Planning Sciences. 45(1): 10-15.

Popp D. 2002. Induced innovation and energy prices. Am Econ Rev, 92: 160-180.

Popp D. 2004. Innovation and energy prices. Encyclopedia of Energy, 3: 451-458.

Popp D, Newell R. 2012. Where does energy R&D come from? Examining crowding out from energy R&D. Energy Economics, 34: 980-991.

Ramanathan R. 2005. An analysis of energy consumption and carbon dioxide emissions in countries of the middle east and north Africa. Energy, 30, 2831-2842.

Ren S, Yuan B, Ma X. 2014. International trade, FDI(foreign direct investment)and embodied CO_2 emissions: A case study of China industrial sectors. China Economic Review, 28: 123-134.

Rosnberg N. 1982. Inside the Black Box: Technology and Economics. Cambridge: Cambridge University Press.

Sagar A D, van der Zwaan B. 2006. Technological innovation in the energy sector: R&D, deployment, and learning-by-doing. Energy Policy, 34(17): 2601-2608.

Samuelson P A. 1965. Proof that Properly Anticipated Prices Fluctuate Randomly[M]// The World Scientific Handbook of Futures Markets: 25-38.

Sato R, Morita T. 2009. Quantity or quality: The impact of labor-saving innovation on US and Japanese growth rates, 1960~2004. Japanese Economic Review, 60(4): 407-434.

Schmidt P, Sickles R C. 1984. Production frontiers and panel data. Journal of Business & Economic Statistics, 2(4): 367-374.

Shao S, Huang T, Yang L. 2014. Using latent variable approach to estimate China's economy-wide energy rebound effect over 1954~2010. Energy Policy, 72: 235-248.

Shao S, Luan R, Yang Z, et al. 2016. Does directed technological change get greener: Empirical evidence from Shanghai's industrial green development transformation. Ecol Indic, 69: 758-770.

Shestalova V. 2003. Sequential malmquist indices of productivity growth: An application to OECD industrial activities. Journal of Productivity Analysis, 19(2): 211-226.

Simcoe T, Toffel M W. 2014. Government green procurement spillovers: Evidence from municipal building policies in California. Journal of Environmental Economics and Management, 68(3): 411-434.

Solow R M. 1957. Technical change and the aggregate production function. Review of Economics & Statistics, 39(3): 554-562.

Solow R. 1969. Investment and technical change. Mathematical Methods in The Social Sciences. Palo Alto : Stanford University Press.

Song M, An Q, Zhang W, et al. 2012. Environmental efficiency evaluation based on data envelopment analysis: A review. Renewable & Sustainable Energy Reviews, 16(7): 4465-4469.

Song M, Song Y, An Q, et al. 2013a. Review of environmental efficiency and its influencing factors in China:1998~2009. Renewable and Sustainable Energy Reviews, 20: 8-14.

Song M, Yang L, Wu J, et al. 2013b. Energy saving in China: Analysis on the energy efficiency via bootstrap-DEA approach. Energy Policy, 57: 1-6.

Sorrell S, Dimitropoulos J. 2008. The rebound effect: Microeconomic definitions, limitations and extensions. Ecological Economics, 65 (3): 636-649.

Steinbuks J, Neuhoff K. 2014. Assessing energy price induced improvements in efficiency of capital in OECD manufacturing industries. J Environ Econ Manage, 68: 340-356.

Stern D I. 2012. Modeling international trends in energy efficiency. Energy Economics, 34(6): 2200-2208.

Tang J. 2014. Testing the pollution haven effect: Does the type of FDI matter. Environmental and Resource Economics, 60(4): 549-578.

Teräsvirta T. 1994. Specification, estimation, and evaluation of smooth transition autoregressive models. Journal of the American Statistical Association, 89: 208-218.

Thomas B A, Azevedo I L. 2013. Estimating direct and indirect rebound effects for U. S. households with input-output analysis Part 1: Theoretical framework. Ecological Economics, 86: 199-210.

Tsionas E G, Tran K C, Michaelides P G. 2017. Bayesian inference in threshold stochastic frontier models. Ecological Economics Forthcoming, (2) :1-24.

Tulkens H, Eeckaut P V. 1995. Non-parametric efficiency, progress and regress measures for panel data: Methodological aspects. European Journal of Operational Research, 80: 474-499.

Turner K, Hanley N. 2011. Energy efficiency, rebound effects and the environmental Kuznets Curve. Energy Economics, 33(5): 709-720.

van Beers D, Corder G D, Bossilkov A, et al. 2007. Regional synergies in the Australian minerals industry: Case-studies and enabling tools. Miner Eng, 20(9): 830-841.

Vaninsky A. 2010. Prospective national and regional environmental performance: Boundary estimations using a combined data envelopment stochastic frontier analysis approach. Energy, 35(9): 3657-3665.

Wang C, Liao H, Pan S-Y, et al. 2014. The fluctuations of China's energy intensity: Biased technical change. Applied Energy, 135: 407-414.

Wang H J, Ho C W. 2010. Estimating fixed-effect panel stochastic frontier models by model transformation. Journal of Econometrics, 157 (2): 286-296.

Wang H J, Schmidt P. 2002. One-step and two-step estimation of the effects of exogenous variables on technical efficiency levels. Journal of Productivity Analysis, 18: 129-144.

Wang K, Wei Y M. 2014. China's regional industrial energy efficiency and carbon emissions abatement costs. Applied Energy, 130: 617-631.

Wang K, Wei Y M. 2016. Sources of energy productivity change in China during 1997~2012: A decomposition analysis based on the Luenberger productivity indicator. Energy Economics, 54: 50-59.

Wang M H, Huang T H. 2009. Threshold effects of financial status on the cost frontiers of financial institutions in nondynamic panels. Applied Economics, 41(26): 3389-3401.

Wang Q, Zhang C, Cai W. 2017. Factor substitution and energy productivity fluctuation in China: A parametric decomposition analysis. Energ Policy, 109: 181-190.

Wang Q, Zhang H, Zhang W. 2013a. A Malmquist CO_2 emission performance index based on a metafontier approach. Mathematical and Computer Modelling, 58 (5-6): 1068-1073.

Wang Q, Zhou D, Zhou P. 2013b. Study on energy-saving and emissions-eduction in China from the perspective of efficiency. Shanghai: Fudan University Press.

Wang Q W, Zhou P, Shen N, et al. 2013c. Measuring carbon dioxide emission performance in Chinese provinces: A parametric approach. Renewable and Sustainable Energy Reviews, 21: 324-330.

Watanabe M, Tanaka K. 2007. Efficiency analysis of Chinese industry: A directional distance function approach. Energ. Policy, 35: 6323-6331.

Wei C, Löschel A, Liu B. 2015. Energy-saving and emission-abatement potential of Chinese coal-fired power enterprise: A non-parametric analysis. Energy Economics, 49: 33-43.

Xu B, Lin B. 2015. How industrialization and urbanization process impacts on CO_2 emissions in China: Evidence from nonparametric additive regression models. Energy Economics, 48: 188-202.

Xu W, Li Y, Zhu T, et al. 2013. Current state and future about carbon emissions in China's iron and steel industry. The Chinese Journal of Process Engineering, 13(1): 175-180.

Yang C H, Tseng Y H, Chen Y P. 2012. Environmental regulations, induced R&D, and productivity: Evidence from Taiwan's manufacturing industries. Resour. Energy Economics, 34: 514-532.

Yang X M, Tian Y X, Na M A. 2016. Total-factor energy productivity growth in China: A meta-frontier global Malmquist-Luenberger productivity index approach. China Population Resources & Environment.

Yang Y, Cai W, Wang C. 2014. Industrial CO_2 intensity, indigenous innovation and R&D spillovers in China's provinces. Applied Energy, 131: 117-127.

Yélou C, Larue B, Tran K C. 2010. Threshold effects in panel data stochastic frontier models of dairy production in Canada. Economic Modelling, 27: 641-647.

Zeng L, Xu M, Liang S. 2014. Revisiting drivers of energy intensity in China during 1997~2007: A structural decomposition analysis. Energy Policy, 67: 640-647.

Zhang C, Liu H, Bressers H T A, et al. 2011. Productivity growth and environmental regulations - accounting for undesirable outputs: Analysis of China's thirty provincial regions using the Malmquist–Luenberger index. Ecological Economics, 70(12): 2369-2379.

Zhang N, Choi Y. 2013. Total-factor carbon emission performance of fossil fuel power plants in China: A metafrontier non-radial Malmquist index analysis. Energy Economics, 40(2): 549-559.

Zhang N, Choi Y. 2014. A note on the evolution of directional distance function and its development in energy and environmental studies 1997~2013. Renew Sust Energ Rev, 33: 50-59.

Zhang N, Kim J D. 2014. Measuring sustainability by energy efficiency analysis for korean power companies: A sequential slacks-based efficiency measure. Sustainability, 6 (3): 1414-1426.

Zhang N, Zhou P, Kung C C. 2015. Total-factor carbon emission performance of the Chinese transportation industry: A bootstrapped non-radial Malmquist index analysis. Renewable and Sustainable Energy Reviews, 41: 584-593.

Zhang S, Worrell E, Crijns-Graus W, et al. 2014. Co-benefits of energy efficiency improvement and air pollution abatement in the Chinese iron and steel industry. Energy, 78: 333-345.

Zhang T. 2009. Frame work of data envelopment analysis-a model to evaluate the environmental efficiency of China's industrial sectors. Biomedical and Environmental, 21: 8-13.

Zhang Y J, Da Y B. 2015. The decomposition of energy-related carbon emission and its decoupling with economic growth in China. Renewable and Sustainable Energy Reviews, 41: 1255-1266.

Zhao X, Burnett J W, Fletcher J J. 2014. Spatial analysis of China province-level CO_2 emission intensity. Renewable and Sustainable Energy Reviews, 33: 1-10.

Zhao X, Ma C, Hong D. 2010. Why did China's energy intensity increase during 1998~2006: Decomposition and policy analysis. Energy Policy, 38(3): 1379-1388.

Zhou P, Ang B W, Han J Y. 2010. Total factor carbon emission performance: A malmquist index analysis. Energy Economics, 32(1): 194-201.

Zhou P, Ang B W, Poh K L. 2008. A survey of data envelopment analysis in energy and environmental studies. European Journal of Operational Research, 189(1): 1-18.

Zhou P, Ang B W, Wang H. 2012a. Energy and CO_2 emission performance in electricity generation: A non-radial directional distance function approach. European Journal of Operational Research, 221(3): 625-35.

Zhou P, Ang BW, Zhou D Q. 2012b. Measuring economy-wide energy efficiency performance: A parametric frontier approach. Applied Energy, 90: 196-200.

Zon Av, Yetkiner H. 2003. An endogenous growth model with embodied energy-saving technical change. Resource and Energy Economics, 25: 81-103.

Zou G, Chen L, Liu W, et al. 2013. Measurement and evaluation of Chinese regional energy efficiency based on provincial panel data. Mathematical and Computer Modelling, 58: 1000-1009.

后　记

调而顺之，耦而应之

协调发展与耦合发展，是系统维系、运行和发展的重要机制与规律。

协调发展，是以系统整体效益最大化为目标，系统内部各组成要素，通过复杂、动态的交互作用而实现的和谐共生发展。习近平总书记指出,协调既是发展手段又是发展目标,同时还是评价发展的标准和尺度。协调是发展平衡和不平衡的统一,由平衡到不平衡再到新的平衡是事物发展的基本规律,这可以看作是对协调发展理念的总概括。在本书中,能源、环境和经济子系统中的各要素之间并不是孤立的,彼此之间存在着大量多重特性、连锁复杂的非线性相互作用关系,需要将相互联系、相互矛盾的能源子系统、经济子系统和环境子系统看作一个整体加以综合研究。其中,"经济-效率-资源"和"经济-效率-环境"构成了区域内的两条发展主线,而经济子系统处于这两条主线的枢纽地位——经济子系统为其他子系统提供物质保证,经济子系统同时也受到其他子系统的影响与制约。经济、效率、资源和环境子系统相互协调、相互促进,从而保障整个区域低碳系统的协同发展。

耦合发展，是指在两个或两个以上的体系之间，通过相互作用而彼此影响甚至联合起来的发展。耦合的本质是两个或两个以上的体系通过一定的形式而形成的既相互协作、相互配合的关系。耦合发展具有三个特征:一是体系之间具有明确的关联性,譬如,在本书中,京津冀低碳与科技的耦合协调度均值为0.88。这种较强的关联性就为彼此相互影响创造了条件。二是互动性,一方面,低碳发展对科技创新提出了更多更高的要求,成为推动以京津冀为代表的区域科技创新的重要动力;另一方面,科技创新也推动着低碳经济发展。三是有机性,在低碳发展与科技创新之间通过不同层面的耦合机制相互作用、彼此影响,培育生成低碳创新体系,从而有力地促进区域低碳经济的可持续发展。

运用系统要素间的协调发展机制与系统之间的耦合发展机制，调而顺之，耦而应之，应成为区域低碳发展的新思路。既遵循协调发展规律,调控经济、资源、环境、效率各子系统的适当比例关系、协同关系,又运用耦合发展机制,加强低碳发展与科技创新有机耦合,推动我国经济转型发展。

在产业层面，传统高能耗产业优化升级与新兴绿色产业培育也是协调发展关系。产业结构优化升级,包括存量调整——传统高能耗产业消化过剩产能,实现产业结构的优化升级;也包括增量调整——传统高能耗产业去产能、去杠杆后所释放的市场和资源,正是新兴绿色产业孕育的空间。2018年北京市财政课题《京津冀地区传统高能耗产业优化升级与新兴绿色产业培育研究》对此展开深入讨论,实现传统高能耗产业优化升级与新兴绿色产业培育不平衡的突进和调制平衡的协调相统一。

本书是依托 2017 年北京市财政课题《京津冀地区低碳发展的技术进步路径研究》的成果。在研究中，得到了北京市科学技术研究院领导及科研开发处、条件处、科学学中心同仁的大力支持，在此谨一并向他们表示衷心的谢忱！拙著从技术进步视角对京津冀地区低碳发展做了一些初步探索，不妥之处在所难免，敬请读者批评指正！

贾品荣

2018 年 2 月 26 日